Informatik – Fachberichte

Band 66: Applications and Theory of Petri Nets. Proceedings, 1982. Edited by G. Rozenberg. VI, 315 pages. 1983.

Band 67: Data Networks with Satellites. GI/NTG Working Conference, Cologne, September 1982. Edited by J. Majus and O. Spaniol. VI, 251 pages. 1983.

Band 68: B. Kutzler, F. Lichtenberger, Bibliography on Abstract Data Types. V, 194 Seiten. 1983.

Band 69: Betrieb von DN-Systemen in der Zukunft. GI-Fachgespräch, Tübingen, März 1983. Herausgegeben von M. A. Graef. VIII, 343 Seiten. 1983.

Band 70: W. E. Fischer, Datenbanksystem für CAD-Arbeitsplätze. VII, 222 Seiten. 1983.

Band 71: First European Simulation Congress ESC 83. Proceedings, 1983. Edited by W. Ameling. XII, 653 pages. 1983.

Band 72: Sprachen für Datenbanken. GI-Jahrestagung, Hamburg, Oktober 1983. Herausgegeben von J. W. Schmidt. VII, 237 Seiten. 1983.

Band 73: GI-13. Jahrestagung, Hamburg, Oktober 1983. Proceedings. Herausgegeben von J. Kupka. VIII, 502 Seiten. 1983.

Band 74: Requirements Engineering. Arbeitstagung der GI, 1983. Herausgegeben von G. Hommel und D. Krönig. VIII, 247 Seiten. 1983.

Band 75: K. R. Dittrich, Ein universelles Konzept zum flexiblen Informationsschutz in und mit Rechensystemen. VIII, 246 pages. 1983.

Band 76: GWAI-83. German Workshop on Artificial Intelligence. September 1983. Herausgegeben von B. Neumann. VI, 240 Seiten. 1983.

Band 77: Programmiersprachen und Programmentwicklung. 8. Fachtagung der GI, Zürich, März 1984. Herausgegeben von U. Ammann. VIII, 239 Seiten. 1984.

Band 78: Architektur und Betrieb von Rechensystemen. 8. GI-NTG-Fachtagung, Karlsruhe, März 1984. Herausgegeben von H. Wettstein. IX, 391 Seiten. 1984.

Band 79: Programmierumgebungen: Entwicklungswerkzeuge und Programmiersprachen. Herausgegeben von W. Sammer und W. Remmele. VIII, 236 Seiten. 1984.

Band 80: Neue Informationstechnologien und Verwaltung. Proceedings, 1983. Herausgegeben von R. Traunmüller, H. Fiedler, K. Grimmer und H. Reinermann. XI, 402 Seiten. 1984.

Band 81: Koordinaten von Informationen. Proceedings, 1983. Herausgegeben von R. Kuhlen. VI, 366 Seiten. 1984.

Band 82: A. Bode, Mikroarchitekturen und Mikroprogrammierung: Formale Beschreibung und Optimierung, 6, 7-227 Seiten. 1984.

Band 83: Software-Fehlertoleranz und -Zuverlässigkeit. Herausgegeben von F. Belli, S. Pfleger und M. Seifert. VII, 297 Seiten. 1984.

Band 84: Fehlertolerierende Rechensysteme. 2. GI/NTG/GMR-Fachtagung, Bonn 1984. Herausgegeben von K.-E. Großpietsch und M. Dal Cin. X, 433 Seiten. 1984.

Band 85: Simulationstechnik. Proceedings, 1984. Herausgegeben von F. Breitenecker und W. Kleinert. XII, 676 Seiten. 1984.

Band 86: Prozeßrechner 1984. 4. GI/GMR/KfK-Fachtagung, Karlsruhe, September 1984. Herausgegeben von H. Trauboth und A. Jaeschke. XII, 710 Seiten. 1984.

Band 87: Musterkennung 1984. Proceedings, 1984. Herausgegeben von W. Kropatsch. IX, 351 Seiten. 1984.

Band 88: GI-14. Jahrestagung. Braunschweig. Oktober 1984. Proceedings. Herausgegeben von H.-D. Ehrich. IX, 451 Seiten. 1984.

Band 89: Fachgespräche auf der 14. GI-Jahrestagung. Braunschweig, Oktober 1984. Herausgegeben von H.-D. Ehrich. V, 267 Seiten. 1984.

Band 90: Informatik als Herausforderung an Schule und Ausbildung. GI-Fachtagung, Berlin, Oktober 1984. Herausgegeben von W. Arlt und K. Haefner. X, 416 Seiten. 1984.

Band 91: H. Stoyan, Maschinen-unabhängige Code-Erzeugung als semantikerhaltende beweisbare Programmtransformation. IV, 365 Seiten. 1984.

Band 92: Offene Multifunktionale Büroarbeitsplätze. Proceedings, 1984. Herausgegeben von F. Krückeberg, S. Schindler und O. Spaniol. VI, 335 Seiten. 1985.

Band 93: Künstliche Intelligenz. Frühjahrsschule Dassel, März 1984. Herausgegeben von C. Habel. VII, 320 Seiten. 1985.

Band 94: Datenbank-Systeme für Büro, Technik und Wirtschaft. Proceedings, 1985. Herausgegeben von A. Blaser und P. Pistor. X, 519 Seiten. 1985

Band 95: Kommunikation in Verteilten Systemen I. GI-NTG-Fachtagung, Karlsruhe, März 1985. Herausgegeben von D. Heger, G. Krüger, O. Spaniol und W. Zorn. IX, 691 Seiten. 1985.

Band 96: Organisation und Betrieb der Informationsverarbeitung. Proceedings, 1985. Herausgegeben von W. Dirlewanger. XI, 261 Seiten. 1985.

Band 97: H. Willmer, Systematische Software-Qualitätssicherung anhand von Qualitäts- und Produktmodellen. VII, 162 Seiten. 1985.

Band 98: Öffentliche Verwaltung und Informationstechnik. Neue Möglichkeiten, neue Probleme, neue Perspektiven. Proceedings, 1984. Herausgegeben von H. Reinermann, H. Fiedler, K. Grimmer, K. Lenk und R. Traunmüller. X, 396 Seiten. 1985.

Band 99: K. Küspert, Fehlererkennung und Fehlerbehandlung in Speicherungsstrukturen von Datenbanksystemen. IX, 294 Seiten. 1985.

Band 100: W. Lamersdorf, Semantische Repräsentation komplexer Objektstrukturen. IX, 187 Seiten. 1985.

Band 101: J. Koch, Relationale Anfragen. VIII, 147 Seiten. 1985.

Band 102: H.-J. Appelrath, Von Datenbanken zu Expertensystemen. VI, 159 Seiten. 1985.

Band 103: GWAI-84. 8th German Workshop on Artificial Intelligence. Wingst/Stade, October 1984. Edited by J. Laubsch. VIII, 282 Seiten. 1985.

Band 104: G. Sagerer, Darstellung und Nutzung von Expertenwissen für ein Bildanalysesystem. XIII, 270 Seiten. 1985.

Band 105: G. E. Maier, Exceptionbehandlung und Synchronisation. IV, 359 Seiten. 1985.

Band 106: Österreichische Artificial Intelligence Tagung. Wien, September 1985. Herausgegeben von H. Trost und J. Retti. VIII, 211 Seiten. 1985.

Band 107: Mustererkennung 1985. Proceedings, 1985. Herausgegeben von H. Niemann. XIII, 338 Seiten. 1985.

Band 108: GI/OCG/ÖGJ-Jahrestagung 1985. Wien, September 1985. Herausgegeben von H. R. Hansen. XVII, 1086 Seiten. 1985.

Band 109: Simulationstechnik. Proceedings, 1985. Herausgegeben von D. P. F. Möller. XIV, 539 Seiten. 1985.

Band 110: Messung, Modellierung und Bewertung von Rechensystemen. 3. GI/NTG-Fachtagung, Dortmund, Oktober 1985. Herausgegeben von H. Beilner. X, 389 Seiten. 1985.

Informatik-Fachberichte 151

Subreihe Künstliche Intelligenz

Herausgegeben von W. Brauer in Zusammenarbeit mit dem Fachausschuß 1.2 „Künstliche Intelligenz und Mustererkennung" der Gesellschaft für Informatik (GI)

E. Buchberger J. Retti (Hrsg.)

3. Österreichische Artificial-Intelligence-Tagung

Wien, 22.–25. September 1987

Proceedings

Springer-Verlag
Berlin Heidelberg New York
London Paris Tokyo

Herausgeber

Ernst Buchberger
Universität Wien
Institut für Medizinische Kybernetik und Artificial Intelligence
Freyung 6/2, A-1010 Wien, Österreich

Johannes Retti
Siemens AG Österreich
Göllnergasse 15, A-1030 Wien, Österreich

Programmkomitee

Werner Horn	Universität Wien
Alexander Leitsch	Wirtschaftsuniversität Wien
Hermann Kaindl	Siemens AG Wien
Alfred Kobsa	Universität Saarbrücken
Wolfgang Nejdl	Technische Universität Wien
Bernd Neumann	Universität Hamburg
Johannes Retti	Siemens AG Wien
Robert Trappl	Universität Wien
Harald Trost	Universität Wien
Wolfgang Wahlster	Universität Saarbrücken

CR Subject Classifications (1987): I.2, I.2.3-5, I.2.7-8, I.2.10, H.1, F.4.1

ISBN-13: 978-3-540-18384-6 e-ISBN-13: 978-3-642-46620-5
DOI: 10.1007/978-3-642-46620-5

2145/3140-543210

Vorwort

Die dritte Österreichische Artificial-Intelligence-Tagung fand vom 22.-25. September 1987 an der Technischen Universität Wien statt. Das Programm zeigt aktuelle Forschungsthemen und präsentiert Forschungseinrichtungen, die sich methodisch und aus Anwendersicht mit der Artificial Intelligence auseinandersetzen.

1985 veranstaltete die Österreichische Gesellschaft für Artificial Intelligence ihre erste Tagung an der Universität Wien. 1986 wurde die Tagung gemeinsam mit unserer deutschen Schwestergesellschaft, dem Fachausschuß 1.2 "Künstliche Intelligenz und Mustererkennung" der Gesellschaft für Informatik, organisiert und in Ottenstein (Niederösterreich) abgehalten. Für 1987 wurde wieder Wien mit der Technischen Universität Wien als Veranstaltungsort gewählt, da hier das Interesse an der Artificial Intelligence sowohl seitens der Studenten als auch seitens der Informatikinstitute in letzter Zeit stark zunahm.

Zu den 17 - von 28 eingereichten - Tagungsbeiträgen selbst ist zu sagen, daß sie fast alle Teilgebiete der AI behandeln: Bildverstehen, Problemlösen, Wissensrepräsentation, Natürlichsprachige Systeme, Knowledge Engineering, Anwendung von Expertensystemen und Logische Programmierung.

Wir möchten die Gelegenheit nutzen, allen zu danken, die zu dieser Tagung beigetragen haben. Dies nicht deshalb, weil es üblich ist, sondern weil ohne die freiwillige Mitarbeit von Mitgliedern der Österreichischen Gesellschaft für Artificial Intelligence im Programmkomitee und bei der Organisation - Gerhard Friedrich, Markus Kommenda, Johannes Kuntner, Wolfgang Nejdl, Wolfgang Slany, Markus Stumptner - die Tagung nicht hätte stattfinden können.

Wien, im September 1987

Ernst Buchberger / Johannes Retti

Inhaltsverzeichnis

Expertensysteme

Logic & Programming

EREIGNISMODELLIERUNG ZUR INKREMENTELLEN HIGH-LEVEL BILDFOLGENANALYSE

Thomas Rist, Gerd Herzog, Elisabeth André

Fachbereich 10 - Informatik IV
Universität des Saarlandes
Im Stadtwald 15
D-6600 Saarbrücken 11

Abstract

Dieser Bericht* befaßt sich mit dem Problem der inkrementellen Erkennung von Ereignissen in zeitveränderlichen Szenen. Als Voraussetzung für die Anwendung einer inkrementellen Erkennungsstrategie wird das prototypische Auftreten eines Ereignisses durch ein Ablaufschema beschrieben. Ausgehend von einem diskreten Zeitmodell werden spezielle Prädikate definiert, mit deren Hilfe auch die zum Beobachtungszeitpunkt gerade auftretenden Ereignisse in einer formalen Zeitlogik repräsentierbar sind. Einerseits können diese Prädikate innerhalb des Ereignismodells zur Definition komplexerer Ablaufschemata herangezogen werden, andererseits erscheint uns die in propositionaler Form gegebene Information über gerade auftretende Ereignisse als eine geeignete Schnittstelle zwischen Ereigniserkennung und anderen Komponenten eines Systems zur natürlichsprachlichen Beschreibung zeitveränderlicher Realweltszenen.

---

* Die hier beschriebene Arbeit wurde teilweise unterstützt vom SFB 314 "Künstliche Intelligenz und Wissensbasierte Systeme" der DFG, Teilprojekt NS2: VIsual TRAnslator.

1. Motivation

Bei der automatischen Analyse einer als Kamerabildfolge gegebenen zeitveränderlichen Szene kann zwischen Low-level und High-level Bildfolgenanalyse unterschieden werden (vgl. [Nagel 85] und [Neumann 82]). Die Aufgabe der Low-level Analyse besteht in der Erzeugung geometrischer Beschreibungen für Objekte und deren Trajektorien. High-level Analyse konzentriert sich auf die Beschreibung des Szenengeschehens mittels geeigneter konzeptueller Einheiten, die im folgenden auch als Ereignisse bezeichnet werden. Diese Einheiten dienen der symbolischen Abstraktion der geometrischen Bildfolgenbeschreibung; ihre Wahl hängt letztlich von dem zu betrachtenden Diskursbereich ab.

Neben der Frage, welche Konzepte aus einer geometrischen Bildfolgenbeschreibung zu extrahieren sind, ist es entscheidend, wie der Erkennungsprozeß realisiert wird. Das System NAOS [Neumann 84] bedient sich zur Beschreibung von Straßenverkehrsszenen einer A-posteriori-Strategie, bei der vor Analysebeginn eine vollständige geometrische Szenenbeschreibung vorhanden sein muß. In dem zur Herzkammerdiagnose eingesetzten System ALVEN [Tsotsos 81] wird eine hypothesengesteuerte inkrementelle Auswertung der Bildfolge vorgenommen. Ziel dieser Systeme ist es, eine prägnante Zusammenfassung des Geschehens aus der Bildfolge zu extrahieren.

Eine neue Problemstellung ergibt sich, wenn Ereignisse simultan zu ihrem Auftreten in der Szene erkannt werden sollen. Sind Ereignisse zu betrachten, deren Auftreten sich über längere Zeiträume erstreckt, so stellt sich die Frage, wie teilweise erkannte Ereignisse zu repräsentieren sind, um sie zur weiteren Verarbeitung zur Verfügung zu stellen. Im Hinblick auf die Erzeugung simultaner Szenenbeschreibungen in natürlicher Sprache wird dieses Problem unmittelbar deutlich: Zur Zentrierung der Beschreibung auf das aktuelle Szenengeschehen ist es häufig sinnvoll, Ereignisse bereits dann zu verbalisieren, während sie ablaufen und nicht erst dann, wenn sie vorbei sind. Beispiele hierfür wären die Beschreibung eines gerade auftretenden Überholvorgangs in einer Straßenverkehrsszene oder die Schilderung eines Angriffs in einer Fußballszene. Allgemein wird diese Problematik immer dann auftreten, wenn simultane Erkennung die Grundlage weiterer Reaktionen eines bildverstehenden Systems bildet. Man denke beispielsweise an einen Roboter, der seine Umgebung visuell "wahrnimmt" und auf das Wahrgenommene unmittelbar reagieren muß.

Diese Problemstellung stellt besondere Anforderungen an die Modellierung von Ereignissen. Die simultane Erkennung von Ereignissen kann nur mit Hilfe einer inkrementell arbeitenden Erkennungsstrategie geleistet werden, bei der die zeitlichen Beziehungen zwischen den Subereignissen den Detektionsprozeß steuern. Desweiteren sollte zur Definition der Ereigniskonzepte ein möglichst deklarativer Repräsentationsformalismus herangezogen werden. Wäre die Semantik eines Ereignisses ausschließlich durch eine Prozedur repräsentiert, so blieben die Beziehungen der Ereigniskonzepte untereinander verborgen. Zum einem würde dadurch die Anwendung von Inferenzprozessen erheblich erschwert, zum anderen würden solche für einen Menschen schwer zu verstehenden prozeduralen Definitionen die Transparenz eines bildverstehenden Systems verschlechtern.

Eine wichtige Voraussetzung für ein System zur inkrementellen High-level Bildfolgenanalyse ist die Verfügbarkeit eines formalisierten Zeitmodells, das als Grundlage zur Modellierung von Ereignissen herangezogen werden kann.

2. Zeitmodell und Zeitlogik

Ausgehend von einer geordneten Menge diskreter Zeitpunkte erhalten wir ein diskretes Zeitmodell. Ein Zeitraum entspricht einem Intervall von Zeitpunkten. Zwischen Zeitpunkten bzw. Zeiträumen lassen sich, basierend auf der Ordnung der Zeitpunkte, temporale Relationen[1] definieren.

---

[1] Mögliche Definitionen für Relationen zwischen Zeitintervallen finden sich in [Allen/Hayes 85].

Das Fortschreiten der Zeit wird mit einer extern getakteten Uhr modelliert, die ausgehend von einem *Null-Zeitpunkt* T_0 den *Gegenwart-Zeitpunkt* T_G zu jedem Takt aktualisiert. (Als externer Takt kann z.B. das Eintreffen des nächsten Einzelbildes der Kamerabildfolge gewählt werden.)
Wichtigste Konsequenz dieses Modells ist seine begrenzte zeitliche Auflösung. Der kürzeste noch zu betrachtende Zeitraum ist durch zwei aufeinanderfolgende diskrete Zeitpunkte gegeben. Kleinere Zeiträume haben in diesem Modell keinen Repräsentanten.

Wesentliche Aufgabe einer *Zeitlogik* ist es, die temporalen Konzepte des Zeitmodells in einem formalen System zu repräsentieren. Wir folgen den Vorschlägen von McDermott [McDermott 82] und Allen [Allen 84], eine Prädikatenlogik erster Stufe mit getypten Termen zu verwenden. Insbesondere werden Zeitpunkte und Zeitintervalle durch temporale Terme und Zeitrelationen durch explizit definierte Prädikate repräsentiert.

Der Begriff *Ereignis* steht sowohl bei Allen als auch bei McDermott für die Menge aller Auftreten eines Ereignisses, wobei jedes dieser Auftreten mit einem echten Zeitintervall assoziiert wird. Daß ein Ereignis über einem bestimmten Zeitintervall aufgetreten ist, wird bei Allen formal durch das Prädikat *OCCUR(event, timeinterval)* ausgedrückt. In dem von McDermott entwickelten Formalismus dient hierzu das Prädikat *OCC*($state_1$ $state_2$ *event*) [2] . In beiden Fällen ist *event* ein Term vom Typ :EREIGNIS; ein konkretes Auftreten wird durch die Kombination *event/timeinterval* bzw. *event/state1/state2* spezifiziert.

Allen und McDermott unterscheiden formal nur zwischen aufgetretenen und nicht aufgetretenen Ereignissen. Erfolgt die Bildfolgenanalyse a posteriori, d.h. besteht die Aufgabe der Ereigniserkennung in der Detektion aller möglichen Auftreten eines Ereignisses über einem zurückliegenden Zeitraum, so mag diese Unterscheidung ausreichen. Soll hingegen eine simultane Bildfolgenauswertung erfolgen, ist es notwendig, das zeitliche Fortschreiten des Auftretens eines Ereignisses mittels geeigneter Prädikate zu beschreiben. Betrachten wir dazu als Beispiel einen Überholvorgang in einer Straßenverkehrsszene:

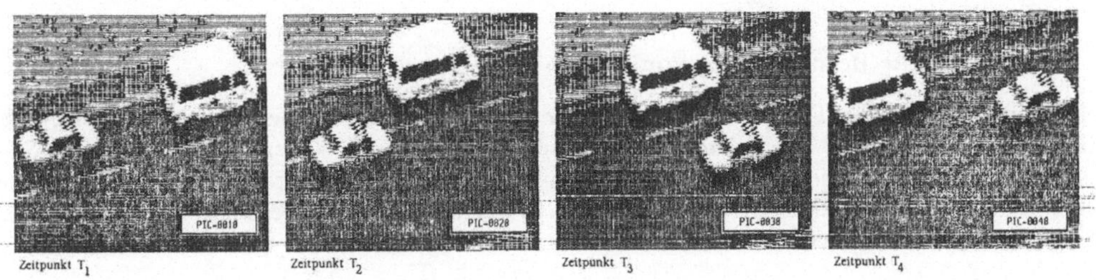

Abb.1: Ein Überholvorgang in einer Straßenverkehrsszene

In Abb.1 nähert sich zum Zeitpunkt T_1 der Pkw dem Kleinbus. Zum Zeitpunkt T_2 schert der Pkw aus; er beginnt, den Kleinbus zu überholen. Diese Beobachtung wird formal durch das Prädikat *TRIGGER*(T_2 (*Ueberholen Pkw#1 Bus#1*) [3] repräsentiert. Zum Zeitpunkt T_4 schert der Pkw vor dem Kleinbus ein und beendet somit den Überholvorgang. Das Ereignis (*Ueberholen Pkw#1 Bus#1*) ist jetzt vollständig aufgetreten. Das Ende des Überholvorganges wird formal durch das Prädikat *STOP*(T_4 (*Ueberholen Pkw#1 Bus#1*) repräsentiert.

---

[2] McDermott bezeichnet mit *State* einen "momentanen Schnappschuß des Universums" (S. 105). Jedem dieser *States* wird ein Zeitpunkt zugeordnet. In diesem Sinne korrespondieren zwei verschiedene *States* zu einem Zeitraum.

[3] In Anlehnung an Allen verwenden wir die Notation *Prädikat(Zeitpunkt Ereignis). Individuenkonstanten werden im folgenden durch '#' gekennzeichnet.*

Zwischen T_2 und T_4 ist der Überholvorgang zu beobachten; das Ereignis (*Ueberholen Pkw#1 Bus#1*) tritt also gerade auf, ist jedoch während dieses Zeitraums noch nicht vollständig erkannt. Würde der Pkw beispielsweise zum Zeitpunkt T_3 in eine Seitenstraße abbiegen, könnte nicht mehr von einem Überholvorgang gesprochen werden. Diese Situation wird repräsentiert durch die Gültigkeit des Prädikates *PROCEED*(T_i (*Ueberholen Pkw#1 Bus#1*)) für alle T_i mit $T_2 < T_i < T_4$. Es gibt aber auch Ereignisse, die als solche bereits vollständig erkannt sind, deren Auftreten jedoch fortdauert. Hierzu zählen beispielsweise die zu durativen Bewegungsverben korrespondierenden Ereigniskonzepte wie *Fahren* oder *Gehen*. Für solche Konzepte haben wir das Prädikat *SUCCEED*(T_i *event*) eingeführt, das dann erfüllt ist, wenn das Ereignis *event* zur Zeit T_i immer noch auftritt.

Die soeben vorgestellten Prädikate erlauben eine verfeinerte Modellierung von Ereignissen. Während die Prädikate *TRIGGER* und *STOP* den Beginn bzw. das Ende eines Ereignisses markieren, beschreibt *PROCEED* den Verlauf und das Prädikat *SUCCEED* das Fortdauern eines Ereignisses. Die hier intuitiv gegebene Bedeutung dieser Prädikate wird in Abschnitt 3.2 durch eine formale Definition ersetzt werden.

3. Ereignismodellierung

In Abschnitt 1 wurde bereits betont, daß die Wahl konkreter Ereigniskonzepte mehr oder weniger anwendungsspezifisch ist. Ziel dieser Arbeit ist es allerdings nicht, Ereigniskonzepte für einen bestimmten Diskursbereich zu spezifizieren. Vielmehr soll eine Methodik zur Modellierung von Ereignissen vorgestellt werden, die sowohl eine transparente Repräsentation der Semantik eines Ereignisses erlaubt als auch die Anwendung einer inkrementellen Erkennungsstrategie unterstützt. Dabei beschränkt sich unser Ereignisbegriff nicht nur auf direkt aus den geometrischen Daten ableitbare Bewegungskonzepte, sondern umfaßt auch komplexe, sich über Zeiträume erstreckende Aktivitäten[4] agierender Objekte, bei denen nicht allein die Objektbewegungen im Vordergrund stehen. Als Beispiel sei aus der Fußballdomäne das Konzept *Zuspiel* genannt, das neben der Ortsveränderung des Balles auch einen Wechsel des Ballbesitzes zwischen zwei Spielern derselben Mannschaft beschreibt.

3.1. Konzeptuelle Beschreibung von Ereignissen

Wir übernehmen die Terminologie aus [Neumann 84] und beschreiben Ereignisse konzeptuell mittels *Ereignismodellen*. Ereignismodelle repräsentieren A-priori-Wissen zur Erfassung des Szenengeschehens, sie repräsentieren insbesondere auch Wissen über interessante Bewegungsabläufe. Ein konkretes Auftreten eines Ereignisses entspricht dann einer Instanziierung des entsprechenden Ereignismodells. Wir werden in diesem Fall auch von *Ereignisinstanzen* sprechen.

Ein Ereignismodell umfaßt *Rollen*, *Rollenrestriktionen* und ein *Ablaufschema*. Rollen sind abstrakte Namen, die für die an einem Auftreten des Ereignisses beteiligten Objekte stehen. In den Instanzen des Ereignismodells sind diese Rollen mit konkreten Objektbezeichnern gefüllt. Rollenrestriktionen schränken die Menge der möglichen Rollenfüller bei der Instanziierung eines Ereignismodells ein. Hierbei handelt es sich sowohl um Typrestriktionen, d.h. als Rollenfüller kommen nur Objekte einer bestimmten Klasse (z.B. *SPIELER*) in Frage, als auch um Restriktionen, die zwischen den einzelnen Rollen erfüllt werden müssen (z.B.: Falls der Füller der Agentenrolle die Eigenschaft P besitzt, dann muß der Füller der Rezipientenrolle die Eigenschaft Q besitzen). Das Ablaufschema, der wichtigste Teil eines Ereignismodells, soll im folgenden Abschnitt genauer beschrieben werden.

---

[4] Wir fassen somit auch die in [Walter 86] eingeführten *Episoden* als Ereignisse auf.

3.2. Ablaufschema

Ein Ablaufschema eines Ereignismodells spezifiziert die Sub-Ereignisse bzw. den situativen Kontext, der in einer Szene beobachtbar sein muß, um von einem Auftreten des entsprechenden Ereignisses sprechen zu können. Insbesondere müssen temporale Aspekte so repräsentiert sein, daß eine zeitlich inkrementelle Beobachtung des Auftretens erfolgen kann[5] .

Wir definieren ein Ablaufschema formal als gerichteten Graphen $G(V, E)$ mit:

- V ist eine Menge von Knoten, in der v_0 ein ausgezeichneter Knoten, der *Startknoten*, ist,
- E ist eine Menge gerichteter und getypter Kanten.

Eine Kante aus E ist ein Tupel $e = (v_{source}, v_{goal}, type, condition)$, wobei:

- $v_{source}, v_{goal} \in V$ und $v_{goal} \neq v_0$,
- $type =$:TRIGGER, falls $v_{source} = v_0$,
  bzw. $type \in$ { :PROCEED, :SUCCEED, :STOP } sonst,
- *condition* die Kantenbedingung ist, die entscheidet, ob eine Kante passiert werden kann.
  Syntaktisch erscheint *condition* als Formel der Zeitlogik.

(Zur Vereinfachung der Notation schreiben wir im folgenden *e.source*, *e.goal*, *e.type* bzw. *e.condition*, wenn wir uns auf entsprechende Projektionen dieses Tupels beziehen.)

Ein *Übergang* im Ablaufschema ist ein Paar $u = (e, T)$, wobei T ein Zeitpunkt ist und $e \in E$ eine Kante, deren Kantenbedingung *e.condition* zum Zeitpunkt T erfüllt ist. Ein Übergang (e, T) ist zu lesen als: Die Kante e wurde zum Zeitpunkt T passiert. Die Menge aller Übergänge sei mit U bezeichnet.

Auf der Menge der Übergänge ist eine Relation R definiert durch:[6]
$R : U \times U$ mit $((e_k\ T_i)\ (e_l\ T_j)) \in R$ gdw.
e_k, e_l sind Kanten mit $e_k.goal = e_l.source$, und T_i, T_j sind Zeitpunkte mit $j = i + 1$

Eine *Traversierung* des Ablaufschemas ist eine Folge von Übergängen $[u_0, ..., u_n]$, $n \in \mathbb{N}$, mit:
i) für die zu u_0 gehörende Kante e gilt: $e.source = v_0$, wobei v_0 der Startknoten ist,
ii) $(u_i\ u_{i+1}) \in R$, $\forall i$ mit $0 \leq i < n$.

Der Formalismus erlaubt uns, die in Abschnitt 2 eingeführten Prädikate zu definieren. Dazu assoziieren wir mit jedem Term, der ein Ereignis spezifiziert, zu jedem Zeitpunkt T_i zwischen Analysebeginn und aktuellem Zeitpunkt eine Folge von Übergängen und zwar:

die leere Folge [ ],
falls zum Zeitpunkt T_i die Analyse beginnt oder es zum Zeitpunkt T_i keinen Übergang gibt,
oder
die Folge $[u_0, ..., u_i]$ mit $u_i = (e_i\ T_i)$,
falls zum Zeitpunkt T_{i-1} mit dem Term eine Folge $[u_0, ..., u_{i-1}]$ assoziiert werden kann und es zum Zeitpunkt T_i den Übergang $(e_i\ T_i)$ gibt.

Die Prädikate sind dann wie folgt definiert:

- *TRIGGER*(T_i *event*) gdw.
  zum Zeitpunkt T_{i-1} kann mit dem Term *event* die leere Folge [ ] assoziiert werden, und zum Zeitpunkt T_i gibt es einen Übergang $u_0 = (e_0\ T_i)$ mit $e_0.source = v_0$ und $e_0.type =$:TRIGGER; d.h. ausgehend vom Startknoten v_0 wird zum Zeitpunkt T_i eine Kante vom Typ :TRIGGER passiert

---

[5] Für eine A-posteriori-Bildfolgenanalyse wird in [Walter 86] die Verwendung von ATN-Strukturen zur Modellierung von Ereignissen vorgeschlagen. Für die inkrementelle Erkennung kann dieser Ansatz nicht übernommen werden, da in der Szene gleichzeitig auftretende Ereignisse auch parallel erkannt werden müssen. Ein ATN-Interpreter kann aber gerade diese Aufgabe nicht leisten.

[6] Im folgenden benutzen wir die ganzen Zahlen als Indexmenge für die Menge der Zeitpunkte.

- *PROCEED*(T_i *event*) gdw.
  mit dem Term *event* kann zum Zeitpunkt T_i eine Folge von Übergängen $[u_0, u_1, ..., u_i]$ mit $1 \leq i$ assoziiert werden, wobei gilt:
  i) die zu u_0 gehörende Kante ist vom Typ :TRIGGER,
  ii) $\forall j$ mit $1 \leq j \leq i$ gilt: die zu u_j gehörende Kante ist vom Typ :PROCEED
- *SUCCEED*(T_i *event*) gdw.
  mit dem Term *event* kann zum Zeitpunkt T_i eine Folge von Übergängen $[u_0, u_1, ..., u_i]$ mit $1 \leq i$ assoziiert werden, wobei gilt:
  i) die zu u_0 gehörende Kante ist vom Typ :TRIGGER,
  ii) die zu u_i gehörende Kante ist vom Typ :SUCCEED,
  iii) $\forall j$ mit $1 < j < i$ gilt entweder
  die zu u_j gehörende Kante ist vom Typ :PROCEED
  oder $\exists k$ mit $1 \leq k < i$, sodaß $\forall j$ mit $1 \leq j < i$ gilt:
  die zu u_j gehörende Kante ist vom Typ :SUCCEED, falls $k \leq j < i$, sonst vom Typ :PROCEED
- *STOP*(T_i *event*) wie *SUCCEED*(T_i *event*), wobei Bedingung *ii*) ersetzt wird durch:
  ii') die zu u_i gehörende Kante ist vom Typ :STOP

Aus diesen Prädikaten lassen sich leicht weitere kombinieren. Das Prädikat *ACTIVE*(T_i *event*) sei beispielsweise definiert durch:

ACTIVE(T_i *event*) gdw.
(*OR TRIGGER*(T_i *event*)
PROCEED(T_i *event*)
SUCCEED(T_i *event*))

Wann ein Ablaufschema aktiviert ist, kann in diesem Formalismus deklarativ beschrieben werden, im Unterschied zu aktivierten Frames im System ALVEN [Tsotsos 81] oder zu aktivierten Skripts (vgl. [Retz-Schmidt 85]) für das System NAOS.

Die bisher vorgestellten Prädikate sind über diskreten Zeitpunkten definiert. Sie können selbstverständlich auch zur Definition solcher Prädikate herangezogen werden, deren Gültigkeit von einem Zeitintervall abhängig ist. Um beispielsweise auszudrücken, daß ein Ereignis innerhalb eines Zeitraums $[T_i\ T_j]$ aufgetreten ist, kann das Prädikat *OCCURRED*(T_i T_j *event*) definiert werden durch:

OCCURRED(T_i T_j *event*) gdw.
EXIST T_k, T_l *mit* $(T_i \leq T_k < T_l \leq T_j)$
(*AND TRIGGER*(T_k *event*) *STOP*(T_l *event*))

3.3. Definition von Ablaufschemata

Eine grundlegende Rolle bei der Erstellung eines Ablaufschemas eines Ereignisses spielen die zeitlichen Relationen zwischen seinen Subkonzepten. Eine Methode zur Erzeugung von Ablaufschemata aus einer intervallbasierten deklarativen Ereignisdefinition, wie sie beispielsweise von Allen vorgeschlagen wird, läßt sich graphisch durch Projektion der Anfangs- bzw. Endpunkte der entsprechenden Teilintervalle auf die Zeitachse veranschaulichen. Zu je zwei aufeinanderfolgenden Bildern dieser Projektion korrespondiert ein aus zwei verschiedenen Knoten und mindestens einer Kante bestehender Teilgraph im Ablaufschema. Dieser Teilgraph steht für eine qualitative Änderung, die von der Analyse erkannt werden muß.

Abb.2 zeigt die zeitliche Überlappung der beiden Konzepte *C1* und *C2* und die durch Projektion gefundenen Bilder *Pi* und *Pj* der Intervallendpunkte. Der entsprechende Teilgraph ist in Abb.3 dargestellt. Analog lassen sich andere zeitliche Relationen im Ablaufschema eines Ereignisses repräsentieren.

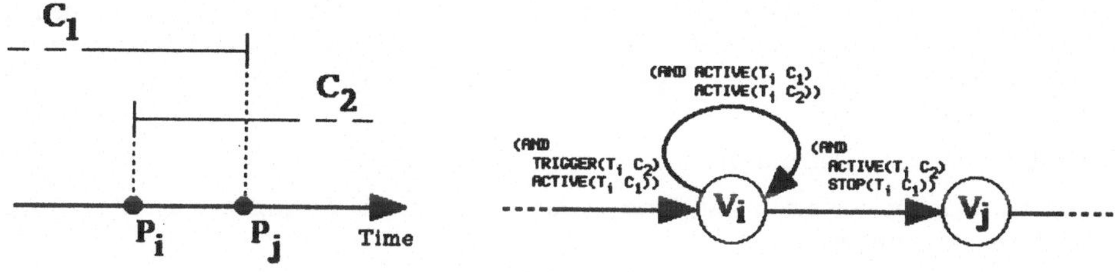

Abb.2: Zeitliche Überlappung der Konzepte C1 und C2

Abb.3: Der zur zeitlichen Überlappung korrespondierende Teilgraph mit entsprechenden Kantenbedingungen

Zur Demonstration sei als Beispiel das Konzept *Pass_in_den_Lauf* gewählt. Es beschreibt die Situation, in der ein Spieler seinem laufenden Mannschaftskameraden den Ball zuspielt. Im Formalismus von Allen könnte dieses Konzept wie folgt definiert werden:

$OCCUR(timeinterval_1\ (Pass\_in\_den\_Lauf\ Sp_1\ Ball\ Sp_2))$ gdw.
$EXIST\ timeinterval_2$
$DURING(timeinterval_2\ timeinterval_1)$
$OCCUR(timeinterval_2\ (Laufen\ Sp_2))$
$OCCUR(timeinterval_1\ (Zuspiel\ Sp_1\ Ball\ Sp_2))$

Der vollständige Graph des entsprechenden Ablaufschemas ist in Abb.4 dargestellt. Die Triggerbedingung ist so gewählt, daß das Ablaufschema erst dann aktiviert wird, wenn beide Subereignisse auftreten.

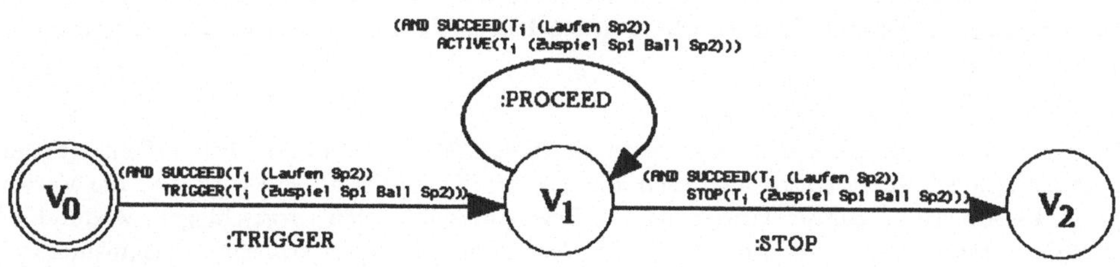

Abb.4: Vollständiges Ablaufschema des Ereignisses *Pass_in_den_Lauf*

4. Ereigniserkennung

Die Aufgabe der Ereigniserkennung besteht in der Instanziierung von Ereignismodellen in Abhängigkeit von den Szenendaten. Da die Bildfolgenanalyse simultan erfolgt, müssen der Ereigniserkennung ständig die neu gewonnenen Szenendaten zur Verfügung gestellt werden. Es bietet sich somit die Verwendung eines Erkennungszyklus an. Sobald die zu einem neuen Einzelbild korrespondierenden Szenendaten vorliegen, wird sowohl versucht, die bis jetzt aktivierten Ereignisschemata weiter zu traversieren als auch neue Ablaufschemata zu triggern. Für eine konkrete

Anwendung wird also eine Kontrollstruktur zu realisieren sein, die gemäß den generischen Ereignismodellen Neuinstanziierungen bzw. Traversierungen durchführt. Bei der Realisierung einer solchen Kontrollstruktur kann in der Regel eine effiziente Ereigniserkennung gewährleistet werden durch:

- Normalisierung der Ablaufschemata

  Zur Vereinfachung der Kontrollstruktur schlagen wir für die Definition von Ablaufschemata folgende Normalisierung vor.

  - Eine Kantenbedingung sollte durch konjunktiv verknüpfte Prädikate formuliert werden. Disjunktion sollte als alternative Kante realisiert werden.
  - Um Backtracking zu vermeiden, sollten sich die Bedingungen aller von einem Knoten wegführenden Kanten gegenseitig ausschließen, d.h. Ablaufschemata sollten deterministische Traversierungen nahelegen.

Abb.5: Realisierung einer Disjunktion

Abb.6: Deterministische Realisierung

Schließen sich die Prädikate A und B der Bedingung (*OR A B*) gegenseitig aus, so kann sie durch den in Abb.5 dargestellten Teilgraphen repräsentiert werden. Der Teilgraph in Abb.6 ist zwar etwas komplizierter, gewährleistet jedoch auf jeden Fall sich gegenseitig ausschließende Kantenbedingungen.

- Taxonomie der Ereigniskonzepte

  In den meisten Diskursbereichen wird man die Ereigniskonzepte im Hinblick auf eine effiziente Erkennungsstrategie hierarchisch anordnen können. In [Tsotsos et al. 80] wird u.a. die Verwendung der IS-A Relation zur Strukturierung von Bewegungskonzepten vorgeschlagen, wodurch eine Spezialisierungshierarchie entsteht. In NAOS [Neumann 84] ergibt sich eine Ereignishierarchie dadurch, daß das Auftreten eines Konzepts auch das Auftreten aller seiner Subkonzepte impliziert. Eine solche Implikation zwischen Konzept und Subkonzepten ist im Falle der Ablaufschemata allerdings nicht immer offensichtlich. Dies liegt zum einen daran, daß ein Ereignismodell alternative Subkonzepte umfassen kann, zum anderen daran, daß die durch die Prädikate *TRIGGER*, *ACTIVE* etc. spezifizierten Zustände der Subkonzepte zu berücksichtigen sind.

  Eine sehr einfache Ereignishierarchie läßt sich mit Hilfe der Komplexität eines Ereignisses definieren. Die Komplexität eines Ereignisses berechnet sich dabei wie folgt:

$$\text{Komplexität}(A) := \begin{cases} 1, & \text{falls im Ablaufschema von Ereignis } A \text{ auf kein anderes Ereignis referenziert wird, bzw.} \\ 1+m, & \text{wobei } m = \max\{\, \text{Komplexität}(S_i) \mid \text{auf } S_i \text{ wird im Ablaufschema von Ereignis } A \text{ referenziert} \,\} \end{cases}$$

  Werden die Ereignisse nach aufsteigender Komplexität geordnet, so ergibt sich eine aus unterschiedlichen Komplexitätsebenen bestehende Ereignishierarchie. Diese Hierarchie kann zur Realisierung einer Bottom-up Strategie herangezogen werden. Ausgehend von den primitiven Ereignissen (d.h. Ereignissen der Komplexität 1) werden die in der Taxonomie höher stehenden aktiviert bzw. deaktiviert.

5. Ereigniserkennung in SOCCER

Bei der Entwicklung des natürlichsprachlichen Zugangssystems SOCCER [André et al. 87], das kurze Szenen aus Fußballspielen simultan in natürlicher Sprache beschreibt, wurde auf die vorgestellte Methodik zur Modellierung von Ereignissen zurückgegriffen. Die für die Domäne typischen Ereignisse wie *Zuspiel*, *Torschuss* etc. sind ebenso wie die zu betrachtenden Bewegungskonzepte mit Hilfe von Ereignismodellen definiert. Die Ereignismodelle sind in einer aus unterschiedlichen Komplexitätsebenen bestehenden Ereignishierachie angeordnet. Die unterste Ebene umfaßt primitive Ereignisse wie *Bewegen* oder *Beruehren*. Auf der obersten Ebene befinden sich derzeit u.a. die Ereignisse *Pass_in_den_Lauf* und *Angriff*.

Ereignisinstanzen, d.h. aktivierte Ablaufschemata und instanziierte Rollen (vgl. 3.1), sind als spezielle Flavor-Instanzen realisiert. Im Prinzip stellt jede Ereignisinstanz einen eigenen Prozeß dar, dessen Aufgabe es ist, im Ablaufschema voranzuschreiten, bis ein Abbruch erfolgt oder ein Endzustand erreicht wird. Um eine effiziente Traversierung eines Ablaufschemas zu ermöglichen, wird durch Anwendung eines speziellen Compilers aus jeder Kante anhand der entsprechenden Bedingung eine Übergangsfunktion erzeugt.

Die Neuinstanziierung von Ereignissen erfolgt datengetrieben durch spezielle Dämonereignisse. Es handelt sich hierbei um nicht getriggerte Ereignisinstanzen, deren Rollenvariablen noch unbelegt sind. Mit einem Dämonereignis wird somit die leere Folge [ ] assoziiert (vgl. 3.2). Wird eine Rollenbelegung gefunden, die das Passieren einer Triggerkante ermöglicht, so wird das Dämonereignis zur aktivierten Ereignisinstanz und ein neues Dämonereignis erzeugt.

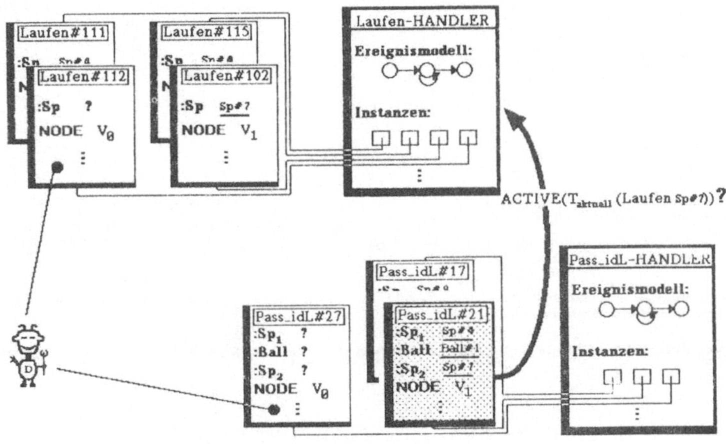

Abb.7: Verwaltung der Ereignisinstanzen in SOCCER

Für jedes Ereignismodell steht ein sogenannter *Ereignishandler* zur Verfügung. Die Aufgabe eines Handlers besteht primär in der Verwaltung des entsprechenden Ereignismodells sowie dessen Instanzen. In Abb.7 sind die Handler für die Ereignismodelle *Laufen* bzw. *Pass_in_den_Lauf* mit einigen Ereignisinstanzen, einschließlich der entsprechenden Dämonereignissen dargestellt.

Der Zugriff auf Ereignisinstanzen erfolgt über die entsprechenden Ereignishandler. Um beispielsweise im Ablaufschema für das Ereignis (*Pass_in_den_Lauf Sp#4 Ball#1 Sp#7*) fortschreiten zu können, wird der Handler für das Konzept *Laufen* zum aktuellen Zeitpunkt $T_{aktuell}$ "gefragt", ob er eine Instanz kennt, für die das Prädikat $ACTIVE(T_{aktuell}$ (*Laufen Sp#7*)) erfüllt ist (vgl. Abb.7).

Beruhend auf der Erkenntnis, daß ein menschlicher Betrachter sein Augenmerk auf bestimmte Objekte oder Aktionen richtet, wird im System SOCCER ein Fokusmechanismus eingesetzt, der verhindert, daß die Anzahl der aktivierten Ablaufschemata exponentiell wächst. Die Steuerung dieses *visuellen Fokus* ist diskursabhängig. In der Fußballdomäne scheint es beispielsweise plausibel, solche Objekte zu fokussieren, die sich in der Nähe des Balls befinden. Auch Erwartungen, die intentional handelnden Agenten unterstellt werden, sollen in einer weiteren Ausbaustufe des Systems SOCCER zur Fokussierung eingesetzt werden.

SOCCER wurde auf SYMBOLICS LISPmaschinen vom Typ 3600 bzw. 3640 unter Release 6.2 entwickelt. Eine mit Hilfe der vorhandenen Fenstertechnik realisierte Oberfläche gewährleistet bequeme Handhabung des Systems.

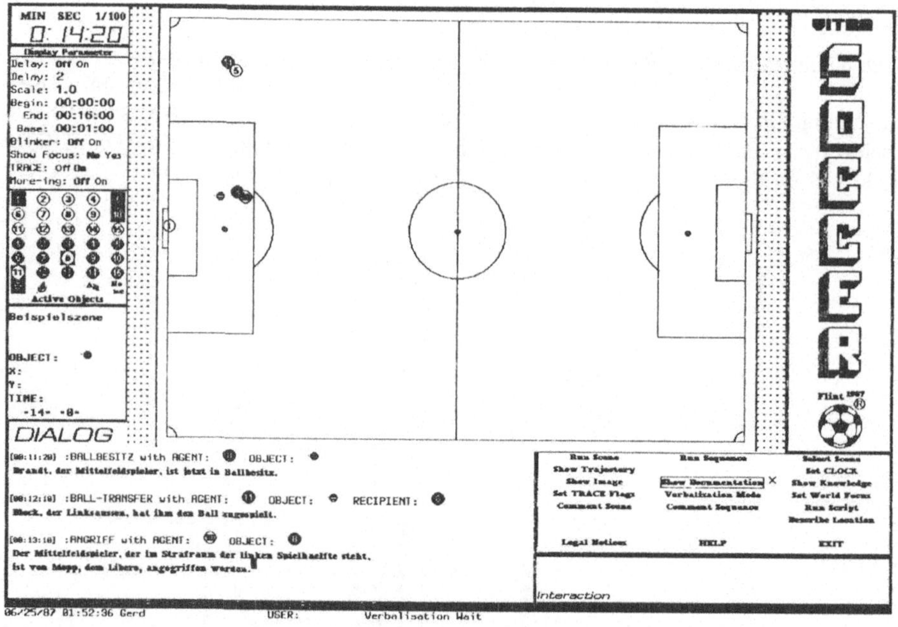

Abb.8: Bildschirmmaske des Systems SOCCER

Die Leistungsfähigkeit von SOCCER läßt sich demonstrieren, indem kurze, mittels eines speziellen graphischen Editors [Herzog 86] erstellte Szenen in einem Graphikausgabefenster visualisiert und dazu simultan natürlichsprachlich beschrieben werden.

Literaturverzeichnis

Allen, J.F., **Hayes**, P.J. (1985): *A Common-Sense Theory of Time.* In: Proc. IJCAI-85, S. 528 – 531.

Allen, J.F. (1984): *Towards a General Theory of Action and Time.* In: Artificial Intelligence, 23, Vol. 2, S. 123 – 154.

André, E., **Rist**, T., **Herzog**, G. (1987): *Generierung natürlichsprachlicher Äußerungen zur simultanen Beschreibung zeitveränderlicher Szenen.* Universität des Saarlandes, SFB 314, Bericht Nr. 18. Erscheint auch in: Proc. GWAI-87.

Herzog, G. (1986): *Ein Werkzeug zur Visualisierung und Generierung von geometrischen Bildfolgenbeschreibungen.* Universität des Saarlandes, SFB 314, Memo Nr. 12.

McDermott, D.V. (1982): *A Temporal Logic for Reasoning about Processes and Plans.* In: Cognitive Science, Vol. 6, S. 101 – 155.

Nagel, H.-H. (1985): *Analyse und Interpretation von Bildfolgen. Teil I und II.* In: Informatik Spektrum, Band 8, S. 178 – 200, 312 – 327.

Neumann, B. (1982): *Knowledge Sources for Understanding and Describing Image Sequences.* In: Wahlster, W. (Hrsg.): GWAI-82. Berlin, Heidelberg, N.Y.: Springer, S. 1 – 21.

Neumann, B. (1984): *Natural Language Description of Time-Varying Scenes.* Universität Hamburg, Fachbereich Informatik, Bericht Nr. 105.

Retz-Schmidt, G. (1985): *Script Based Generation and Evaluation of Expectations in Traffic Scenes.* In: Stoyan H. (Hrsg.): GWAI-85. Berlin, Heidelberg, N.Y.: Springer, S. 197 – 203.

Tsotsos, J.K., **Mylopoulos**, J., **Covvey**, H.D., **Zucker**, S.W. (1980): *A Framework for Visual Motion Understanding.* In: IEEE Trans. Pattern Analysis and Machine Intelligence, PAMI-2, S. 563 – 573.

Tsotsos, J.K. (1981): *Temporal Event Recognition: An Application to Left Ventricular Performance.* In: Proc. IJCAI-81, S. 900 – 907.

Walter, I. (1986): *Ein Datenmodell für die Extraktion von Episoden aus Bildfolgen.* In: Hartmann G. (Hrsg.): Mustererkennung 1986. Berlin, Heidelberg, N.Y.: Springer, S. 197 – 200.

PROBABILITIES IN GAME-PLAYING:
POSSIBLE MEANINGS AND APPLICATIONS

Helmut Horacek[1], Hermann Kaindl[2], Marcus Wagner[3]

[1]Research Unit for Information Science and Artificial Intelligence
University of Hamburg
Mittelweg 179, 2000 Hamburg 13, F. R. G.

[2]Marxergasse 18/2/1, 1030 Vienna, Austria

[3]Department of Statistics and Computer Science
University of Vienna
Rathausstr. 19, 1010 Vienna, Austria

'The axioms of probability theory are set up so that abstract probabilities can be computed readily, but nothing is said about what probability really signifies, or how this concept can be applied meaningfully to the actual world.

D. E. Knuth, [5]

Abstract

In the domain of game-playing the notion of 'probability (to win)' is used in several methodological approaches of the field, but without a precise specification in many instances. This paper aims at an improvement of that situation by accomplishing two joint tasks. Firstly, a clarification of the meaning of such a probability according to the circumstances of its use is performed. Secondly, several devices and methods used in game-playing programs are examined. Their benefits and shortcomings are discussed, with emphasis on a comparison of the intended meaning and the application of the probability.

1. Introduction

In both, theory and practice of game-playing skill in man and machine, the notion of 'probability (to win)' plays a certain role and it is used in several circumstances. Whereas the axiomatic of probabilities is well-defined this can hardly be said about their application to the actual world. In particular, the naive feeling that their meaning is identical in all instances of the notion mentioned above is disappointed severely after a closer examination of the usage in different areas of application.

In this paper we will take a critical view of this problem by comparing the formal treatment and the intended meaning of probabilities. We will try to accomplish this in two joint tasks:

- a clarification of the meaning of 'probability to win' according to the type of its use - be it in performance programs, theoretical proposals or even in considerations about human skill in game-playing technique;
- a discussion of some devices and methods applied to game-playing programs where certain aspects of 'probability to win' are essential features. In particular, their benefits and shortcomings in relation to problems occurring in game-playing are compared featuring the specific meaning of probability in each case.

2. Possible meanings of 'probability to win'

2.1. In game theory

There is a fundamental difference according to the availability of information in a particular game which may be complete or not. For (finite) games with perfect information the notion of 'probability to win' is bare of meaning in a game-theoretic sense since each problem state can unambiguously be assigned a status denoting the final result after perfect play: a win for either side or a draw, eventually.

In games with incomplete information, however, the probability to win correlates to a ratio between the favourable and the possibles events. It is commonly agreed to assume the possible events to be uniformly distributed, which is, in particular, the basis for the calculation of chances in games involving the roll of a dice like backgammon.

A complication is introduced by the fact that the possible outcome is not always restricted to be either a simple win or loss. A game in chess might eventually be drawn and the value of a simple game in backgammon might be doubled by one player turning the cube or it might end with a gammon which has the same consequence. A more complex instance is present in the game of bridge where the vulnerability and the type of scoring (be it a team or a pairs event) has a significant influence on the strategy in bidding and play due to the different amount of points that can be gained or lost.

2.2. Probabilities in practice

A further complication arises when the assumption of a uniform distribution of all possible events has to be relaxed because they cannot be considered to be independent or because additional information is available. In the game of bridge, the (theoretical) probabilities for the distribution of the remaining cards (of a critical suit) between the unseen hands must be adjusted in many instances by inferring which ones are more likely than others according to the bidding and play observed so far. A precise quantification of the shift of the balance is not always possible in these cases because the skill of the players also contributes to the likelihood of the possible events.

Whereas perfect information games are principally decidable the arising problem states usually are too numerous to be analysed exhaustively. Only a shallow analysis can be made with a realistic amount of effort in order to judge a particular situation to be won or lost with a certain probability (or, to be more precise by a likelihood). It expresses a degree of confidence to what extent a particular situation can be estimated to be favourable or not according to the resources available. This applies equally well to situations in games with incomplete information like backgammon where some positions are preferable to others in the sense that the theoretical chances to win (in terms of favourable rolls of the dice) are superior. Nevertheless, the effort to calculate all these chances till the end of the game is enormous and a decision about the preference must be made on the basis of a quick analysis.

When analyzing an interesting game of chess people frequently assign judgements like 'I will probably win' to a key position. This judgement comprises plenty of subjective components gained from experience and practical considerations. It expresses an expectation about the practical chances to win the game starting from the position in question. According to Berliner [1] an advantage can be partitioned into the components 'the degree to which the winning side is winning' and 'the ease to win'. There frequently exists an uneven fraction between these components according to the type of position actually present. In general, the second part which is notoriously underrepresented in game-playing programs must be fulfilled to some degree to justify the confidence of the player.

Furthermore, the 'ease to win' influences more the subjective component in the utterance '*I* will probably win' rather than the more objective counterpart '*it* (the position) is probably won'. There is a strong correlation to the absolute playing strength of the respective person. A slight but safe advantage can suffice to be the decisive factor for a strong player, while it does not have much influence on the performance that can be expected from a weak player. Also personal preferences in style and unbalanced capabilities according to different subareas of the domain play a substantial role. In particular, the unbalance of skill also is valid for the programs.

Additionally, the thematic judgement contains an implicit assumption about the playing strength of the opponent. It can be expected to be mentioned explicitly when it significantly deviates from the own capability.

On the other hand, a strong player frequently continues the game against a weaker opponent or refuses the offer of a draw even if his position is slightly inferior. He is confident of a potential mistake by the weaker player. The problem usually is complex enough so that the superior skill is likely to finally outweigh the current deficit corresponding to the objective disadvantage in the game. An important factor also is the chance to hold the game (score a draw) in case the weaker player masters his problems solidly.

2.3. Probability of performance

In some game disciplines there is an established method of calculating a measure for the (relative) playing strength of the individuals. One of the best known among them is the rating system developed by Elo [2] for the game of chess. It is based on the assumption that the result in a long match between two individuals of the same strength is normally distributed around a draw with statistical significance. Each deviation of such an even result can be quantified by a rating difference. For each pair of players, a (statistical) expectation about the eventual result can be obtained in accordance to their rating difference. The scaling is arranged such that a difference of 200 points implies an expectation of a 75% score in favour of the stronger player.

This expectation only represents a shallow rule which does not consider individual capabilities and their (potential) causal interaction. Furthermore, its application is restricted to the initial position neglecting the fact who moves first, which is agreed to be a minor advantage in chess.

On the other hand, results in practical play between expert players have a significant influence on the judgement of opening variations. When the results of a series of games all starting from the same opening are significantly uneven, this variation can be judged to be very much in favour of the respective side. Consequently, players will avoid playing this opening from the other side until a new move has been found that significantly changes this judgement.

Another type of quantifying the difference in the playing strength between individuals is available for the game of Go. In this game, the difference is not constituted by an expectation of the result in a match. However, it manifests by a difference in the initial position which contains an appropriate degree of advantage in favour of the weaker player. Its amount is selected according to the difference of the playing strength of the opponents so that the advantage can be expected to be equalized by the stronger player. Once more, the statistical correlation between playing strength and expectation holds for an extremely limited set of positions only.

All aspects of 'probability in practice' and 'probability of performance' contribute to the complex subjective notion of 'probability to win' which is understood more as a likelihood but it is never called like that. As our concern is not just the treatment of theoretical probabilities but the usage of methods modelling probabilities in game-playing programs and the explanation of their benefit and failures, all these factors have a certain degree of importance.

3. Applications of probabilities

The basic architecture of a traditional game-playing program includes, among others, an evaluation function that produces point values for any given position estimating its 'goodness' with respect to the final goal (cf. Palay's 'delphic value' [6]). When the search tree is expanded successively, those leaf nodes, which are artificial terminal nodes, are assigned such point values. They simply define a partial order over the set of all legal problem states. This method relies on the simplifying and unrealistic assumption that the these point values are totally accurate.

3.1. Relation between point values and probabilities

In the famous chess tournament program Chess X.X [9] , a feature has been used that expresses a relation between such point values and the probability to win in the sense of pure *performance*. This feature is designed to decide if the program should accept a draw or not in a given position. The decision depends on the difference between the own playing strength and the opponent's skill both measured by ratings of the Elo system. The computed difference is divided by 2 (for tuning possibilities, this factor can be varied) and the result, which is called 'draw value', is interpreted as a score of the evaluation function where 64 points correspond to the material value of a pawn. If the draw value is superior to the point value associated with the position in question the draw is accepted. It is rejected otherwise. This concept has been adopted by many other chess tournament programs.

Whereas it is desirable to judge, among others, the capability of the opponent when making such a decision, its quality seems to be in serious doubt when the actual feature is examined closer. Contrary to the need of the current task, the expectation according to the Elo rating system is valid only for the *initial* position. Moreover, the scores produced by the evaluation function only express a belief in the degree of goodness of the respective position but they do neither reflect the degree of difficulty present in the problem state (the 'ease to win') nor the degree of the stability or uncertainty of this judgement. From these considerations it should be clear that the available data is not suitable to produce a meaningful judgement.

Using the traditional method, the absolute scores produced by the evaluation function do not matter at all but in case of a comparison with the value of a draw. Consequently, they are not scaled appropriately so that they could be interpreted as (*practical*) probabilities to win. Pearl [7] has proposed the arcus tangens to be an appropriate mapping function for this purpose. A function of a similar shape has been applied in the chess program Merlin in order to make decisions according to an estimate of practical chances rather than based on the amount of advantage only (see [3] , [4]). This approach has been applied to non-quiescent positions which must be assigned a static score because of limited resources.

The concept incorporates several components of the *practical* probability to win, namely:

- The scores of non-quiescent positions are adjusted in the direction of the draw value. This measurement favours such non-quiescent situations in case the program has a disadvantage, which means that it is looking for eventual counterchances. When the program is ahead, this strategy tends to avoid complications.

- In an uncertain situation the score is adjusted in disfavour of the side the program is playing (thus introducing an asymmetry) when its understanding of the property causing the uncertainty is considered to be poor. This feature leads to a general tendency to avoid positions the program has a bad understanding of.

In uneven positions this method aims at judging according to the 'ease to win'. Though being implemented in a prototypical way only this feature did a good job in some critical positions.

3.2. Decision making on the basis of probabilities

In the basic algorithm of game-playing programs the non-terminal nodes are assigned scores appropriately derived from their successor nodes according to the minimax rule, which is done recursively. The decision between the possible moves on top level is made according to their values, the highest rated one being selected actually. Thus, the decision criterion and the back-up rule are consistent which means that the method models a decision at each level. This simple procedure again relies on the total accuracy of the point values. Though this assumption is totally unrealistic, the whole schema has worked out quite well in practice for many games thanks to the comparably low rate of serious failures of the evaluation function that have effected the decision about the move.

Nevertheless, the evident shortcomings which sometimes have caused inferior results in competitions, have stipulated the ambitions to produce a better schema. An early attempt in this direction has been undertaken by Slagle [8] which led to the definition of the product propagation rule, as it was later called by Pearl. The idea is that the *theoretical* probability, if a certain position is won or lost depends on the corresponding probabilities of *all* its successor positions. For reasons of simplicity in the calculation, the independence of all sibling nodes in the search tree is assumed, a fact which Slagle admits to be unrealistic.

Consequently, backing up is done by appropriately multiplying the probabilities of all successor nodes, according to probability theory. The final result at the root node is the *theoretical* probability by which the initial position is considered to be won for the side to move according to the assumptions that the estimates assigned to the leaf nodes are totally accurate and that both sides play perfectly. A comparison between this rule and the minimax rule is shown in Fig. 1.

The decision on top level is based again on the maximum of the probabilities associated with the successors of the root node. Contrary to minimaxing, the selection criterion is totally different from the back-up rule. This is not surprising, as the back-up mechanism does not simulate (implicit) decisions but only computes values. Slagle has applied this method to the game of Kalah, performing shallow searches only.

Minimax Rule	*Product Propagation Rule*	
$\min_i (p_i)$	$\prod_i p_i$	for MIN nodes
$\max_i (p_i)$	$1 - \prod_i (1 - p_i)$	for MAX nodes
$- \max_i (p_i)$	$1 - \prod_i p_i$	in NEGAMAX form

Fig. 1 A comparison between the minimax and the product propagation rule

This back-up method is the other extreme compared to minimaxing, as it relies on the chances present in all branches instead of those in the best one only. Consequently, the probabilities trigger from one level to the other, because each 'decision' significantly reduces the theoretical chances of the same side; the more choices a player has the better it is for him, the opponent should be left with forcing situations. The product propagation rule assumes, after a 'natural' decision at level one, both players to be omnipotent afterwards. There obviously is an inconsistency in the interpretation of the probabilities when the domain of *perfect* information games is concerned:

- In backing up, the probabilities are *theoretical* ones, according to the background of probability theory.

- When both players really are omnipotent, the probabilities associated with the leaf nodes *cannot* be *theoretical* ones, as both players actually should know the true result under this assumption; on the contrary, the probabilities only can express *practical* chances.

Moreover the application of this rule does not allow to take profit of the big pruning effect which is otherwise possible due to alpha-beta

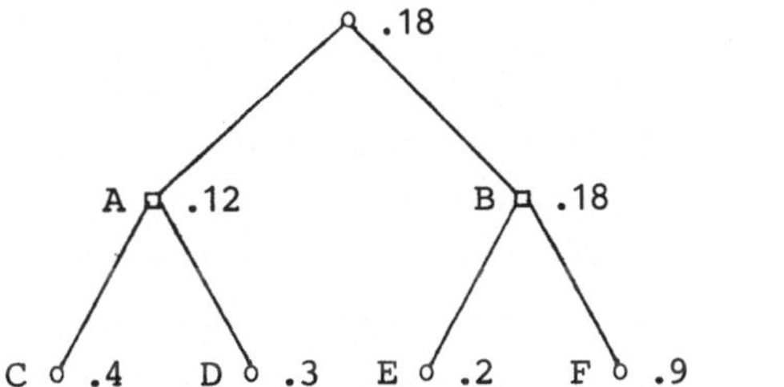

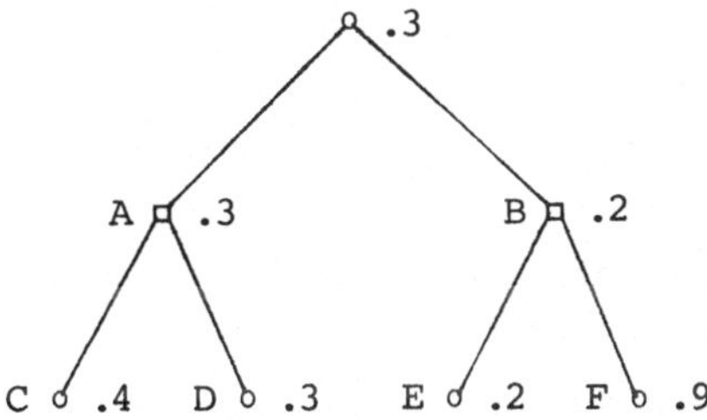

Fig. 2 A simple search tree - backing up is done according to product propagation / minimaxing

cut-offs. Later, Pearl [7] has compared the product propagation rule to the minimax principle in terms of the decision quality in games with *perfect* information. We will demonstrate his interpretation using the same example as he did in this book and we will contrast it with our interpretation. The difference is caused, in our view, by the inconsistent interpretation of probabilities in the product propagation rule which he also adopts.

Pearl argues that the product propagation rule models correct play against an omnipotent opponent, but he does not say that the omnipotency also is assumed for the side on play at each level except to level one. Thus, moving to B is preferable to A in the search tree of Fig. 2, because it gives this side the best theoretical chances to win. Backing up according to the minimaxing rule is, in his view, playing against a fallible opponent, relying on the assumption that the opponent does not have more information than the other side at the time when he has to make his decisions. Therefore, he can be expected to select D or E, respectively.

However, we would interpret this to be the assumption that constitutes correct play. On the contrary, when we are deciding according to product propagation we do not expect the opponent to be capable of discriminating good from bad alternatives. We are taking a risk of getting a (slightly) inferior position when he 'guesses' right (selecting E), but we will get a (considerably) superior position in case he fails to move correctly (selecting F).

A shift to the domain of *imperfect* information games may illustrate this difference. Let us interpret the probabilities at the leaf nodes in Fig. 2 to express the ratio of favourable to possible events of whatever type. Deciding according to product propagation is correct only when the unknown information is revealed immediately after the decision on top level has been made, so that the opponent obviously is omnipotent afterwards. If the information remains sealed, however, he can do nothing better than maximizing his chances which naturally is the correct method for both players.

Up to this point, the uncertainty that is associated with the assessment of non-terminal positions has not yet been considered. Palay [6] has introduced probability distributions to represent the range where the real value (which he calls 'delphic value') can be expected to be located associated with probabilities for each point value in this range. Unlike all other approaches presented in this paper, the probabilities express the uncertainty about the truth in this case; the evaluation is done by assigning a probability distribution to a problem state instead of assinging it a point value. The decision at top level and the back-up rule are consistent in the sense that a degree of dominance of the best choice over the others is present on each level, also reflecting the uncertainty about the decision on top level.

As for the product propagation rule probabilities are multiplied in the process of backing up. Their meaning, on the other hand, is entirely different. While a probability in the former paradigm expresses itself the value associated with the problem state to be considered, a probability in Palay's approach expresses the expectation that this problem state is really as good as the value which the probability is associated with.

When backing up is performed, the distributions of alternative choices to the best one are considered only insofar as they overlap with the distribution associated with the best choice. This seems to be a sound alternative to the extreme methods of minimaxing and product propagation.

However, this method does not judge the difficulty for either player to decide between almost identically rated but in fact different alternatives at deeper levels. This is not so much a problem of the (again simplifying and unrealistic) assumption of independency, but it is a consequence of the methodological design to optimize the chances for the next move only. Sure, in tournament play a decision is required only for the next move at a particular time, but the overnext move has to be made soon. Nevertheless, the main disadvantage of this method is constituted by the difficulty to estimate adequate probability distributions.

Concluding remarks

This paper attempts to contribute to an improved understanding of the notion 'probability (to win)' which is used so frequently in game-playing theory and practice, but rarely with identical meaning. In particular, it has been pointed out that the restricted success of some methods can be partially explained by a discrepancy or even an inconsistency between the intended meaning and the application of probabilities.

References

1. H. Berliner, "On the Construction of Evaluation Functions for Large Domains," *Proc. IJCAI-79*, vol. 53-55, p. 1979, Tokyo, 1979.

2. A. Elo, *The Rating of Chess Players, Past and Presence*, Batsford Ltd., London, 1978.

3. H. Horacek, "Reasoning with Uncertainty in Computer Chess," in *Advances in Computer Chess 5*, ed. D. F. Beal, Noortwijkhoot, The Netherlands, 1987.

4. H. Horacek, H. Kaindl, and M. Wagner, "Decision Making in Unclear Situations," GWAI-86, OEGAI-86, pp. 17-27, Springer-Verlag, Ottenstein, Niederoesterreich, 1986.

5. D. E. Knuth, *The Art of Computer Programming*, 2, Addison-Wesley Publ. Comp., 1981.

6. A. J. Palay, "Searching with Probabilities," *PhD thesis*, Carnegie-Mellon University, 1983.

7. J. Pearl, *Heuristics: Intelligent search strategies for computer problem solving*, Addison-Wesley Publishing Company, 1984.

8. J. Slagle and P. Bursky, "Experiments With a Multipurpose, Theorem-Proving Heuristic Program," *Journal of the ACM*, vol. 15, no. 1, pp. 85-99, 1968.

9. D. Slate and L. Atkin, "CHESS 4.5 - The Northwestern University chess program," in *Chess Skill in Man and Machine*, ed. P. Frey, pp. 82-118, Springer-Verlag, Berlin, 1977.

The RQA/FQI Strategy - Some Thoughts on the Evaluation of Recursive Queries in Knowledge Base Management Systems

Wolfgang Nejdl

Technische Universität Wien
Institut für Angewandte Informatik und Systemanalyse
Abteilung für Verteilte Datenbanken und Expertensysteme
A-1040 Vienna, Paniglg.16, Austria
+43/222/58801-6128
nejdl@tuhold.uucp

Keywords: Deductive Databases, Recursive Query Processing, PROLOG, Relational Databases, Knowledge Base Management Systems

Abstract

A useful strategy for integrating AI and DB technology is coupling PROLOG with a relational database management system (RDBMS). One of the main difficulties of this approach is the evaluation of recursively defined queries. We will therefore give a short overview of the different possibilities for such strategies. Then we describe the RQA/FQI Strategy which is complete over the domain of function-free Horn clauses and uses a two step architecture for evaluating a recursive query. We further compare our strategy to other query processing strategies and also discuss related concepts from the area of theorem proving.

Introduction

Integrating AI and DB techniques has been an important topic in the last years. The results have led to the development of Knowledge Base Management Systems (KBMS) which are able to cope with difficult problems which cannot be solved by 'pure' AI or DB systems alone.

These KBMS's usually have at least the following two design goals:

- managing a lot of data (also accessed by other systems)

- accessing these data in an intelligent manner (e.g. deducing new facts from existing data).

The tasks such a system should be able to cover include:

- extending an AI based system by providing efficient secondary storage management facilities (as general virtual storage management algorithms are not suited for AI systems),

- processing data stored in existing database management systems by intelligent AI (expert) system based methods,

- extending DB based systems by providing deductive capabilities (deductive databases) and intelligent user interfaces.

Our approach for developing such a KBMS has been to couple a conventional PROLOG system with a relational database management system (RDBMS) in an efficient manner. We have discussed the reasons for using this system architecture in [Nej86]. They include:

- By using a logic (proof theoretic) view of both PROLOG and RDBMS's, properties and characteristics of these systems can easily be compared with each other. Therefore also from a theoretical point of view these two systems can be integrated in a consistent way.
- Tightly coupling these systems produces a flexible, integrated system where data can either be manipulated intelligently by AI methods or by non AI components.
- Using a relational database management system, optimizations of its retrieval mechanism can be used for processing non-recursive definitions.

An important topic in such a system is the evaluation of recursive queries. While non-recursive queries can be answered efficiently by the RDBMS, recursive ones have to be handled by the PROLOG part of the system.

Therefore optimization of the processing of recursive queries has been an area of active research in the last years. Many strategies for this problem have been developed ([Hen84], [Ban86a], [McK81], [Smi86], [Ull85], [Vie86], [Loz85], [Cer86], [Ion86], [Ras86], for comparisons of existing algorithms see also [Ban86], [Han86]).

Many methods have been proposed in these strategies: interpreted and compiled approaches, optimization and evaluation strategies, top-down and bottom-up, recursive and iterative algorithms. Application domains range from linear recursive rules to the whole area of function-free Horn clauses.

Our aim was to find a strategy which should be both efficient and general (applicable to a large class of recursive rules). Therefore, in the first chapter we will discuss two basic proponents of recursive query processing strategies, the top-down PROLOG evaluation strategy and the bottom-up least-fixed-point (LFP) iteration strategy.

Considering the advantages and disadvantages of these prototypes and using new results from [Ban86], [Vie86] and [Smi86], we will describe the principles of a new and efficient strategy for handling recursively defined queries. (A more detailed discussion of this strategy can be found in [Nej87a].)

The new RQA/FQI Strategy - **R**ecursive **Q**uestion **A**nswering / **F**rozen **Q**uery **I**teration Strategy - uses a top-down approach similar to PROLOG and an efficient variant of LFP iteration for the completion of the query. This strategy terminates in all cases and is complete over the domain of function-free Horn clauses (over finite domains).

A short comparison of the RQA/FQI Strategy with other existing strategies shows its performance at least equal to the best general query processing strategies available.

In a following chapter we will discuss some interesting similarities and differences between methods developed in the context of theorem proving (especially SLD resolution) and recursive query processing strategies developed in the database area.

The RQA/FQI Strategy has been implemented in the PROLOG-DB system which will be described in the last chapter.

PROLOG

As PROLOG is already widely known we will discuss only those properties of PROLOG that are interesting in our context. A detailed description can be found e.g. in [Clo81].

Actually, PROLOG is a complete programming language rather than just a question answering strategy. However, viewed as an answering strategy, we can characterize PROLOG as a recursive top-down strategy for the evaluation of queries over Horn clauses. The selection of rules is determined by the rule order, the selection of subgoals is depth-first and left-to-right.

The top-down approach is an advantage in most cases, as it can constrain the tuples searched to those which are actually needed for the answering of a given query. However, because of its inflexible strategy and its inability to recognize cycles its application domain is strongly dependent on the available data (no cycles!).

Furthermore, the aim of PROLOG is to find all logical proofs for a given goal. In query processing applications only all different answers are needed. Therefore, in many cases PROLOG has to do much duplicate work and uses too many non-relevant facts in its evaluation. Its efficiency is high only in those cases when goals can be proved only once and constants can be properly propagated into the subgoals.

Another problem which arises when PROLOG is coupled with a relational database is its tuple-oriented approach which hinders some possible improvements and optimizations used by a RDBMS.

Thus, while giving a good prototype example for a recursive top-down strategy, its use is limited to domains where relatively few data and not too complex recursions are needed.

LFP-Iteration

Naive least-fixed-point (LFP) iteration can be considered as a prototype for a bottom-up strategy. It can be characterized by the following procedure:

```
procedure LFP-iteration;
begin
   repeat
      evaluate all rules which define the needed virtual relations
      (using all answers deduced so far + all base facts)
   until no new answers are produced;
   return all answers (from the generated virtual relation) unifi-
      able with the given query;
end;
```

Example:

Definitions:

```
   ancestor(X, Y) :-
         parent(X, Y).
   ancestor(X, Y) :-
         parent(X, Z),
         ancestor(Z, Y).
```

Query: ancestor(jim, X)

```
0th step: ancestor := {}
1st step: ancestor := {parents}
2nd step: ancestor := ancestor + {parents, grandparents}
3rd step: ancestor := ancestor + {parents, grandparents,
                                  grand²parents}
etc.
```

Result: all tuples of ancestor which are unifiable with ancestor(jim, X)

The properties of this form of LFP iteration can easily be seen from the example. It is complete, i.e. it finds all answers to a given query. It terminates for all kinds of queries. However, it has two major disadvantages:

- Duplicate work - In each step it also calculates all results already found in the previous step.
- Useless work - It generates the whole virtual relation ancestor although only the answers to ancestor(jim, X) are needed.

The second disadvantage cannot be removed without using some variant of top-down search or constraints. The duplicate work can be avoided by using a variant of the (naive) LFP iteration as described above which we call semi-naive (according to [Ban86]). Semi-naive LFP iteration uses only tuples deduced during the previous step.

However, this optimization is possible only in the case of linear recursive definitions, i.e. definitions which have at most one recursive goal on the right hand side of their rules.

If ancestor(X,Y) had been defined with

```
    ancestor(X, Y) :-
       ancestor(X, Z),
       ancestor(Z, Y).
```

as the second rule, not all ancestors were found using semi-naive LFP iteration.

RQA/FQI Strategy - Basic Principles

As can be seen by the previous chapters two basic types of strategies exist:

- Bottom-up strategies, which can be optimized for certain classes of queries, especially for linear recursive queries (see e.g. [Ban86a], [Hen84], [Ion86]),

- Top-down strategies, which can either be optimized for restricted classes of queries, too (e.g. PROLOG) or which try to be as complete as possible ([Vie87], [Smi86], [Nej87a]).

Especially the second class of strategies (top-down strategies) have much in common with theorem proving methods. The similarities and differences between work done in recursive query processing for deductive databases and theorem proving methods will be discussed in a later chapter.

Our goal was to implement a general query processing strategy - the RQA/FQI Strategy - which will be described in this chapter.

As can be seen by the discussion in the previous chapters, some basic properties are necessary to define an efficient and complete strategy for processing recursive queries. These properties include:

- a recursive top-down approach to achieve goal-oriented processing and a small amount of control information,

- additional control information to avoid cycles and duplicate work,

- some sort of LFP iteration to make the strategy complete.

Therefore the RQA/FQI Strategy uses the following approach:

In the first step of the algorithm we use a recursive evaluation strategy expanding the search tree top-down. Answers already deduced are re-used. The expansion stops when a Repeated Incomplete Query (or **RIQ**, i.e. a query which is subsumed by an earlier one) is encountered or as soon as a subquery is answered completely using basic facts and non-recursive predicates.

After this initial expansion we process all incomplete branches of the search tree (which we call Frozen Queries) using an efficient variant of LFP iteration over the incomplete goals caused by the RIQ's. During these iterations new answers are fed into the RIQ's while the rest of the Frozen Query is expanded using the same recursive procedure as before. These iterations can be stopped when no more answers are found.

Although this corresponds conceptually to a step-wise expansion of the whole search tree actually only the branches of the tree which are needed in a later step have to be stored.

In the following chapter we will informally give some definitions and discuss important implementation decisions of the RQA/FQI Strategy. A more thorough description of RQA/FQI can be found in [Nej87a].

RQA/FQI Strategy - Description

The expansion of the search tree follows the same principles as the PROLOG strategy and need therefore not be described here. However, as we expand the search tree we have to find a termination condition which guarantees that the search tree remains finite.

So we expand the search tree top-down (generating a rule/goal tree) until we encounter a query (a Repeated Query) which is subsumed by a previous query. In such a case we suspend the ordinary tree expansion and use special strategies to process this query. All other branches can be evaluated down to the basic facts and can thus be answered completely.

In the case of a Repeated Query we can distinguish two different possibilities:

- If the more general (previous) query has been already answered completely we can use all its answers for the new query (the Repeated Complete Query or **RCQ**).
- If we have not yet found all answers for the general query we have to store this new query (the Repeated Incomplete Query or **RIQ**) together with its incomplete rule and process it in a later step (when new answers have been found for it).

Of course, the incompleteness of RIQ's propagates up the tree, so we have to store the whole branch (from an RIQ up to the original query which is the root of the search tree) for later evaluation (Derived Incomplete Queries or **DIQ**'s).

To process these incomplete branches efficiently we have to implement an efficient storage structure and define a complete processing scheme for these branches.

There are two properties we have to ensure in our processing scheme to make the algorithm complete:

- Whenever new results are produced by a subquery, those tuples can be used by a supergoal (propagation of sub-results up to the top of the derivation tree), and
- new answers generated for a query can be used by any (matching) subquery (usage of new results by other (sub-) queries).

The basic storage structure for the incomplete branches are the so-called Frozen Queries (**FQ**'s). In a FQ the remaining part of the current rule (which cannot be expanded further because of its incomplete subquery) is stored for further processing. Additionally we have to store the current instantiations of arguments in this rule.

Thus a FQ consists of an uninstantiated rule of the form
$FQ_i(Q_i$:- PSG_i, P_i, S_i.)
corresponding to an original rule
(Q_i :- E_i, P_i, S_i.)
where PSG_i (a Propagation Subgoal) is used to propagate the arguments instantiated so far in the original rule (according to the different instantiations of the terms Q_i and E_i) and
P_i is an Incomplete Subgoal.

To store all instantiations of a FQ, a set of Propagation Subgoals is associated to each FQ.

This division into uninstantiated Frozen Queries and instantiated Propagation Relations is advantageous in the typical database case when only few rules and a lot of ground facts are used. Whenever these FQ's are processed in the iteration steps, the Propagation Subgoals are used to complete the uninstantiated Frozen Queries. Thus we can restore the original state of the branch of the tree at the time it was cut off without redundantly storing the structure of the Frozen Query (the uninstantiated rule) more than once.

By this approach we are able to store exactly those paths which cannot be evaluated completely in the expansion step. We thus avoid both storage of redundant data as well as duplicate work when iterating over the FQ's.

Another optimization is accomplished by using a set-oriented approach as much as possible.

First, all queries over database predicates or database views (database equivalent predicates - described by non-recursive predicates) can be processed set-oriented against an underlying relational database. The results can then be stored in the PROLOG database and be used further by the query processing algorithm. We can thus utilize the advantages of the set-oriented approach of RDBMS's for retrieval of non-recursive predicates such as optimization of joins, selection first and efficient storage of large amounts of data.

Additionally, also the instantiations of the different FQ's are stored in a set-oriented manner (using the PSG facts). Thus each incomplete branch of the search tree is stored only once and is completed by instantiating it with all appropriate PSG's in its PSG set. This is especially useful if a lot of basic facts (stored in the RDBMS) has lead to many different instantiations.

However, the basically tuple-oriented main algorithm for processing the recursive queries can use the tuple-oriented advantages of PROLOG (automatic constant propagation, unification, recursive control structure and backtracking).

Efficiency Considerations

According to [Ban86] the performance of a recursive query processing strategy is greatly influenced by the following factors:

- the amount of duplication of work

- the size of the set of relevant facts

- the use of unary vs. binary intermediate relations.

Comparing our strategy with other strategies along these lines, we come to the following results:

- less duplicate work than other methods
  - very goal oriented due to the recursive top-down control structure
  - less iteration (only when necessary, on Frozen Queries)
  - more efficient iteration (no answers are filled in twice)
  - generalized repeated queries through subsumption

- the size of relevant facts is minimal (only answers which can be used for the original query are generated)

Of course our strategy is complete for all kinds of recursive definitions and data.

The idea of preserving the search tree to enable plugging in new results at a deeper level is also described in [Smi86], [McK81] and [Vie87]. As distinct from these methods, our strategy does not keep a branch (path) of the tree unless it is involved in the derivation of a

RIQ. Only the branches necessary for answer completeness are preserved.

Furthermore, these methods are designed for a tuple-oriented transfer of facts, whereas our approach is also suitable for a set-oriented processing of facts during the retrieval from a database. Also incomplete branches of the search tree are stored set-oriented using relations of propagation facts to remember the different instantiations of the rules. This is especially efficient and necessary if the deductive system is connected to a relational database management system.

Additionally, as shown by [Ban86], the recursive control strategy used also by RQA/FQI avoids much duplicate and useless work compared to the methods proposed by [McK81] and [Loz85], respectively.

Of course there always exists a tradeoff between the avoidance of redundant work and the administration overhead necessary for this improvement. If we had non-cyclic relations and only linear recursive definitions more specialized strategies are generally better suited to answers such queries efficiently.

It should be possible to customize our strategy using meta-facts which describe the properties of the underlying domain (acyclicity, size of relations, type of recursions, etc.). We are currently investigating such optimization possibilities.

Comparison with Theorem Proving Concepts

An interesting topic in this context is to compare the problem of recursive query processing (mainly investigated by database researchers) with research done in the area of theorem proving. Although methods developed in these two areas have much in common we also find some major differences.

We will start with the following important theorem, which states the completeness of an SLD tree for Horn clause programs (from [Llo84]):

Theorem: Let P be a program (a set of deductive rules and facts), G a goal (i.e. a query) and R a computation rule. Then every correct answer substitution Θ for P + {G} is 'displayed' on the SLD tree for P + {G} via R.

'Displayed' means that, given Θ, there is a success branch such that Θ is an instance of the computed answer substitution from the refutation corresponding to this branch.

So all answers to the query G can be found searching the SLD tree for P + {G}.

In most theorem proving tasks it suffices to find only one success branch to prove the given theorem G. However, if we actually try to implement an algorithm finding all answers to G, we have to cope with two problems:

- The SLD tree can be infinite. That means that we have to use a search strategy which does not get lost in an infinite branch and is able to find all success branches of the tree.

- Moreover, we want the algorithm to stop, if it has found all answers. In general, this is equivalent to the halting problem and thus not solvable. However, in the case of range restricted clauses and repeating inference detection based on subsumption we can find a sufficient termination condition for our search strategy (see e.g. [Nej87a], [Smi86], [Vie87]).

It is interesting to note that using a depth-first search rule is generally not sufficient to find all answers for a query over a Horn clause program or to terminate the query answering process.

So for the program

```
p(a,b).

p(c,b).

p(X,Z) :- p(X,Y), p(Y,Z).

p(X,Y) :- p(Y,X).
```

we will never find an ordering of the program clauses that will make it possible for a strategy using a depth first search rule to find all answers.

So in general we have to use some sort of breadth-first component in the strategy to guarantee that all success branches are found. However, although a pure breadth-first algorithm can find all possible answers to the given query, it will not stop when it has found all of them. So we have to implement some test method to prove that all answers have been found.

These considerations eventually lead us to query processing strategies as described in this paper. For a further discussion of some of these problems see also [Llo84], [Smi86] and [Vie87].

Implementation - PROLOG-DB

The RQA/FQI Strategy has been implemented in the PROLOG-DB system which is described in [Nej86]. This system integrates PROLOG and a RDBMS to add secondary storage management capabilities to the PROLOG environment and to use PROLOG for the processing of external data stored in existing RDBMS's. It has been developed as a prototype system to test various optimization strategies in this context.

PROLOG-DB includes a pre-compiler translating PROLOG rule/goal trees into relational algebra expressions, a recursive query processing unit based on RQA/FQI and a dynamic storage management system handling the efficient retrieval and update of facts during runtime.

The basic parts of the system have been described in [Nej86], optimization possibilities for the Dynamic Storage Management System are discussed in [Nej87b].

Further Work

By using RQA/FQI we still have a source of redundant work when different answers to subgoals lead to the same answer on a higher level.

This can be detected by partially storing the search tree and is done by remembering only those instantiations at some point of the tree (after each subgoal) which are needed for instantiating the following subgoals. Thus if a certain section of the search tree is expanded again on backtracking we can check if the new instantiations can lead to new answers or if the expansion can be terminated for these values.

Additionally the design of the selection function for choosing the next subgoal should be investigated to reach more formal results for optimality in this area too.

To further minimize redundant work the use of backward subsumption could be implemented. In such a case a previous query is subsumed by a following more general query and need not be evaluated completely as all its answers are found by the more general query.

A very interesting problem is the extension of our work to a larger subset of logic. All work done so far in this area uses Horn clauses as the basic domain in which recursion can be formulated. However in many cases it would be advantageous if some form of disjunctive information or negative information could be stored. We are currently working on this topic.

Acknowledgement

I would like to thank Gerhard Fleischanderl, Georg Gottlob and Markus Stumptner for their comments on earlier versions of this paper.

References

[Ban86] ... F.Bancilhon, R.Ramakrishnan: An Amateur's Introduction to Recursive Query Processing Strategies, Proc. of SIGMOD'86, Washington, May 1986, pp.16-52.

[Ban86a] ... F.Bancilhon, et al.: Magic Sets and Other Strange Ways to Implement Logic Programs, Proc. of 5th ACM SIGMOD-SIGACT Symp. on Princ. of Database Systems, 1986, pp.1-15.

[Cer86] ... S.Ceri, G.Gottlob, L.Lavazza: Translation and Optimization of Logic Queries: The Algebraic Approach, Proc. VLDB '86, Kyoto, August 86, pp.395-402

[Clo81] ... W.F.Clocksin, C.S.Mellish: Programming in Prolog, Springer, 1981

[Han86] ... J.Han, H.Lu: Some Performance Results on Recursive Query Processing in Relational Database Systems, Proc. of Intl. Conf. on Data Engineering, Los Angeles, Feb.1986, pp.533-541.

[Hen84] ... L.J.Henschen, S.A.Naqvi: On Compiling Queries in Recursive First-Order Databases, JACM 31/1, Jan. 1984, pp.47—85.

[Ion86] ... Y.E.Ioannidis: On the Computation of the Transitive Closure of Relational Operators, Proc. VLDB '86, Kyoto, August 86, pp.403-411

[Llo84] ... J.W.Lloyd: Foundations of Logic Programming, Springer, 1984

[Loz85] ... E.L.Lozinskii: Evaluating Queries in Deductive Databases by Generating, IJCAI 85, Los Angeles, Aug. 1985, pp.173-177

[McK81] ... D.P.McKay, S.C.Shapiro: Using Active Connection Graphs for Reasoning with Recursive Rules, Proc. of 7th IJCAI, Vancouver, Aug. 1981, pp.368-374.

[Nej86] ... W.Nejdl, E.J.Neuhold: The PROLOG-DB System: Integrating PROLOG and Relational Databases, ÖGAI-Journal 5/1, July 1986

[Nej87a] ... W.Nejdl: Recursive Strategies for Answering Recursive Queries - The RQA/FQI Strategy, to appear in Proc. of the Very Large Data Base Conference VLDB'87, Brighton, September 1987

[Nej87b] ... W.Nejdl: Some Ideas for an Efficient Integration of PROLOG and RDBMS's: Retrieval and Update in PROLOG-DB, Technical Report, TU Vienna, February 1987

[Ras86] ... L.Raschid, S.Y.W.Su: A Parallel Processing Strategy for Evaluating Recursive Queries, Proc. VLDB '86, Kyoto, August 86, pp.412-419

[Smi86] ... D.E.Smith, M.R.Genesereth, M.L.Ginsberg: Controlling Recursive Inference, Artificial Intelligence 30/3, Dec. 1986, pp.343-389

[Ull85] ... J.D.Ullman: Implementation of Logical Query Languages for Databases, TODS 10/3, 1985, pp.289-321.

[Vie86] ... L.Vieille: Recursive Axioms in Deductive Databases: The Query/Subquery Approach, Proc. of the 1st Intl. Conf. on Expert Database Systems, Charleston, S.C., April 1986, pp.179–193.

[Vie87] ... L.Vieille: Database-Complete Proof Procedures Based on SLD Resolution, Proc. of the 4th Intl. Conf. on Logic Programming, Melbourne, Australia, May 1987

Towards Automatic Semantic Classification for a Natural Language Understanding System

Steven Zsolnai, Harald Trost
Department of Medical Cybernetics
and Artificial Intelligence,
University of Vienna,
Freyung 6, A-1010 Vienna,
Austria.

ABSTRACT

The knowledge acquisition component of the natural language understanding (NLU) system VIE-LANG with self-adjusting capabitilies is described. The system VIE-LANG is heavily data-driven and uses a morphological lexicon coupled with a syntactic/semantic lexicon to model language specific and real-world knowledge. The acquisition paradigm adopted here uses the knowledge thus represented, together with flexibly structured heuristics, to aid in enlarging the lexica. Methods for the automatic modification of the acquisition heuristics are investigated and examined for their usefulness and workability. This is done experimentally on a 'skeleton-system', implemented in INTERLISP. The heuristic rules are implemented declaratively and thus are decoupled from the program to aid easy modification. Concepts developed in linguistics regarding word formation play an extensive role in the classification heuristics used.

1. Introduction

In this paper we will describe a semi-automatic knowledge acquisition system for VIE-LANG. VIE-LANG is a natural language dialogue system interacting with its users in German (Buchberger et al.1982). Its

While a system learning language from scratch is not feasible, given the current state-of-the-art in machine learning, a system that incrementally augments its knowledge, based on a sound basic repertoire, is realistic (Haas, Hendrix 1980).

The aim of our system is to enable a naive user to enter new words (and new word meanings) without having to know about the internals of VIE-LANG. Knowledge acquisition is performed interactively, with as few questions posed to the user as possible. The system uses an internal rule base to guarantee data consistency and to eliminate invalid possibilities.

2. Linguistic Background

The knowledge acquisition system discussed here relies on linguistic theories, especially word formation, as its main source for discovering usable acquisition strategies. This section serves as a brief introduction to the concepts used from an engineering angle, rather than from a linguistic one. Pure linguists should, therefore, excuse the liberal use of terminology. We are not so much interested in theoretical aspects as in workable rules, which may be extracted from a multitude of linguistic work.

Hoeppner (82) argues that word formation should be regarded with similar attention as, for example, sentence structure, when trying to understand utterances. Word formation may reveal a great deal about the intended meaning of a word, especially in a highly generative language such as German, the language VIE-LANG was designed for. Using word formation in conjunction with a lexicon,is a useful strategy for analysing German words, as compounds are very numerous in this language. In addition, classification of words with recognized derivational endings is possible, although seldom uniquely (Hoeppner 82, Finin 80).

2.1 Compound words

The segmentation of German words is a non-trivial task. Whilst in English compounds are either written as separate strings of characters, or are hyphenated, in German they are written as one word (i.e. as a consecutive string of characters). This poses the additional problem of having to locate segment boundaries. So a system analysing German compounds must firstly identify meaningful segments before attempting to determine any relationships between the identified sub-parts. As an example take the word STAUBECKEN. This may be segmented into STAU-BECKEN (reservoir) or STAUB-ECKEN (dusty corners). In this case the morphological classification would either classify this noun as neutral or feminine, depending on which segmentation is accepted (N.B. this is because the gender of a composite noun in German is determined by the gender of the last segment, and the gender of ECKE is feminine, in contrast to BECKEN which is neutral)

Compounds may also optionally contain junctors between segments. We chose not to attribute any 'meaning' to junctors and merely recognise them to aid in the location of segments within a word. In some cases deletion of the end morphemes (specifically -e and -en) of words occurs when combined in a compound. For example, FRIEDHOF (cemetary) must be segmented into FRIEDEN-HOF (peace-yard). Of course, the correct segmentation will always be dependent on the way words are represented in the lexicon.

The semantic classification of compounds poses an even greater problem. Even if a choice is made by some means - by the user or by some rule - between the possible segmentations, how can the meaning of, for example, STAU-BECKEN (to store - pool or container) be arrived at from the meanings of its segments? Or from another angle, how can the meaning of 'reservoir' be obtained from some paraphrased sentence, such as 'a pool for storage'? This is a problem even with words where the meaning of the compound is closely related to the combined meaning of its segments and we restrict our discussion to such words. Specifically, the treatment of the semantic relationships in nominal compounds has enjoyed some popularity and is discussed in depth by Rahmstorf (83).

Strategies using 'common sense knowledge' play an important part in the semantic classification strategy. These strategies use the knowledge

2.2 Derivational Endings

With derivational endings (suffices) a reliable selection may be performed between the possible morphological classes. For example, the suffix '-ATION' can uniquely determine, if at the end of a word, that it is a feminine noun. Few suffices are so helpful in finding the correct morphological classification but all suffices give some morphological discrimination. By contrast any attempt to perform semantic classification on solely this basis, is only modestly successful.

A few derivational endings have narrower semantic definitions but in general the number of possible meanings produced from a particular suffix are vast. In combination with an identified root segment (free morph pre-empting the suffix or suffices), together with the suffices, a more accurate guess may be made towards the word's meaning. Again we will not deal with the sadly numerous exceptions, but restrict ourselves to the equally numerous 'nice cases'.

2.3 Prefixes

Prefixes also have a morphological and semantic functionality, although it is very hard to observe any but the most trivial regularities. Prefixes may be used to narrow down the possibilities when attempting to decide between otherwise equally likely candidates. In addition, an identified prefix may aid in the discovery of the correct segmentation by applying rules which govern the ability to combine a prefix with the other identified segments within that word. For example, the prefix GE- if preceeding a noun, is mostly in combination with the suffix -E and indicates that that nouns gender is most likely neutral. Similar rules may be formulated for other prefixes.

Rules which might aid in the semantic classification are less well-defined. So, it can be argued that the prefix GE- preceeds nouns which describe 'some collective', e.g. GE-BIRGE (mountain), GE-MAELDE (painting) or GE-WAECHS (plant) etc. This argument becomes vacuous if one starts looking at the exceptions, which are more numerous than the cases that conform to any rule identified. Nevertheless, as a first

3. The Knowledge Base of VIE-LANG

We have outlined some of the major problems that need to be tackled and have given some indications where partial solutions seem possible. To enable semantic classification of compounds and also derivatives the semantic representation of the word constituents is of great importance. If 'common sense' type heuristics are to be used to aid in the classification, then 'real-world' knowledge must also be represented in the model. The knowledge structure used for representing word specific and conceptual information is outlined in this section, so that subsequently the heuristics that use and modify these structures may be discussed.

The system VIE-LANG is data driven and has as its knowledge base three interrelated data structures. These data structures are used to represent language specific and conceptual information, together with relations between them. The acquisition system discussed in the next section is required to modify these structures preserving its consistency and using the information already available in it.

SEMNET, a semantic net (Trost 83), is based on the formalism of Brachman (78). SEMNET represents both the conceptual and the episodic knowledge of the system. Concepts are described in terms of their attributes. Each attribute has a role and an additional concept specifying the value restriction of that attribute. The role denotes what each attribute stands for in that particular concept-frame. Concepts are connected via super/subconcept links and thus have a hierarchy superimposed on them. Attributes are inherited from superconcepts as long as no explicit modification is specified. Concepts are individualized to refer to specific entities. These individuals have values within the value restriction of the attributes of concept they sprouted from. Individuals are created by the parser to represent the meaning of input sentences.

The **syntactic/semantic lexicon** (SSL, Steinacker and Buchberger 83) forms the link between language and conceptual domain. Each word may have a number of entries in the SSL with each representing a certain meaning of that word. Entries consist of a case frame specifying the syntactic and semantic restrictions of each case, together with its representation in the episodic layer of the net. Case frames are realized as rule packages. Rules have an arbitrary number of

The morphological lexicon (Trost and Dorffner 1987) contains the vocabulary of the system. Each entry consists of a string (the word stem) together with morphological and syntactic information. A link exists from the morphological to the syntactic/semantic lexicon and vice versa. These links denote connections between grammatical entities and syntactic/semantic structures.

4. Using Common Sense Knowledge

Next to linguistic rules (see section 2), 'common sense' knowledge forms a significant part of the semantic classification process. The ability to implement the rules derived from 'common sense' knowledge is dependent on the representation strategy and reflects its ability to model 'real-world' knowledge. Two examples of how this is done in the described system are given below.

Take as the first example the word BILDERBUCH (picture book). After segmenting the word into BILD-ER-BUCH and locating the net structure which represents BILD (picture) and BUCH (book), the root (BUCH) is assumed to be the superconcept of the required new concept. The attributes of BUCH are searched and matched against BILD. This match is successful if the value restriction of an attribute of BUCH is either identical or a superconcept of BILD. If a match is located, then BILDERBUCH is hypothesized to be a subconcept of BUCH with the found attribute modified to reflect the new value-restriction. This hypothesis is added to the list of hypotheses and the rest of the attributes are searched. This method uses the structure of, and thus the knowledge, represented in SEMNET to give clues to the meaning of the compound to be classified. This reflects the observation that the semantic representation of most compounds is a restriction on the semantic representation of the root of that compound.

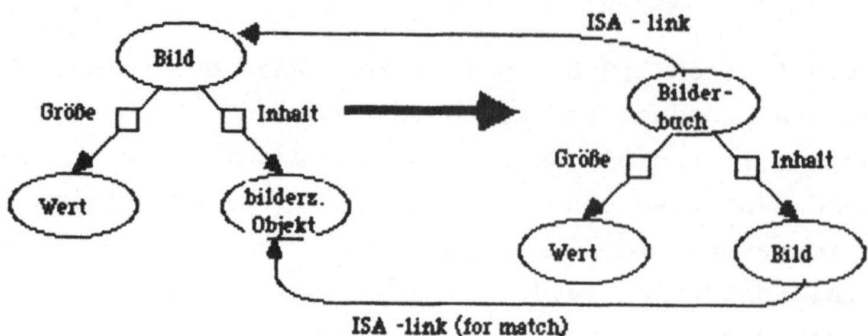

of a given word may be deduced, or at least a superconcept of the words meaning (more general definition of the word) may be found. For example, if a word is combinable with the adjective SCHNELL (fast) it may be concluded from the SSL-entry of SCHNELL, that the word describes a physical object. In addition, this physical object must have as one of its attributes a reference to the concept 'speed'. By attempting to combine the given word with a number of adjectives a more exact description may be arrived at. This process works as a 'default' strategy if no other indications are given from the word segmentation procedure discussed above.

5. System Requirements

The aim of the system is to enlarge the vocabulary - and the corresponding data structures - of VIE-LANG in a consistent and efficient way. The principal requirements are summarized below:

1.) The system should be interactive.
2.) Interaction is to be kept to a minimum.
3.) User response should not require any linguistic knowledge.
4.) Neither should it require system specific knowledge.
5.) User interaction should be in German.
6.) The system should be self-correcting and self-improving.

6. Design Considerations

The given requirements pose a variety of problems and their solutions are not clear from the onset. This is especially true when attempting to find solutions to requirement no.6 or when searching for semantic classification strategies. Therefore, a development system which enabled quick modification and testing, was found to be the most realistic strategy.

It is clear from the problems discussed in section 2 that one of the i.e. condition => action (s)

The conditions are often not unique, that is, rules compete. This implies that more than one action, and they may be contradictory, would need to be performed. A method for ordering the rules according to their reliability would ensure that the system is able to find 'best solutions', by applying rules with high priority first. One possible algorithm for finding the 'most likely solution' is to attach some 'confidence value' to each rule. These values could be pre-set, then modified by the system as the rules are applied and their performance evaluated.

A small excerpt from the rule-base of the currently implemented system is given below, a complete description may be found in Zsolnai (87).

```
part(WORD,I)="en" => part(WORD,I+1) elem {NIL,"chaft","schaft",
                                          "ung","tum","los","er",
                                          "smaes","heit","isch",}
```

This rule describes the relative position of suffix "en". That is, if the i'th part of the word is "en" then the next part may be empty (i.e end of word) or equal to "chaft" etc. Similar rules exist for all identified suffixes (78 up to now).

```
part(WORD,LAST)="en" ^ part(WORD,LAST-1)="ch"
                     => morph_cat(ADJ,(70 73),5)
                     or morph_cat(SUBST,(4),90)
                     or morph_cat(VERB,(40 41 ... 54),5)
```

If the last suffix is "en" and the preceding is "ch" then the word may be an adjective (confidence 5) or a verb (confidence 5 'morph_cat' gives the possible inflectional classes. Additionally rules exist for each inflectional class which restrict the possible values within each class. For example:

```
KL=2 => (UM elem {0 7}) ^ (SY elem {12})
```

UM indicates if the noun has an 'Umlaut' in the plural form (0=no, 7=yes) and SY gives the gender of the noun (12 is feminin).

From the inherent structure of the type of knowledge required, together with the requirement of flexibility, a rule based was found useful.

7. Overall Structure

An outline of the overall structure of the system is given below. A detailed account of the morphological acquisition system is given elsewhere (Trost et al.86, Zsolnai 86). The program consists of three modules, each with its local rule base, and a common rule base. A fourth module serves to maintain this rule base.

- The segmentation module (SM)
- The hypothesis module (HM)
- The interaction module (IM)
- The observer module (OM)

The SM and IM are designed to be usable as stand alone programs and the HM serves as an interface between them. The OM serves to maintain the rule base. The rules are segmented in such a way that only applicable rules are considered at each stage.

The OM has the function of analysing the results of the classification and augmenting the rule base if necessary. The OM reassigns the strengths of competing rules according to their success or failure (Holland 86) and acts as critic and generalizer (Michalski 82). The SM, HM, IM communicate to the OM by writing a trace to a file which is read by the OM. It is envisaged that the OM should eventually run in parallel with main processing at a low priority.

The HM module makes the most references to the rule base and its performance is directly related to the "quality" of the rules. The HM merely takes the result of the SM (a list of word segmentations), applies the rules to each segmentation and outputs a list of hypotheses resulting from the rule applications.

The segmentation module splits the input word into recognized constituents and applies the rules which govern the compatibilty of the segments. As discussed in section 2, segmentation is not unique, so rules and heuristics need to be applied to rule out impossible segmentations and to enable the most probable to be tried first.

The IM interacts with the user so that a choice may be made between competing hypotheses. As stated above, this module may be used independently, although it contains very little morphological or

The described system satisfies the following requirements:
- semi-automatic morphological classification
- semi-automatic semantic classification of noun/noun and adjective/noun compounds
- semantic classification of adjectives and verbs via copy and edit and of non-derivable nouns with the aid of adjectives

The following chapter will help to clarify the points above.

8. Example Session

Two examples of the systems interaction procedure are given below:

N.b. User response is written in UPPER-CASE only, authors comments enclosed in '/*' and '*/', the rest is system-response.

```
Wort Eingabe:                             /* input word */
*BILDERBUCH                               /* picture book */
Das Bilderbuch                            /* the picture book */
Des Bilderbuchs                           /* genitiv */
Die Bilderbuecher                         /* plural */

/* from the segmentation of BILDERBUCH into BILD-ER-BUCH, with BUCH
already in the Lexikon, the
morphological classification can be performed without questioning
the user */

richtig ?                                 /* ok ? */
*JA
Bedeutung eintragen ?                     /* Add meaning ? */
*JA

/* From the SSL-entry of BILD and BUCH the system tries to specialize
BUCH by finding a role of BUCH with a value-restriction, which is
a superconcept of BILD. The first match is displayed. */

Ist Inhalt Bild ?                         /* Is content picture ? */
*JA
```

```
Rule Register: LISP#101                /* Result register */
  Verknuepfung: T                      /* No condition to rule */
  AKT       Register: LISP#102         /* Result of instantiation */
            A1   BILD                  /* of BILD in register */
  AKT       Register: LISP#103         /* attach onto BUCH */
            A1   BUCH       CONTENT    /* via Role "CONTENT" */
                            LISP#102   /* BILD */
```

/* This output serves as a check for the initiated user and may be ignored in most cases, as it was found to be correct in the vast majority of test cases.

Adjective/noun compounds are dealt with similarly. If only meaning of the word root is known, the system takes this to be the starting point of the search and then asks the user to verify if any subconcepts of the root may be used. This is again done via user-dialogue.

If only derivational endings are found, the morphological analysis still yields an answer after an average of two correctly answered questions. For the semantic classification guesses are made and displayed according to their supposed merits. */

```
Wort Eingabe:
* SCHWINDELN                  /* to cheat */
Loesung Nr. 1
Ich schwindle                 /* I cheat  */

Loesung Nr. 2
Der/Die/Das Schwindeln        /* The deceipt */
* 1
Ich schwindelte               /* I cheated (is word regular ?) */
ist das richtig ?             /* is this correct ? */
* J
Loesung Nr. 1
Ich habe geschwindelt

Loesung Nr. 2
Ich bin geschwindelt

Welche ist richtig ?
* 1
schwindeln
```

/* In this case the system has to follow a default strategy for the semantic classification. This is because no hypothesis could be made by the semantic classification process. This default strategy consists of an editor, which lets the user search through SEMNET to arrive at a near concept and then allows the user to modify this found concept to suit. */

9. Results and Future Developments

At the current state-of-the-art only partial solutions are possible towards a fully automatic self-improving knowledge acquisition system for an NLU system. This can be attributed to the insufficient understanding of the cognitive learning processes which these systems are trying to model. Despite such basic limitations much can be done to incorporate flexible strategies in order to make acquisition systems more independent of human assistance and, if interaction is required, to make this as 'graceful' as possible.

The described system uses linguistic as well as 'common sense' knowledge to interactively enlarge the knowledge base of VIE-LANG. Some learning strategies for the acquisition system were developed and evaluated with the aim of automatically improving the performance of the acquisition system. For this purpose the chosen method of implementation, using a transparent and flexible skeleton-system, proved useful. By using 'common sense' as well as linguistic knowledge, the performance of the classification process was improved significantly. This was particularly the case in the semantic classification process where the rules extracted from this knowledge often gave the only clues as to the required word meaning.

The described implementation represents a skeleton-system. The following developments to improve its performance are currently underway or being investigated:

- As the semantic classification process relies to a large extent on SEMNET, it is important that its correctness and consistency is maintained. This cannot be guaranteed in the present system, which makes the evaluation of the semantic classification process difficult. To eliminate this problem, a classifier (Finin and

- The heuristics which aid the semantic classification, need some more work to achieve a reduction in the amount of user interaction.

- Implementation of the OM in the form envisaged seems only partially possible. Only modest progress has been made along the lines of finding learning strategies. This was especially so when dealing with the heuristics which are applied in the semantic classification procedure. Reordering the heuristics used by crediting successful and debiting other non-successful ones was found a useful method and shed some light on the reliability of implemented rules. Further development towards more 'sophisticated' strategies along these lines looks promising.

- The rule-structure of the acquisition system is being reorganized to make it more uniform and transparent. This development will aid further progress in the implementation of the OM and thus towards a self-improving acquisition system.

- As mentioned above, the credit/debit algorithm of the OM needs further development. One possibilty would be to make the amounts the rules are debited/credited by a function of time, as from the last update of the rule base, thereby avoiding exceptions unduly upsetting the rule order, once an initial stabilising period has been passed (one has to take into account that the training period becomes more critical this way).

Acknowledgment

This research was sponsored by the Austrian 'Fonds zur Foerderung der wissenschaflichen Forschung', grant no. 5468.

Brachman R.J.: A Structural Paradigm for Representing Knowledge, Bolt Beranek and Newman Inc., Rep. 3605, Cambridge, MA,; 1978.

Buchberger E., Steinacker I., Trappl R., Trost H., Leinfellner E.: VIE-LANG - A German Language Understanding System, in Trappl R.(ed.), Cybernetics and Systems Research, North-Holland, Amsterdam; 1982.

Bundy A.: What has Learning Got to Do with Expert Systems?, Department of AI, University of Edinburgh, Report No.214; 1984.

Bundy A., Silver B., Plummer D.: An Analytical Comparison of Some Rule Learning Programs, Dept.of AI, University of Edinburgh, Report No.215; 1984.

Finin T.W.: The Semantic Interpretation of Nominal Compounds, in Proceedings of the First Annual National Conference on Artificial Intelligence, AAAI, Stanford University; 1980.

Finin T., Silverman D.: Interactive Classification: A Technique for the Acquisition and Maintenance of Knowledge Bases, TR MS-CIS-84-17, Dept. of Comp. and Info. Sci., Univ.Pennsylvania, Philadelphia, PA; 1984.

Haas N., Hendrix G.G.: An Approach to Acquiring and Applying Knowledge, in Proceedings of the First Annual National Conference on Artificial Intelligence, AAAI, Stanford University; 1980.

Hoeppner W.: Derivative Wortbildung der deutschen Gegenwartssprache und ihre algorithmische Analyse, Gunter Narr Verlag, Tuebingen (ISBN 3-87808-128-6); 1980.

Hoeppner W.: A Multilayered Approach to the Handling of Word Formation, in Horecky j.(ed.), Proceedings of the 9th International Conference on Computational Linguistics, North Holland, Amsterdam-New York- Oxford; 1982.

Holland J.H. Escaping Brittleness: The Possibilities of General-Purpose Learning Algorithms Applied to Parallel Rule-Based Systems. in Michalski R.S., Carbonell J., Mitchell T.(eds.): Machine Learning: An Artificial Intelligence Approach, Vol.II, Kaufmann, Los Altos, Calif.; 1986.

Michalski R.S., Stepp R.E.: Learning from Observation: Conceptual Clustering, in Michalski R.S., et al.(eds.), Machine Learning: An Artificial Intelligence Approach, Tioga, Palo Alto, Calif.; 1982.

Rahmstorf G.: Die Semantischen Relationen in nominalen Ausdruecken des Deutschen, Dissertation, Univ.Mainz; 1983.

Trost H.: SEMNET - Ein semantisches Netz zur Darstellung von Umweltwissen in einem natuerlichsprachigen System, Dissertation, Technische Universitaet Wien; 1983.

Trost H., Dorffner G.: Interactive Semi-Automatic Creation of a Morphological Lexicon, in Trappl R.(ed.), Cybernetics and Systems '86, D.Reidel, Dordrecht; 1986.

Trost H., Dorffner G.: A System for Morphological Analysis and Synthesis of German Texts, in Hainline D.(ed.), New Developments in Computer-Assisted Language Learning, Croom Helm, Beckenham, Kent; 1987.

Steinacker I., Buchberger E.: Relating Syntax and Semantics: The Syntactico-Semantic Lexicon of the System VIE-LANG, in Proceedings of the First Conference of the European Chapter of the ACL, Pisa, Italy; 1983.

Zsolnai S.: S A M: Semi-automatische morphologische Wortklassifikation, Bericht 86-02, Inst.f.Med.Kyb. u. AI, Univ.Wien; 1986.

Zsolnai S.: Morphologischer und semantischer Wissenserwerb, Bericht 87-07, Inst.f.Med.Kyb. u. AI, Univ.Wien; 87.

Parsing Phonetic Segments into Syllables

Georg Dorffner
Dept.of Medical Cybernetics
and Artificial Intelligence
University of Vienna
Vienna, Austria

Stan C. Kwasny
Computer Science Department
Indiana University
Bloomington, Indiana

Robert F.Port
Linguistics Department
Indiana University
Bloomington, Indiana

ABSTRACT

Speech recognition poses many unique problems for Computational Linguistics. We are examining an approach to parsing phonetic segments into syllable structures using a deterministic parser. Our goals are to study the role of timing information in speech recognition and to design structures appropriate for the task of parsing segments into syllables and syllables into words.

1. Motivation

Our goal in this research is to examine the potential of automatic speech recognition using symbolic phonetic descriptions of the input signal. We are assuming the existence of a low-level system component that can detect segments in a speech input stream and label them using relatively simple, but reliable classes of labels. The phonetic segments are to be assembled into words in order to make the recognition process complete. We believe that successful speech recognition begins with the ability to accurately identify words in the signal and thus are not yet considering syntactic or other levels of parsing in this project.

A simple solution to the problem would be to provide a lexicon where each entry contains a phonetic transcription (i.e., a string of phonetic symbols) of a word. The process of putting the symbols of the input string together to form words would then be a vast search and pattern matching, which would quickly become too costly and inefficient if the lexicon is to contain a large number of entries. Therefore we decided to try parsing the string of phonetic symbols into larger units, making the lexical access easier. One type of unit which seems to be very appropriate for this purpose is the syllable. In most cases, words can be clearly separated into syllable-like segments.

Another goal is to investigate the role of timing information and stress patterns for speech recognition. Stress patterns mostly apply over syllabic units. Thus, to take advantage of stress pre-lexically, we need to detect syllables, this being even more a reason for using syllables as parsing structures.

As a result of these considerations we have built a parser which, in a limited way, scans the input string of phonetic symbols and puts them together into syllables. We have found that a deterministic parser, similar to that of Marcus (1980), is most appropriate for this purpose. Indeed, human recognition seems to happen without extensive backtracking, therefore suggesting that recognition is possible in a deterministic framework. Psychological experiments on 'priming' effects - such as those by Marslen-Wilson (1980) - show that people have a left to right tendency in processing. Marcus's determinism claim is much stronger than just claiming that language processing is left-to-right. However, his approach still seems to be the closest to we do not want to preclude such claims.

In the following sections we describe the problems we have encountered while taking a deterministic approach to our problem. Furthermore, we introduce several extensions to Marcus's original parser that we developed and that have helped us achieve success in the task of efficiently finding words from a selected vocabulary in a stream of symbols.

2. The Peculiarities of Speech

Parsing has been known as a tool of analyzing symbolic strings and has been applied as such mainly to ``language'' inputs, that is, inputs that contain words of a (human or formal) language as symbols. Trying to use parsing techniques to analyze symbols which represent a continuous speech signal is essentially analogous to that. However, there are several differences in parsing speech that must be faced.

First of all, detecting and labeling segments in a speech signal cannot always be done reliably. That means, that once one chooses an alphabet of symbols which is detailed enough for the desired purposes it cannot always be guaranteed that all incoming speech segments can be classified accurately according to that alphabet. This is not only due to noise that inevitably accompanies speech signals but also to inconsistencies and errors in the production of the utterance. We therefore had to find a way of dealing with the input string even when we cannot be sure that all symbols can be described with the same degree of detail.

What goes along with the first observation is the fact that not every single segment in a symbolic stream representing speech is necessarily semantically significant and important for the outcome of the recognition task. The process can very well be successful without knowing about all the details of every symbol, as the signal is redundant enough to allow compensation. For this reason, the parser should not have to wait until all information comes in, but rather be able to continue analysis with whatever information there is.

Parsing speech involves dealing with many more ambiguities than parsing distinguish maybe 3 or 4 levels, like syllable, onset/coda, consonant/vowel, etc.) and the fact that the symbols used are not as distinct in function as are words due to their syntactic category. For example, almost every consonant segment can begin either an onset or a coda of a syllable, therefore not giving as much information as - say - a determiner does about the substructure (NP) it belongs to.

Finally, there are a variety of other sources of information besides just the symbols which can help in making the recognition task easier. One of the most important sources, as we have shown in many experiments (Port et al. 1986, Dorffner et al. 1986, Reilly & Port 1985), is timing, that is the relation of durations of different segments. Stress, although strongly related to timing, would be another one. A parser for speech should make use of this additional information.

3. Extensions to the Deterministic Parser

3.1 Multiple Structure Levels, Label Hierarchies and Monotonistic

Structure Building In an earlier paper (Dorffner, Kwasny, Port 1986) we have introduced two major expansions of Marcus's original wait and see parser (WASP). We have augmented the parser to allow for parallel construction of several structures inherent to the input, like syntax, semantics, intonation, referential structure, etc. Applied to speech the parser is able to account for the multiple structural levels inherent in speech. The parallel building process can be utilized to coordinate information sources in succesfully completing a parse occasionally even with incomplete input.

To achieve the flexibility of the parser towards incomplete input strings (of the sort described above) we introduced a hierarchy of labels rather than one fixed alphabet of symbols. One possible hierarchy is illustrated in Figure 1.

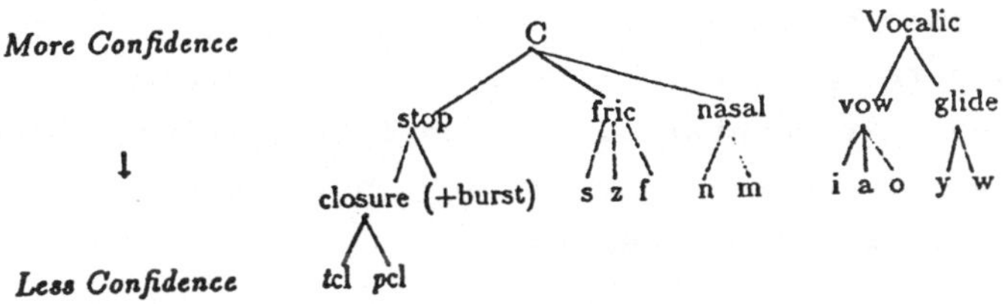

Fig.1 Hierarchy of labels

The parser is able to accept a label at any position in the hierarchy. This depends of course on the degree of detail confidently known about the symbol. Additional detail may be added if it should be possible at a later point in the parse. This means that only labels known with high enough confidence get attached to nodes (syllables) thus never requiring the parser to detach an element or throw away any node. This is consistent with the deterministic nature of the parser. Furthermore, as an expansion to the original WASP, our parser may add information, thereby only increasing information on the nodestack but never changing it. This is what we call ``monotonistic structure building''. More details about these features can be found in the earlier paper.

3.2 Making Use of Timing Information

As experiments we have conducted in our lab have shown (Port et al. 1986), there is a great deal of information about word and syllable content in segmental durations and their relations to each other. These relations are not simple ones, as earlier attempts of describing them seemed to suggest (Port 1981). In other words, computing simple ratios of, for examp}le, vowel to consonant length, is not sufficient to extract all the information contained in timing measures.

This lead us to the idea of using a statistical classification technique, called discriminant analysis (DA), applied to a set of durational measures to predict certain properties of the speech signal (Klecka 1980). In our task of syllable parsing this technique can entries the ``Aztec database'', that contains tokens of sequences that all match one general pattern of labels. We assembled the set of sequences so that it contained all possible combinations of phonetic labels, syllable boundaries and stress structure. The phonetic template matched by all sequences is:

```
(1) [vow] ! [fric] ! [stop] ! [vow]
          <1>      <2>      <3>
```

This is one of many possible templates a parser might be faced with while trying to extract syllables out of a string of symbols. That is, the parser has already parsed everything which comes before the first vowel (which is recognized as being the center of a syllable) and now has to decide where to place the boundary between the current syllable and the following one.

Excluding phonological restrictions like aspiration of a stop in syllable initial position, there are three possibilities for the syllable boundary in this template, depicted as <1>, <2> and <3>. We recorded all the sequences using several speakers and hand-measured the durations of the segments (plus some additional measures like duration of adjacent consonants, voicing stretches, etc.). Then we analyzed the timing data using discriminant analysis in an attempt to predict the syllable boundary (<1>, <2> or <3>). We used some of the tokens for training, i.e. computing a so-called discriminant function, and all of the tokens for the prediction.

The results show that in many cases predictions can be made with very high confidence, therefore suggesting that a parser can make good use of such timing information. That means that the parser can have rules that call the discriminant function corresponding to the label template under consideration and use the results for a decision about which symbols to attach to the coda of one syllable and which to the onset of the next. These rules most appropriately have a condition that asks if the prediction of one of the boundaries is above a certain threshold (e.g. 90 or 95 If so, then the rule fires, causing one syllabic structure to be completed and another to be initiated.

However, this will work only in some of the cases. Very often, the probabilities will not reach the confidence threshold. To avoid too large an error rate, we do not want the parser committing to a hypothesis with a low confidence. Therefore, the parser attempts to

In the example (1) we assumed that there exists a discriminant function that has been trained on a large corpus of data matching the general template

(2) [vow] [fric] [stop] [vow]

This function takes the temporal properties of the elements in the template and predicts the position of the syllable boundary. However, by doing this we have not made use of information about other features of the signal, like the identity of the elements. One way of incorporating that information would be to provide a discriminant function for more specific templates, as well, for example with the following more specific template pattern.

(3) [vow] [s] [stop] [vow]

One would expect the confidences of predictions using DA to rise, because the variation due to the label that had been specified was ruled out. The results of the ``Aztec'' experiments have shown that this is in fact the case, but the probabilities in this particular case improve only slightly.

We have also taken another approach in cases where the confidences were not above the threshold. After discovering that the confidences p(<1>), p(<2>) and p(<3>) for a sequence like (1) are not high enough, we make an assumption that (1) had a particular syllable boundary, for example <1>. We next use another discriminant function that has been trained on only <1>-cases to predict something else, for example the fricative identity. If there are only two possible fricatives (as in the ``Aztec'' database - [s] and [z]), we get the two conditional probabilities, p(s!<1>) and p(z!<1>). Similarly, we can get p(s!<2>), p(s!<3>), p(z!<2>) and p(z!<3>). Analogously in the next step, we suppose that (1) does have an [s] (independently from what we might know about (1) in reality). We then use a discriminant function that was trained only on templates that contain an [s], this time predicting the syllable boundary again. Thus, we get more conditional probabilities: p(<1>!s), p(<2>!s), etc. Using Bayesian probability theory, we can then combine all the probabilities, according to the formula:

$$p'(<1>) = p(<1>!s)p(s) + p(<1>!z)p(z)$$

analogously for p(<2>) and p(<3>). The probabilities p(<1>), p(<2>), p(<3>) on the right hand side are the original ones, which we had after the first step of the run. Those on the left side (p'(<1>), etc.) will be new values, which often are higher for the correct prediction and lower for the other ones.

By doing this, we have tested if certain predictions (here: syllable boundary, fricative identity) are consistent with each other. The chain of reasoning, summarized, goes something like this: If the boundary is <1> (or <2> or <3>), then it should predict the fricative identity with a high probability, and if the fric is [s] (or [z]), it should in turn predict the syllable boundary with a high probability. Thus, the overall confidence should go up. If, on the other hand, the boundary is not <1> (or <2> or <3>), then the predictions of the fricative identity should be much worse, therefore decreasing the confidence.

These ideas closely resemble the mechanism of mutual excitation (or inhibition) of partial hypotheses that are consistent (or inconsistent, respectively) with each other, as is done in many connectionist networks. For example, in a recognition network for visual representation of words (like McClelland & Rumelhart 1981) a letter unit excites all the word units that contain the letter, while, in turn, all word units excite all the letters they contain. Similarly, in the case of applying discriminant analysis, a hypothesis of a syllable boundary might ``excite'' other properties, like the identity of the fricative, which in turn improves the likelihood of the boundary (if they are consistent).

3.3 Lexical Access

As mentioned earlier, the system is most efficient if lexical access can be postponed until the end of the parse when all the syllables are known. However, in many cases the parse cannot be done merely by using techniques just described. If we restrict it to a few trials, lexical access can also be helpful in finding syllable boundaries. The restriction we have to make is that we use lexical access only while considering one of the consonant clusters between two vowels (like in lexicon can be done with what has already been parsed plus a short sequence from the buffer. If we wanted to apply lexical access stretching over sequences beyond the next vowel, we would have to make guesses about two boundaries, which very quickly increases the number of trials.

As a result of that assumption, lexical access is only of great help during syllable parsing if the consonant cluster that contains the ambiguity contains a word boundary, rather than only a syllable boundary. That does not mean we never allow lexical access beyond the limit just discussed, but we want to postpone it until as late as possible (in fact at some point, if all other attempts fail, the parser will have to do it).

3.4 Local Parallelism

If all the techniques described above fail, there might still be a more efficient way to continue parsing before attempting a less constrained lexical access. Normally, the deterministic scheme of a WASP does not allow for any backtracking process. That means that everything that is attached to the nodestack has to stay there. There is no mechanism for a temporary solution which might be revised later. All the facilities and techniques we added to the parser and that we have described so far stay within this framework.

However, in parsing speech it might seem appropriate to incorporate backtracking to a certain, very restricted extent. It is not very likely that human recognition takes place deterministically down to the microscopic level, i.e., to the detail of recognizing phonetic elements. It is very much conceivable that - speaking in the symbolic metaphor of mind - temporarily, over a short period of time, several hypotheses can co-exist, from which, however, one gets sorted out very soon.

Applied to a deterministic parser this could mean the introduction of a backtracking scheme that is restricted to be acting only locally, without allowing many branching points of hypotheses or long stretches over which backtracking can take place. We refer to this idea as ``local parallelism'' or ``local backtracking'' (Backtracking can be this idea is not counter Marcus's original motivation. Marcus himself tried to solve local indeterminism by providing the buffer which constitutes a restricted lookahead. In our case, additional facilities - like local parallelism - seem to be necessary to avoid using the buffer ad absurdum, that is, as an unrestricted lookahead.

There are several ways of achieving local parallelism:

- allowing only one branching point per time. If another branching point is about to come up, the decision about the old one already must have been made.

- restricting multiple hypotheses to one or two nodes in the stack. This is not very restrictive during syllable parsing, because - at least in our implementation - there are rarely more than two nodes on the stack at any one time (on syllable level).

- building a data structure between buffer and node stack for parallelism, which, like the buffer itself, is restricted in size.

We have implemented the first idea, that is, we allow backtracking, but only once. At a point of multiple hypotheses about syllable boundaries the current status of the parse (i.e. nodestack, buffer, input string) is stored under a global variable. Also stored is a rule packet with which the parse is to be continued in case the current status is recovered. In such cases the first of the hypotheses is taken to be true and the parse is continued. If at one of the next syllable boundaries lexical access with the part that has been parsed already is successful then the hypothesis was the correct one and a global flag is set to indicate that another branching point may be handled. If the parse fails at one of the next potential syllable boundaries then it is assumed that the wrong hypothesis has been taken. The old status is recovered and the parse continued with the stored rule packet (which, in the normal case, pursues the second hypothesis), and so forth.

Also, the flag could be set automatically after three or four consonant clusters, restricting backtracking to the length of one or two words.

3.5 The Architecture of the Parser

The parsing approach described in this paper views the input as implicitly structured on two dimensions as shown in Figure 2. On the horizontal axis, multiple structure levels, such as syntax, semantics, and intonation are drawn. On the vertical axis, the input is structured according to different details in the labels or elements of the input string. The task of the parser is simply to extract this multi-faceted structure. The constituent buffer serves as a ``window'' into the input at a level appropriate for the current processing activities. ``Attention-shifting'' rules are used to switch among levels within a structural frame while still implicitly tracking multiple conceptual levels. The examples in this paper have not shown how to use the multiple conceptual levels, for this the reader be referred to Dorffner, Kwasny, Port (1986).

To help the extraction process, a variety of information sources are exploited, such as dependencies of timing measures with the help of discriminant analysis. Others, such as lexical access and local parallelism have been described, as well.

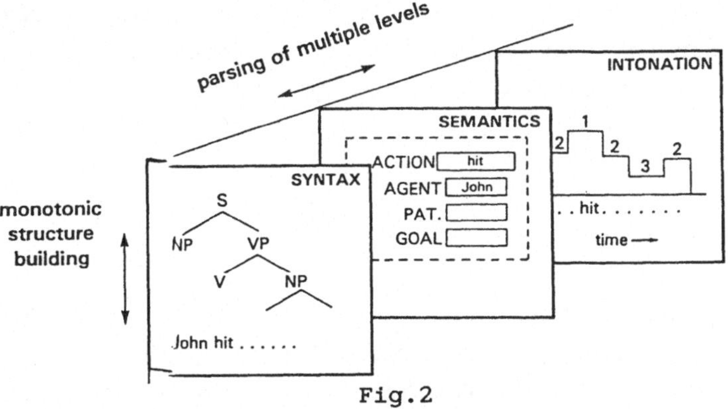

Fig.2

The organization of our parsing system can be compared with other systems that attempt to coordinate multiple conceptual levels. Two such systems, representing opposite extremes of organization, are now examined.

The LUNAR system (Woods et al., 1972) uses a sequential organization in which essentially all syntactic processing precedes semantic processing. The need for multiple perspectives in parsing has certainly been recognized for a long time and the LUNAR approach way stems from the inability of syntax to verify its structures semantically. Thus, essentially all possible parses must be provided by syntax so that semantics can work to filter out those that are semantically anomolous.

The architecture of the HEARSAY system (Erman, et al., 1980) uses a blackboard model to coordinate hypotheses from several cooperating knowledge sources (KS). In this way, each individual KS competes with other KSs in attempting to apply its knowledge to the problem. Multiple levels of the problem are addressed by KSs which possess expertise for that particular level, but each level is kept separate from the other and many invalid hypotheses have to be kept up until they are proven irrelevant by another component. This can be improved by direct communication between levels, as introduced in our approach.

We therefore find both of these approaches lacking in various ways. The LUNAR approach fails to capitalize on the interactions possible between levels to constrain processing at each level. HEARSAY provides a framework for interaction, but abdicates control to the KS itself, which complicates the task of the KS unnecessarily.

Our approach has shown that it is possible to interactively employ several knowledge (or - as we called it - information) sources and still maintain a left-to-right processing scheme.

4. The Parsing Process

The process of parsing a continuous string of phonetic symbols into syllables can be described as follows: The center of syllables are vowels or vocalic elements. The consonant clusters between those vowels have to be parsed into the coda of the first syllable (if any) and the onset of the next one (if any). Therefore the main problem of the parsing mechanism is to find the boundary between coda and onset in the consonant clusters.

Among all the ways of providing information that helps in decision making about syllable boundaries, optimally there is a certain order which reflects itself in priorities and order of how rules are applied:

(a) direct
(b) increasing confidence
(3) Lexical Access Rules
(4) Local Parallelism
(5) Extensive Lexical Access

In many cases phonological rules alone help to decide. After that we try using timing information, provided there is a discriminant function for the template. Then restricted lexical access should take place, because in many cases that can help a lot. Finally, before extensive lexical access has to be employed, the mechanism of local parallelism tries to find a solution.

5. A simple Example

The sequence to be parsed be the following:

"as bad as"
(ae s stop ae dcl ae s)

We assume that the low-level processes have not identified the [b] with large enough confidence. After parsing the first vowel nodestack and buffer lokk like this:

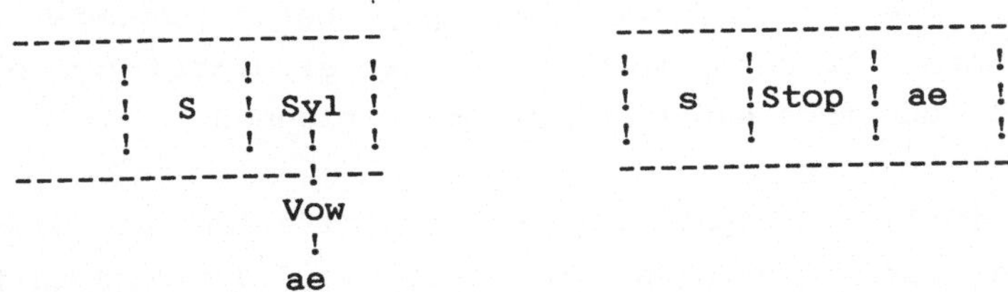

Now the parser is faced with a consonant cluster which has to contain a syllable boundary. To aid the decision, discriminant analysis and subsequently the Bayesian Rule are employed on the timing durations of the consonants and the neighboring vowels. If we assume, a decision can be made, the state of the parser is this:

```
-----------------          -----------------
     !    !    !           !    !    !    !
S    ! Syl !Coda !         !Stop !  ae !    !
     !  !  !  !  !         !    !    !    !
--------!-----!---         -----------------
ae---Vow   fric---s
```

Note that the fact that the stop is not identified yet does not mean that we cannot continue from here, as the system contains discriminant functions for such cases, as well. Parsing now continues until the next possible syllable boundary is reached.

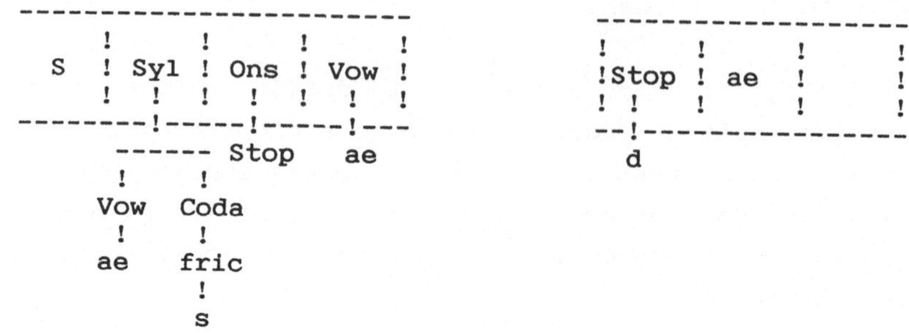

If we assume now that discriminant analysis fails to make a confident decision, restricted lexical access (up to the current consonant cluster) is evoked and we find 'as' and 'bad' (the latter with the help of the template that contains a 'stop' instead of the 'b'). At this point lexical access can be guided by the knowledge that there have to be two syllables. From there the parser can continue the analsis.

6. Conclusions

We see potential in the method for parsing phonetic segments into syllables described here. To date, we have only experimented with data in the Aztec database, but more experimentation is planned.

We have also successfully incorporated the exploitation of timing information into the parsing process. One recognized drawback to the method is the possibility that an enormous quantity of data will be required to provide sufficient information to allow us to generate good disriminant analysis equations. Our hope is that the equations will tend to cluster into groups and that several discriminations can be achieved by a single equation.

Some additional research will have to be done to investigate the roll of stress (that is, weak and strong syllables) for the parsing process. We have discovered that the duration measures we have used to predict syllable boundaries also provide a good clue for the stress value of good framework for doing so.

Acknowledgements

We are grateful to Sven Anderson for his dedicated work in setting up the Aztec database. We also appreciate contributions to this work by Daniel Maki. This work was supported in part by the National Science Foundation under grant No.DCR-8518725.

References

Dorffner, Georg, Stan C.Kwasny, and Robert Port (1986) "Deterministic Parsing of Multiply-Structured Inputs", Research in Phonetics and Computational Linguistics, Report No.5, 105-122, Dept.of Linguistics and Computer Science, Indiana University, Bloomington, IN, July 1986.

Dorffner, Georg, Daniel Maki, William Reilly, and Robert Port (1986) "Timing as Speaker Independent Information for Speech Recognition", Research in Phonetics and Computational Linguistics, Report No.5, 91-104, Dept.of Linguistics and Computer Science, Indiana University, Bloomington, IN, July 1986.

Klecka, William (1980) "Discriminant Analysis", Sage Publications, Beverly Hills, CA, 1980.

Marslen-Wilson W.D. (1980) "Speech Understanding as a Psychological Process", in: J.C.Simon (ed), Spoken Language Generation and Understanding, pp.39-67, Reidel, New York, 1980.

Marcus, Mitchell P. (1980) " A Theory of Syntactic Recognition for Natural Language", MIT Press, Cambridge, MA, 1980.

McClelland, J.L., and David E.Rumelhart (1981) "An Interactive Activation Model of Context Effects in Letter Perception: Part 1, An Account of Basic Findings", Psychological Review, 88, 375-407, 1981.

Port, Robert, William Reilly, and Daniel Maki (1986), "Using Timing Information to Discriminate Words", Research in Phonetics and Computational Linguistics, Report No.5, 73-90, Dept. of Linguistics and Computer Science, Indiana University, Bloomington, IN, July 1986. Also appearing as: "Using Global Timing to Discriminate Words", (in press), Journal of the Acoustic Society of America.

Port, Robert (1981) "Linguistic Timing Factors in Combination", Journal of the Acoustic Society of America, 69, 262-274, 1981.

Reilly W., and R.Port (1985) "Use of Timing to Discriminate Words", Journal of the Acoustic Society of America, 78, S21, 1985.

Knowledge Engineering mit KNOPF

Herbert Groiss, Werner Staringer

TU-Wien
Arbeitsgemeinschaft Expertensysteme
Institut für Praktische Informatik
Resselg. 3, 1040 Wien

Einleitung

Eines der vielversprechendsten Anwendungsgebiete von Expertensystemen ist die automatische Fehlerdiagnose an technischen Systemen. Immer komplexer werdende Geräte machen es für den Benutzer zunehmend schwieriger, diese zu bedienen und Fehler zu beheben. Mangels eigenen Wissens ist er auf die Hilfe eines Experten angewiesen, der das nötige Wissen über Aufbau und Funktion sowie genügend Erfahrung in der Bedienung des Gerätes besitzt, um Routine- und Bedienungsfehler zu erkennen. Die Verwendung von Expertensystemen entlastet den Experten und stellt das Spezialwissen vielen Benutzern gleichzeitig und rund um die Uhr zur Verfügung.

Die konventionelle Methode bei der Erstellung eines Expertensystems läuft folgendermaßen ab:
In langwierigen Interviews zwischen dem Experten und einem Knowledge Engineer wird das Domänenwissen analysiert. Nach der dabei erkannten Struktur der Domäne werden die grundlegenden Konzepte (Wissenseinheiten, Inferenzstruktur) festgelegt und ein passendes Werkzeug gewählt. Ein Teil des Wissens wird nun implementiert und ein Prototyp erstellt. Ab dieser Stufe wird die Wissensbasis inkrementell erweitert, bis ein einsatzfähiges System entstanden ist. Speziell bei

---

Dieses Forschungsprojekt wurde vom Fonds zur Förderung der gewerblichen Wirtschaft unter der Projektnummer 5/480 unterstützt.

der Verwendung von Oberflächenwissen, das schwer auf Vollständigkeit überprüft werden kann, ist eine lange Testphase notwendig, um Fehler und Inkonsistenzen in der Wissensbasis zu beseitigen.

Dieser Knowledge Engineering Prozeß weist jedoch einige Schwächen auf: Während des gesamten Wissenserwerbsprozesses bis hin zur Wartung ist die Hilfe eines Knowledge Engineers notwendig, da die Experten mit den verwendeten Darstellungsmechanismen der allgemeinen Werkzeuge (Frames, Regeln,...) meist nicht zurechtkommen. So schreibt Clancey [3] über den Wissenserwerb bei Verwendung von Produktionsregeln: "People other than the original rule authors find it difficult to modify the rule set [...], the view that expert knowledge can be encoded as a uniform, weakly structured set of if/then associations is found to be wanting."

Zudem bieten einfache Werkzeuge oft nicht die Möglichkeit, das Wissen der Domäne vollständig darzustellen. Die meist uniforme Regelrepräsentation bietet nur ungenügende Mechanismen an, um z.B. prozedurales Wissen darzustellen. Georgeff [6]: "Because of the homogeneity of the rule representation, it is not possible to distinguish between those rules for which the order of invocation is important and those for which it is not. This is not only a bad methodology, but it impairs the explanatory capability of the system and reduces the possibilities for efficient implementation [...]".

Die Unzulänglichkeit dieser Werkzeuge führte zur Entwicklung von komplexen, hybriden Knowledge Engineering Tools, mit denen es möglich ist, verschiedenstes Wissen gut darzustellen. Hier ist wiederum die Handhabung so kompliziert, daß ein eigens ausgebildeter Knowledge Engineer notwendig ist. Auch wird meist nur ein Teil der sehr teuren Systeme ausgenutzt.

Um den Knowledge Engineering Prozeß zu unterstützen, wurden bisher zwei verschiedene Wege gegangen:

Erstens die Erstellung eigener Wissenserwerbskomponenten, z.B. TEIRESIAS [5] und ROGET [1], die es in einem interaktiven Dialog ermöglichen sollen, die Wissensbasis zu erstellen. Hier wird das Wissen jedoch meist in eine dem Problem nicht angepaßte Wissensrepräsentation abgebildet (bei TEIRESIAS und ROGET in die Regelsprache von EMYCIN), was zu den oben erwähnten Nachteilen führt. Auch kann die Festlegung der grundlegenden Darstellungskonzepte kaum diesen Tools überlassen werden, da hiezu eine genaue Kenntnis sowohl des Darstellungsmechanismus' als auch der Domäne notwendig ist.

Die zweite Möglichkeit ist die Entwicklung von anwendungsorientierten Werkzeugen, wie z.B. in CSRL [8] für den Bereich der medizinischen Diagnose und in [9] für Diagnose an technischen Systemen durchgeführt. Das Wissen wird in einer der Domäne nahen und dem Experten verständlichen Form dargestellt. Die Nachteile dieser Methode sind der hohe Entwicklungsaufwand und die Inflexibilität des entstandenen Werkzeugs in bezug auf spezielle Anforderungen einer Anwendung.

KNOPF

Diese Probleme waren der Anstoß zur Entwicklung von KNOPF (**KNO**wledge **P**rocessing **F**acility), einem Werkzeug zur Erstellung von Expertensystemen für den Bereich der automatischen Fehlerdiagnose in technischen Systemen.

KNOPF ist eine Wissensrepräsentationssprache mit einer Inferenzstruktur, die speziell für diese Domäne entwickelt wurde. Realisiert wurde es durch einen einfachen Compiler, der die Wissensbasis auf die Regelsprache von PAC, einem Regelinterpreter, abbildet. PAC erlaubt es, die verschiedenen Wissensarten darzustellen und die Inferenz den Anforderungen entsprechend flexibel zu steuern. Dieser Regelinterpreter, dessen Aufbau hier nicht beschrieben wird, ermöglicht es, zwischen verschiedenen Typen von Regeln (prozedural, assoziativ und kausal) zu unterscheiden. Zusatzfunktionen ermöglichen eine Establish-Refine Strategie und das Planen von Aktionsfolgen.

Durch diesen Systemaufbau muß bei Veränderungen und Erweiterungen der Wissensrepräsentationssprache nur der Compiler adaptiert werden, der Hauptteil des Systems - Regelinterpreter mit Dialogkomponente und Erklärungskomponente - kann unverändert bleiben. Darüberhinaus können spezielle Teile der Wissensbasis, die nicht in den Formalismus passen, auch direkt in Regeln geschrieben werden.

Die Wissensdarstellung in KNOPF ist den Anforderungen der Domäne entsprechend aufgebaut. Da der Wissenserwerbsprozeß inkrementell vor sich geht, ist es notwendig, das Wissen in möglichst unabhängige Einheiten zu unterteilen. Eine Analyse des zur Problemlösung notwendigen Wissens ergab folgende Einteilung:

- Systemzustände: Darunter fallen alle Fehler, Gerätezustände und Betriebsarten.
- Tests: Hier sind meist mehrere Symptome, die in der Regel gemeinsam abgefragt werden, zu einer Struktur zusammengefaßt. Die Testbeschreibung enthält einen Text zur Ausführung des Tests, Vorbedingungen für die Durchführung und die Auswirkungen auf die Zustände des Gerätes. Zu jedem möglichen Testausgang - die aus einer multiple-choice Liste ausgewählt werden können - werden die zugehörigen Schlußfolgerungen auf die Fehlerwahrscheinlichkeiten angegeben.
- Aktionen: Zur Herstellung eines für die Durchführung eines Tests notwendigen Systemzustands sind Aktionen notwendig.
- Die Fehler werden in einer Baumstruktur vom allgemeinsten (Wurzel) zu den speziellen (Endknoten), zusammengefaßt.

Dies ermöglicht die Anwendung einer Strategie des schrittweisen Verfeinerns der Hypothesen (Establish-Refine), wie sie in [3] beschrieben wird.

Abb.1. zeigt einen Ausschnitt aus der Wissensbasis von KNOPF/MS [9], einem mit Hilfe von KNOPF erstellten Expertensystem zur automatischen Fehlerdiagnose an einem Massenspektrometer:

```
; Definition der Hypothesen

defhypo h1 "vacuum problem"
defhypo h2 "forevacuum problem"
defhypo h3 "leak in forevacuum/highvacuum connection"
...
defhypo h13 "highvacuum problem"
defhypo h22 "leak in highvacuum system"
...

; Definition der Hypothesenstruktur

son h1 h2 h13
son h13 h22 h14 h24
...

; Definition der Tests

test t16
     :name "forevacuum pressure when separated from highvacuum system"
     :preconditions "forevacuum/highvacuum valve closed"
     :description "Check forevacuum meter reading!"
     :cost 1
     :outcomes ("pressure is much better" +++ h3 ~ h4)
               ("pressure is still bad" --- h3)
```

Abb. 1. Ausschnitt aus einer KNOPF Wissensbasis

Der erste Teil der Wissensbasis ist die Definition der Zustände und Fehler des betrachteten Systems. Nach dem Keyword "defhypo" steht ein Kurzname zur leichteren Referenz in der Wissensbasis und ein langer Name. Das Keyword "son" dient zur Definition einer Kante im Hypothesenbaum. Die Definitionen der Tests sind das Kernstück der Wissensbasis, der dargestellte Test t16 ist anwendbar, wenn das Vorvakuum/Hochvakuum- Ventil geschlossen ist. Dem Benutzer wird dann der unter ":description" angegebene Text präsentiert und er kann zwischen den zwei "outcomes" auswählen. Die Zeichen "+++" und "---" geben den Bestätigungsgrad der nachfolgenden Hypothesen an, der durch dieses outcome erreicht wird, "~" bedeutet eine Widerlegung der nachfolgenden Hypothese. Diese Bezeichnungsweise erwies sich als für den Experten einfacher anzugeben als die sonst an dieser Stelle verwendeten Certainty-Factors.

Abb. 2. stellt den Ablauf einer Konsultation dar. Zu Beginn der Konsultation werden Anfangszustände angenommen, nämlich, daß kein Fehler vorhanden ist und das Gerät in normalen Betrieb ist.

Das System unterscheidet zwischen angenommenen, vom Benutzer eingegebenen und aus diesen geschlossenen Daten. Dadurch können Widersprüche zwischen angenommenen Daten und eingegebenen erkannt werden. Die zu den eingegebenen Daten im Widerspruch stehenden Annahmen werden auf die sogenannte Agenda geschrieben.

Als nächster Schritt erfolgt eine Festlegung der Strategie. Aus den Hypothesen in der Agenda wird eine ausgewählt, welche entweder zu beweisen, zu widerlegen oder zu verfeinern versucht wird, bei lezterem werden die Subhypothesen im Hypothesenbaum betrachtet.

Dafür wird ein Test und die für seine Ausführung notwendigen Aktionen ermittelt. Dabei werden sowohl die Wahrscheinlichkeit der Hypothesen als auch die Kosten der Tests und der Aktionen berücksichtigt.

Nach der Durchführung der Aktionen und der Ausführung des Tests werden die Ergebnisse interpretiert, Schlußfolgerungen aus diesen gezogen (Vorwärtsinferenz) und eine Neugewichtung der Daten in der Agenda vorgenommen. Wenn eine Endhypothese bewiesen wurde oder wenn das System seine Inkompetenz erkannt hat, wird die Konsultation abgebrochen und die Ergebnisse werden ausgegeben.

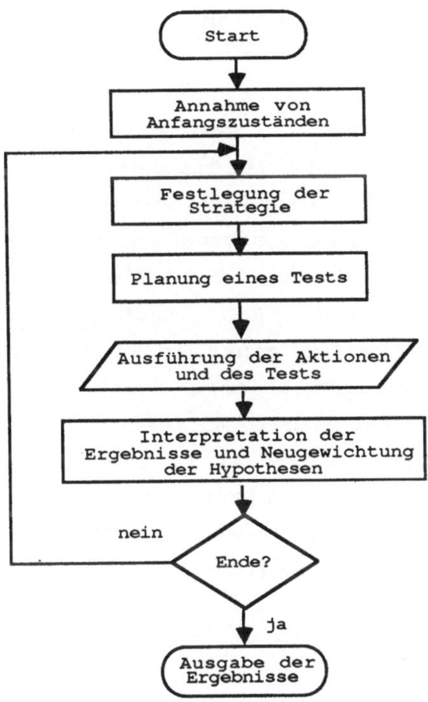

Abb. 2. Ablaufschema einer Konsultation

Bei der Erstellung der Wissensbasis, die mithilfe eines normalen Texteditors geschieht, wird der Experte durch mehrere Features unterstützt:

- graphische Darstellung des Hypothesenraums;
- Plausibilitätsprüfung der Wissensbasis: Die Definitionen der Tests und Aktionen werden auf Vollständgkeit überprüft. Weiters wird untersucht, ob zur Erreichung der zur Testausführung notwendigen Zustände Aktionen definiert wurden.
- Eine Abfrage des Systemzustandes, der zur Zeit aktuellen Hypothesen und Erklärung sämtlicher Daten ist jederzeit möglich.

Evaluierung und Anwendungen

Das System wurde bisher in zwei Anwendungen getestet: Bei der ersten Anwendung, einer Fehlerdiagnose am Vakuumsystem eines Massenspektrometers [9], waren noch mehrere Veränderungen und Erweiterungen des Repräsentationsformalismus und eine enge Kooperation mit dem Experten notwendig. Für die zweite Anwendung, ein Fehlerdiagnosesystem für einen Gaschromatographen (KNOPF/GC), konnte ein Chemiker ohne Eingreifen eines Knowledge Engineers selbständig eine Wissensbasis erstellen. Dieses System kann zur Zeit ca. 120 Fehler diagnostizieren und enthält 63 Tests.

KNOPF wurde auf einer MicroVAX-II in COMMON-LISP entwickelt und auf einen Personal Computer portiert. Als Erweitererung ist eine interaktive Wissenserwerbskomponente, wo in einem Dialog sämtliche Phasen des Wissenserwerbs durchgeführt werden können, geplant.

Zusammenfassung

Ein Entwicklungwerkzeug für Expertensysteme zur Fehlerdiagnose an technischen Systemen wurde dargestellt. Der Vorteil der Verwendung dieses Werkzeugs im Vergleich zu herkömmlichen Tools besteht im einfacheren Wissenserwerbsprozeß, da die Repräsentation des Wissens in einer dem Experten verständlichen Form geschieht und er selbständig ohne Hilfe eines Knowledge Engineers eine Wissensbasis erstellen kann. Durch die Definition von Tests erreicht man eine starke Modularisierung der Wissensbasis, der Experte braucht im Gegensatz zur Verwendung von rein regelbasierten Shells keine unbeabsichtigten Regelinteraktionen zu befürchten und kann sich auf die deklarative Beschreibung seines Wissens beschränken.

Durch die Abbildung der anwendungsorientierten Wissensdarstellung auf eine allgemeine Repräsentationsform ist das System leicht erweiter- und veränderbar.

Danksagung: Wir danken vor allem Kurt Varmuza für seine Unterstützung bei der Entwicklung von KNOPF und Michael Sattler, der die Wissensbasis von KNOPF/GC erstellt hat.

Bibliographie

[1] Bennett J. S. "ROGET: A Knowledge-Based System for Aquiring the Conceptual Structure of a Diagnostic Expert System" in *Journal of Automated Reasoning* 1, 1985, pp. 49 - 74

[2] Buchanan B. G., Shortliffe E. H. "Rule-based Expert Systems: The MYCIN Experiments of the Stanford Heuristic Programming Project", Addison-Wesley, Reading, Massachusetts, 1984.

[3] Clancey W. J. "The Epistomology of an Rule-Based Expert System - A Framework for Explanation" in *Artificial Intelligence* 20 (1983), pp. 215 - 251

[4] Clancey W. J. "Heuristic Classification" in *Artificial Intelligence* 27 (1985), pp.389 - 350

[5] Davis R. "Interactive Transfer of Expertise: Aquisition of new Inference Rules", in Nilsson et al. (eds.): *Readings in Artificial Intelligence*, pp.410 - 428, Tioga Press, 1981

[6] Georgeff M., Bonollo U. "Procedural Expert Systems" in *Proc. of IJCAI-83*, pp. 151 - 157

[7] Hofmann M. "Knowledge Engineering und Agenda-Entwurf für ein Fehlerdiagnosesystem" in Retti (ed.): *Österreichische Artificial Intelligence Tagung*, Springer, 1985

[8] Punch W. F., Bylander T. "CSRL: An Expert System Programming Language" in *Applied Artificial Intelligence Reporter* 3,11, Nov. 1986

[9] Staringer W., Groiss H., Travnicek Ch., Varmuza K. "Computer-Aided Fault Diagnosis in Technical Systems: An Expert System for Fault Diagnosis in the Vacuum System of a Mass Spectrometer" in *Microchimica Acta*, Springer 1987 (in Druck)

P A M E L A - EINE DEKLARATIVE PROGRAMMIERSPRACHE FÜR ECHTZEIT-ANWENDUNGEN

FRANZ BARACHINI
ALCATEL AUSTRIA-ELIN FORSCHUNGSZENTRUM
FLORIDUSGASSE 50
A-1210 WIEN
TEL.: (039) 222-38-15-01-150

KURZFASSUNG

PAMELA (PAttern-Matching Expert System LAnguage) ist eine Produktionensystem-Sprache, die sowohl deklaratives als auch imperatives Programmieren erlaubt. Um in dieser Sprache Echtzeit-Anwendungen effizient implementieren zu können, wird das Pattern-Matching durch eine verbesserte Version des RETE-Algorithmus durchgeführt.

PAMELA ist als Precompiler implementiert. Es ist möglich, die deklarativen Sprachkonstrukte (Regeln) mit jeder beliebigen imperativen Programmiersprache zu mischen. Die erste unterstützte Zielsprache ist CHILL. In diesem Artikel werden die RETE-Optimierungen beschrieben, außerdem wird die Struktur von PAMELA/CHILL vorgestellt.

1 EINLEITUNG

In bisherigen Programmiersprachen ist es schwierig sowohl deklarativ als auch imperativ zu programmieren, daher ist es wünschenswert, konventionelle Programmiersprachen (z.B. MODULA, C, ADA, PASCAL) mit deklarativen Sprachkonstrukten (Regeln) mischen zu können. Eine derartige Möglichkeit erhöht die Mächtigkeit einer Programmiersprache. PAMELA ist eine Programmiersprache, die es erlaubt, deklarative Programmkonstrukte mit prozeduralen Teilen einer beliebigen Programmiersprache zu mischen. Die erste PAMELA-Implementierung wird zu Beginn 1988 fertiggestellt sein. Sie erlaubt das Mischen von Regeln mit CHILL-Statements (CCITT 1985).

OPS83-Beispiele haben gezeigt, daß mehr als 85% der Laufzeit für das Pattern-Matching im RETE-Netzwerk benötigt werden. Daher ist es notwendig, daß das RETE-Netzwerk optimal in einer Programmiersprache dargestellt wird. Der RETE-Algorithmus (Forgy 1979, 1982) eignet sich besonders für temporär redundante Systeme wie z.B. R1/XSEL (McDermott 1982), ein Produktionensystem, das eine optimale VAX-Konfiguration inkrementell erstellt. Im Folgenden wird angenommen, daß der Leser mit dem RETE-Algorithmus vertraut ist.

2 RETE - LAUFZEITOPTIMIERUNGEN

Obwohl es einige Vorschläge für Laufzeitoptimierungen (Schor u.a. 1985, Miranker 1986) und einige ausführliche Laufzeitmessungen (Gupta, Forgy 1983, Forgy 1979) gibt, bestehen noch Möglichkeiten für weitere Optimierungen. In diesem Artikel wird für Programmbeispiele anstelle der PAMELA-Syntax die OPS83-Syntax verwendet.

Die folgenden Regeln dienen als Beispiel für die weitere Diskussion.

```
rule regel_1 { &P1 (lokomotive zugkraft > 100;
                               in_verwendung = false;
                               typ = elektrisch;
                               spurweite = europa);
               &P2 (waggon     gewicht < &P1.zugkraft;
                               hoehe <= &P1.hoehe;
                               spurweite = &P1.spurweite);
               -->
                   /* hänge Waggon an Lokomotive */
             };

rule regel_2 { &P1 (lokomotive spurweite = udssr;
                               typ = diesel;
                               in_verwendung = false;
                               zugkraft > 100);
```

```
        &P2 (waggon      gewicht < &P1.zugkraft;
                         spurweite = &P1.spurweite);
        -->
            /* hänge Waggon an Lokomotive */
    };
```

Das entsprechende RETE-Netzwerk (Forgy 1982) wird in Abb. 1 gezeigt.

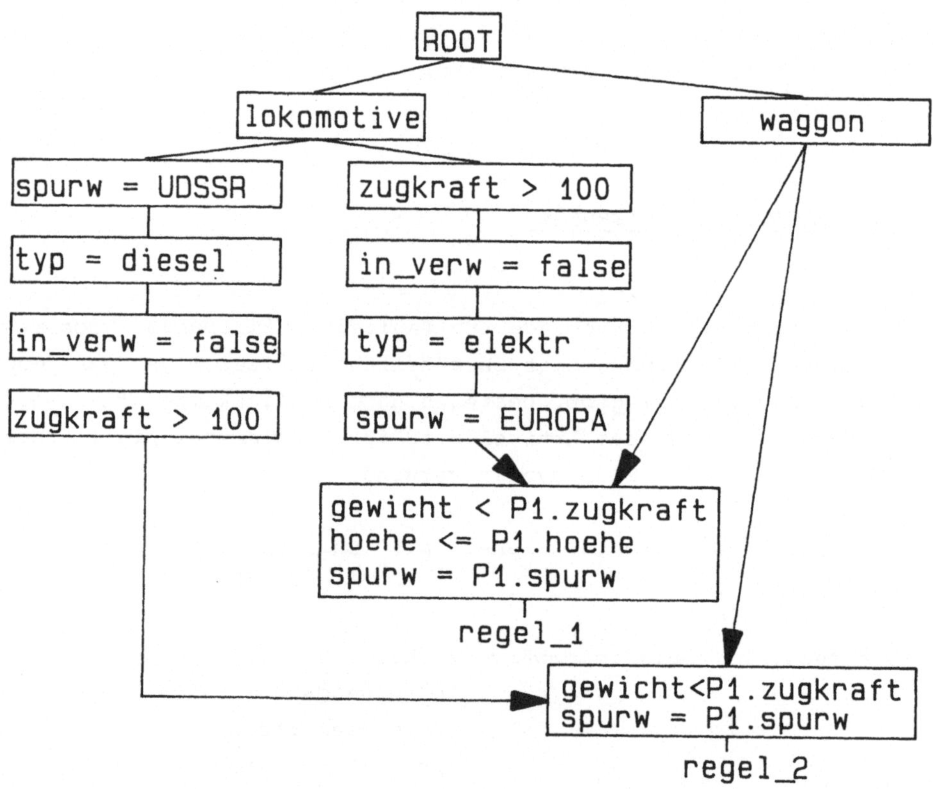

Abb. 1: RETE-Netzwerk (Forgy 1982)

2.1 VERKÜRZEN DER ONE-INPUT-NODE-KETTEN

One-Input-Node-Ketten können zu einem einzigen One-Input-Node zusammengefaßt werden, wenn jeder der One-Input-Nodes in der Kette genau einen Nachfolger hat. Da in PAMELA jeder Knotentyp (One-Input,

Two-Input, Negierte Knoten, usw.) durch eine Prozedur dargestellt wird, ist aufgrund dieser Optimierung nur mehr ein Prozeduraufruf für eine One-Input-Node-Kette notwendig.

2.2 GEMEINSAME VERWENDUNG VON ONE-INPUT-NODES

One-Input-Nodes sollten so oft als möglich von mehreren Regeln gemeinsam verwendet werden. In Produktionensystemen mit vielen Regeln ist es dem Benutzer nicht mehr möglich, die Intraelement-Vergleiche in den Regeln derart anzuordnen, daß die One-Input-Nodes von allen in Frage kommenden Regeln gemeinsam verwendet werden. Das automatische Sortieren der Intraelement-Vergleiche während der Übersetzung eines PAMELA-Programms vermindert daher die Anzahl der Knoten und somit die Laufzeit.

2.3 GEMEINSAME VERWENDUNG VON TWO-INPUT-NODES

Ebenso wie One-Input-Nodes sollten auch Two-Input-Nodes so oft wie möglich von mehreren Regeln gemeinsam verwendet werden. Das kann nur dann geschehen, wenn die Intraelement-Bedingungen und die Vergleiche in den betrachteten Two-Input-Nodes beider Regeln gleich sind. Dieser Zustand kann hergestellt werden, indem ein neuer Knotentyp, ein spezieller One-Input-Node, eingeführt wird. In derartigen Knoten werden nach dem gemeinsamen Two-Input-Node jene Vergleiche durchgeführt, die nicht in beiden Two-Input-Nodes vorhanden sind. Die gemeinsamen Vergleiche müssen für beide Knoten nur einmal durchgeführt werden.

Für PAMELA ist es sehr wichtig, daß die Anzahl der generierten Knoten im RETE-Netzwerk möglichst klein bleibt. Die angeführten Optimierungen verkürzen den Weg vom Anfangsknoten des Netzwerks zu den Endknoten, und da in PAMELA jeder Knoten einen Prozeduraufruf mit Parameterübergabe darstellt, bedeuten diese Optimierungen auch eine Verkürzung der Laufzeit.

Unter Berücksichtigung der oben beschriebenen Vorschläge erhält man ein optimiertes RETE-Netzwerk (Abb. 2). Dabei kann im besprochenen Beispiel die Anzahl der Knoten um mehr als 40% reduziert werden.

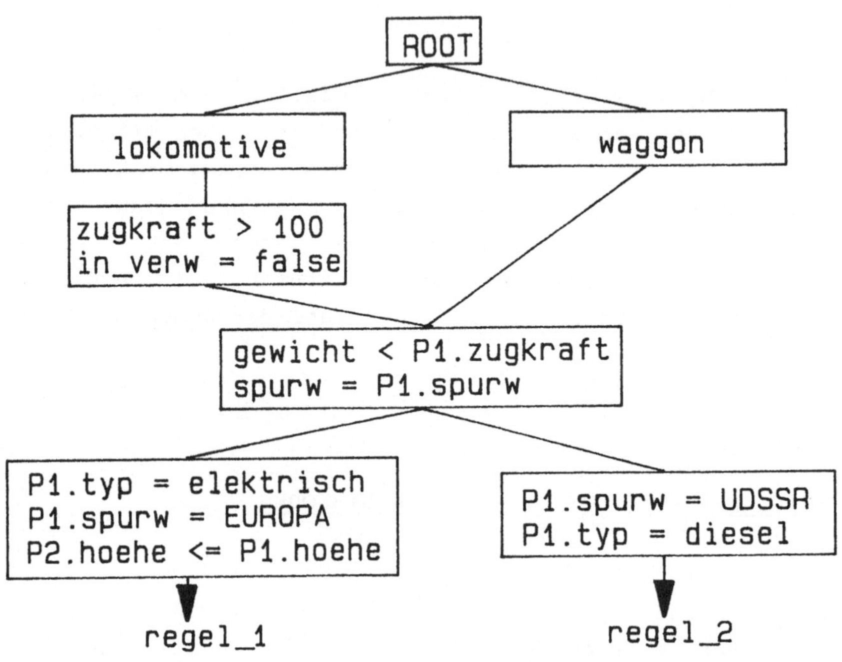

Abb. 2: optimiertes RETE-Netzwerk

2.4 OPTIMIERUNG VON MODIFY UND REMOVE

Wenn ein Token mit einem negativen Tag einen Two-Input-Node durchläuft, dann werden aufgrund dieses Tokens die selben Vergleiche durchgeführt wie durch das Token mit einem positiven Tag, das den Knoten vorher durchlaufen hat (Forgy 1982). In PAMELA müssen diese Vergleiche nicht zweimal durchgeführt werden. Zu jedem Token wird ein Zähler gespeichert, der die Anzahl der erfolgreichen Vergleiche mit den Token des gegenüberliegenden Token-Memories zählt. Weiters werden zu jedem Token zwei Zeiger (backlink-pointer) gespeichert. Der erste

Zeiger referenziert jenen Teil des Tokens, der aus dem linken Vorgängerknoten stammt, der zweite Zeiger referenziert jenen Teil, der aus dem rechten Vorgängerknoten stammt (One-Input-Nodes stellen eine Ausnahme dar). Ein Token mit einem negativen Tag wird folgendermaßen behandelt:

1. Das Token wird im entsprechenden Token-Memory des Knotens gesucht.

2. Das Token wird aus dem Token-Memory gelöscht (der allokierte Speicher wird freigegeben), und der aktuelle Zähler erhält den Wert des Zählers im Token-Memory.

3. Wenn aktueller Zähler gleich 0, dann gehe nach 8.

4. Suche im Token-Memory des ersten Nachfolgeknotens nach einem Zeiger auf das gelöschte Token. (Das Token-Memory des Nachfolgeknotens enthält alle zusammengefügten Tokens.)

5. Im Token-Memory des Nachfolgeknotens existieren zwei Zeiger (backlink-pointer), wobei einer der beiden Zeiger auf jenes Token zeigt, mit dem das zu löschende Token einen Vergleich erfüllen würde. Der Zähler dieses Tokens wird um 1 dekrementiert.

6. Dekrementiere den aktuellen Zähler um 1 (dieser Zähler gehört zu dem in 2. gelöschten Token) und verzweige nach 3.

7. Ende.

Dieses Verfahren wird nun für jeden Nachfolgerknoten verwendet, wobei die Suche in 1. natürlich nur für den ersten Nachfolgeknoten durchgeführt werden muß.

Durch dieses Verfahren ist zwar der Speicherbedarf größer (ein Zähler und zwei Zeiger pro Token), aber die Laufzeit wird geringer, da Interelement-Vergleiche nur einmal ausgeführt werden müssen und nicht je einmal für das Einfügen und das Löschen eines Tokens.

3 DIE STRUKTUR VON PAMELA

PAMELA arbeitet als Precompiler, wobei die beschriebenen Optimierungen in verschiedenen Passes durchgeführt werden.

Die Generierung des Parsers erfolgte mit Hilfe von MIRA (Expert Software Systems 1986), ein Tool, das aufgrund einer EBNF-ähnlichen Spezifikation der Syntax einer Sprache das Gerüst eines geeigneten Parsers generiert.

4 DAS REGELBASIS-KONZEPT VON PAMELA/CHILL

CHILL ist eine Sprache für parallele Programmierung. In CHILL werden Prozesse als FMMs (Finite Message Machines) dargestellt. Die Kommunikation zwischen den einzelenen FMMs erfolgt durch Nachrichten oder Signale. Einzelne Prozesse können verschiedenen Prozessoren zugeteilt werden. In PAMELA können Regeln auf verschiedene Module aufgeteilt werden. Alle in einem Modul enthaltenen Regeln stellen eine Regelgruppe dar, und alle Regelgruppen repräsentieren eine Regelbasis.

Wenn für eine Regelbasis nur ein Prozessor zur Verfügung steht, so soll die Aufteilung der Regeln auf Regelgruppen derart erfolgen, daß die einzelnen Regelgruppen möglichst disjunkt sind. Wird dies nicht beachtet, so sinkt die Effizienz des RETE-Algorithmus, da die angeführten Optimierungen nur innerhalb einer Regelgruppe durchgeführt werden können.

Wenn für eine Regelbasis allerdings mehrere Prozessoren zur Verfügung stehen, so sollten jene Regeln, die gemeinsame Knoten besitzen, auf verschiedene Prozessoren aufgeteilt werden, damit ihre parallele Bearbeitung möglich ist. Die erste Implementierung berücksichtigt allerdings nur CHILL Prozesse, die alle auf einem Prozessor laufen, da für die erste Anwendung von PAMELA nur ein Prozessor zur Verfügung steht.

Abbildung 3 zeigt die Struktur einer Regelbasis. In einem Definitions-Modul werden nur globale Variablen und Regelbasis-Elemente vereinbart. Dieses Definitions-Modul repräsentiert das Working Memory und das Conflict Set der Regelbasis. Die Regelgruppen sind normale CHILL-Module, die PAMELA-Regeln enthalten. Eine Regelgruppe wird durch spezielle PAMELA-Anweisungen (z.B. PAMELA_SEIZE) an eine Regelbasis gebunden.

Terme innerhalb von Patterns einer Regel können beliebige CHILL-Ausdrücke sein, die RHSs von Regeln können beliebige CHILL-Prozedurrümpfe sein. Daher können in den RHSs von Regeln sowohl WM-Änderungen erfolgen, es können aber auch Betriebssystem-Aufrufe, Prozeßkommunikation, Datenbankzugriffe oder ähnliches erfolgen.

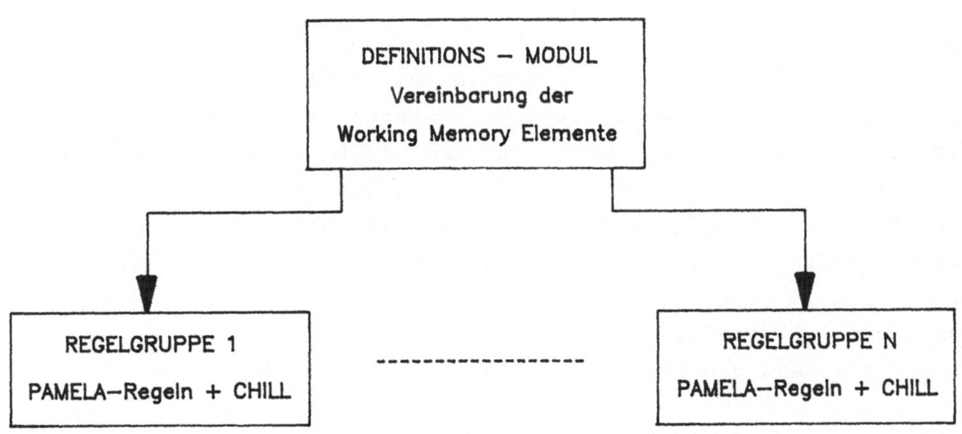

Abb. 3: Regelbasis-Konzept von PAMELA/CHILL

Immer wenn innerhalb einer Regelgruppe eine Änderung des Working Memories erfolgt, wird eine globale Prozedur in der Regelbasis aufgerufen. Diese Prozedur beinhaltet die Einsprungspunkte der RETE-Netzwerke aller für das geänderte WME relevanter Regelgruppen. Durch diese Methode wird das Working Memory als globales Objekt behandelt.

5 ERSTE ANWENDUNG

Die erste Anwendung wird ein Expertensystem zur Überwachung eines computergesteuerten Stellwerkes in der Eisenbahnsteuerung sein, das in der ALCATEL AUSTRIA entwickelt wird (Theuretzbacher 1986). Das Expertensystem soll sicherheitskritische Ereignisse (z.B. Ändern eines Signals von rot auf grün) überwachen und wird in PAMELA implementiert.

6 ZUSAMMENFASSUNG - ZUKÜNFTIGE ENTWICKLUNGEN

In diesem Artikel wurde eine AI-Sprache vorgestellt, die sich aufgrund ihrer Effizienz hervorragend zur Erstellung von zeitkritischen Expertensystemen eignen soll. Diese Sprache kann mit jeder imperativen Programmiersprache gemischt werden. Um die Laufzeit zu verbessern, wurden Optimierungen am RETE-Netzwerk durchgeführt. Natürlich kann ein schlechter Compiler zur Übersetzung der generierten Programmiersprache die Laufzeit wieder verschlechtern. Da jedoch derzeit PAMELA-Programme auf CHILL abgebildet werden und der ALCATEL AUSTRIA CHILL - Compiler effiziente Laufzeitoptimierungen durchführt, waren die Laufzeiten von ersten PAMELA-Beispielen beträchtlich geringer als jene von vergleichbaren OPS83-Programmen.

Eine Version PAMELA/C, weitere Laufzeittest und die Entwicklung einer Shell sind geplant.

DANKSAGUNG

Ich möchte mich bei den Mitgliedern der Expertensystemgruppe des ALCATEL AUSTRIA - ELIN Forschungszentrums für deren Diskussionsbereitschaft bedanken. Mein besonderer Dank gilt den Herren Mark Auburn, Reinhard Granec und Manfred Twrznik, die mich bei der Erstellung dieses Artikels unterstützt haben.

7 LITERATURVERZEICHNIS

CCITT High Level Language (CHILL) Recommendation Z.200, Geneva 1985

Forgy C.L. "OPS83 User's Manual and Report", Production System Technologies, Pittsburgh, Pennsylvania, 1985.

Forgy C.L. "Rete: A Fast Algorithm for the Many Pattern/Many Object Pattern Matching Problem", Artificial Intelligence, 1982, 19, 17-37.

Forgy C.L. "On the Efficient Implementation of Production Systems", Ph.D. Thesis, Carnegie-Mellon University, 1979.

Gupta A., Forgy C.L. "Measurments on Production Systems", Technical Report, Carnegie-Mellon University, 1983.

McDermott J. "R1: A Rule Based Configurer of Computer Systems", in Artificial Intelligence, 1982, 19, (1), 39-88.

MIRA Users Manual/PASCAL, C and ADA, Expert Software Systems, Gent, Belgium, 1986.

Miranker D.P. "The Performance Analysis of TREAT: A DADO Production System Algorithm", International Conference on Fifth Generation Computing, Tokyo 1984, revised article 1986.

Schor I.M., Daly P.T., Lee H.S., Tibbits B.R. "Advances in Rete Pattern Matching", Proceedings of the AAAI-86, Philadelphia, 1986, 226-232.

Theuretzbacher N. "Expert Systems in Safety-Critical Real-Time Systems", Electrical Communication, 1986, 60, (2), 147-153.

Ein Werkzeug zum Wissenserwerb

Paul Tavolato, Werner Horn

Österreichisches Forschungsinstitut für Artificial Intelligence, Wien

1. Einleitung

Durch den zunehmenden Einsatz von Expertensystemen in der Praxis wird auch das Problem des Wissenserwerbs (Knowledge Engineering) zunehmend virulent. Hängt doch der erfolgreiche Einsatz eines Expertensystems ganz wesentlich von der Qualität der aufgebauten Wissensbasis ab. Dieser kritische Abschnitt beim Aufbau und beim Einsatz eines Expertensystems wird üblicherweise gemeinsam von einem (oder mehreren) "Knowledge Engineers" und dem (den) Experten des jeweiligen Anwendungsgebietes bearbeitet. Grob gegliedert teilt sich die Aufgabe des Wissenserwerbs in folgende fünf Schritte (vgl.Buchanan et al., 1982):

1) Problemidentifikation,
2) Konzeptfestlegung für die Wissensrepräsentation,
3) Formalisierung des Wissens,
4) Implementierung in der Wissensrepräsentationssprache und
5) Validierung und Tests.

Die ersten drei Teilaufgaben enthalten wesentlich soziale, kreative und kognitive Komponenten. Sie eignen sich daher nur sehr bedingt für eine Automatisierung; auch der Einsatz von Werkzeugen ist beschränkt.

Anders verhält es sich bei der Teilaufgabe "Implementierung (Formulierung) des (bereits formalisierten) Wissens in einer Wissensrepräsentationssprache": Hier kommt überwiegend das technisch-methodische Wissen des Knowledge Engineers zum Einsatz.

Dieses Projekt wurde in dankenswerter Weise vom Jubiläumsfonds der Österreichischen Nationalbank gefördert.

Dabei wird ein Großteil der Arbeitskraft des Knowledge Engineers gebunden. Eine Unterstützung durch intelligente Werkzeuge kann hier eine Erleichterung bringen.

Als Voraussetzung für diese (vierte) Teilaufgabe muß eine formale Definition der Struktur der Wissensbasis vorliegen. Diese Definition kann in eine Definition der Syntax, der statischen und der dynamischen Semantik unterteilt werden. Das formalisierte Wissen muß nun in die so definierte Form gebracht werden.

Ziel der Verwendung von Werkzeugen ist die Ermöglichung einer weitgehenden Übertragung der Formulierungsarbeit an den (die) Experten. Ohne eine solche Unterstützung kann dem Experten in einer konkreten Situation des Einbringens von Wissen in ein System im allgemeinen nicht zugemutet werden, alle syntaktischen und semantischen Regeln und Details bei der Formulierung der Wisseneinheiten zu berücksichtigen.

2. Konzept der Unterstützung

Bisher implementierte semi-automatische Wissenserwerbssysteme (TEIRESIAS: Lenat und Davis, 1980; SEEK: Politakis, 1984; MOLE: Eshelman und McDermott, 1986) haben sich vorwiegend darauf beschränkt, eine Wissensbasis mit fix vorgegebener Struktur in direkter Interaktion mit dem Experten zu erweitern und zu verfeinern. Ziel unseres Projektes ist es, Werkzeuge zu schaffen, die es erlauben, in flexibler Weise die Struktur der Wissensbasis an den Anwendungsbereich genau anzupassen. Ausgehend von einer weitgehenden Übereinstimmung der Struktur der Wissensbasis mit dem konzeptuellen Modell, das der Experte vom Anwendungsbereich hat, soll er befähigt werden, selbsttätig eine Wissensbasis aufzubauen.

2.1 Werkzeuge

Es wurde im Rahmen der hier beschriebenen Arbeit das Werkzeug VIE-KAT (Vienna Knowledge Acquisition Tool) konzipiert, mit dessen Hilfe es dem (den) Experten ermöglicht wird, weitgehend selbstständig das Wissen in die Wissensbasis einzubringen:

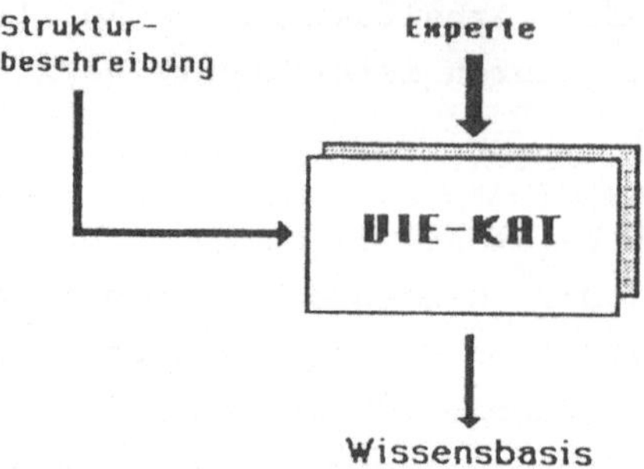

Die Strukturbeschreibung enthält die formale Definition der Struktur der Wissensbasis. Diese Strukturbeschreibung kann natürlich mit Hilfe eines ähnlichen Werkzeugs (VIE-GRAF) erstellt werden:

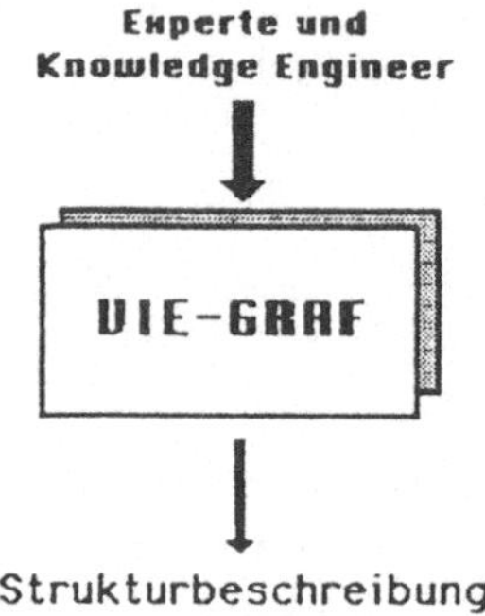

Für die Realisierung dieser Werkzeuge bietet sich das Konzept des Struktureditors an. Struktureditoren enthalten die Syntax der zu editierenden (einzugebenden) Struktur und unterstützen den Benutzer bei der Eingabe durch Verwendung vorgegebener Schablonen (Masken), die aus der gegebenen Syntax abgeleitet werden. Die Eingabe syntaktisch unkorrekter Strukturen ist ausgeschlossen. Außerdem kann die einem Struktureditor zugrundeliegende kontextfreie Grammatik zu einer attributierten Grammatik (Kastens, 1980; Raiha, 1980) ausgebaut werden. Dadurch wird ermöglicht, auch Aspekte der statischen Semantik zu erfassen und in die Eingabeunterstützung und -prüfung miteinzubeziehen. Struktureditoren, auch syntaxgesteuerte Editoren genannt, wurden bisher hauptsächlich für Programmiersprachen entwickelt (Krall, 1985; Medina-Mora, 1982).

2.2 Generierung der Werkzeuge

Da die Struktur der Wissensbasis für verschiedene Anwendungsbereiche stark differiert, muß für jede Wissensbasis ein eigener Struktureditor entwickelt werden. Das ist natürlich zu aufwendig, insbesondere wenn man daran denkt, daß während des Wissenserwerbsprozesses iterativ die Struktur der Wissensbasis mehrfach verändert wird, was jeweils ein Nachziehen des Editors zur Folge haben muß.

Die Lösung des Problems liegt in der Möglichkeit der Generierung von Struktureditoren (Krall, 1985; Reps, 1983): Es wird ein System konstruiert, das unter Zuhilfenahme vorgefertigter Teile und unter Verwendung einer Definition der Grammatik der Struktur und der für den Anwendungsfall spezifischen Informationen einen Struktureditor zusammenstellt. Die Generierung eines anwendungsspezifischen Editors VIE-KAT erfolgt durch VIE-KATGEN (Vienna Knowledge Acquisition Tool Generator).

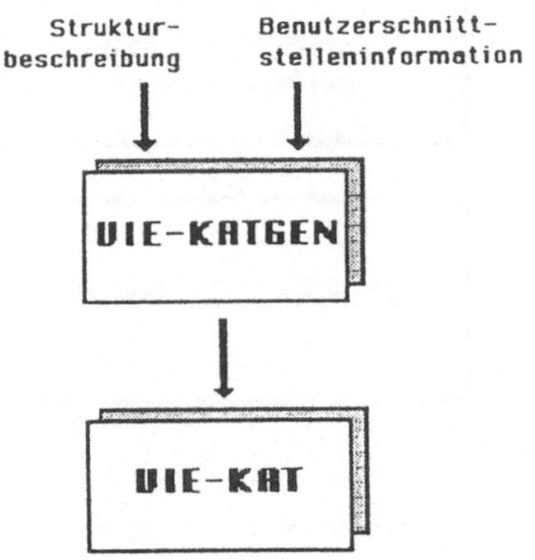

VIE-KATGEN benötigt zur Generierung die Strukturbeschreibung der Wissensbasis in Form einer attributierten Grammatik und eine Definition von Teilen der Benutzerschnittstelle. Wie bereits erwähnt kann für die Erstellung der Strukturbeschreibung (und der Benutzerschnittstelleninformation) ein Struktureditor herangezogen werden: VIE-GRAF. Dieser Struktureditor kann ebenfalls mit Hilfe des Generators VIE-KATGEN in einer Art Bootstrap-Verfahren generiert werden.

Bild 1 gibt einen Gesamtüberblick über das Werkzeugsystem.

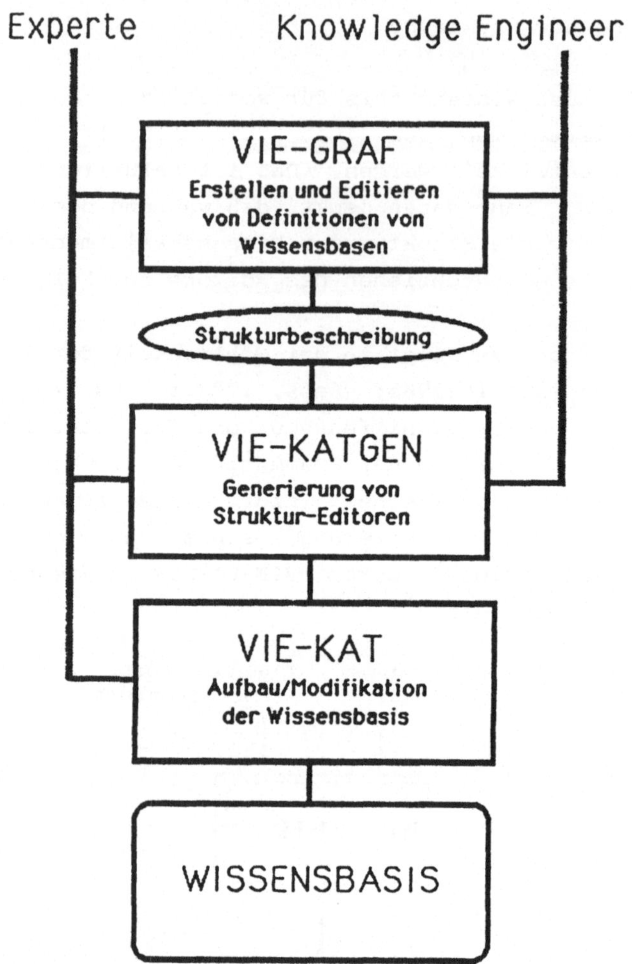

Bild 1: Struktur des Wissenserwerbssystems.

3. Einsatz der Werkzeuge

Im Zuge des Wissenserwerbs legen der Knowledge Engineer und der Experte gemeinsam eine Wissenstruktur für die konkrete Anwendung fest: Dies enthält die Wahl eines Repräsentationsformalismus (z.B. Netz-Struktur) und ihre konkrete Ausformung für den vorliegenden Anwendungsfall. Diese Aktivitiäten erfolgen in enger Kooperation zwischen Experten und Knowledge Engineer.

Hat dieses Schema eine (vorläufige) gewünschte Form erreicht, wird es vom Knowledge Engineer in die für das Werkzeugsystem VIE-KAT erforderliche Grammatikform übersetzt: Definition der kontextfrei definierbaren Syntaxelemente mittels einer Grammatik und Definition des Attributsystems für kontextsensitive Elemente (z.B. automatiche Generierung bestimmter Elemente unter vorgegebenen Bedingungen).

Bild 2 zeigt als Beispiel die Syntaxregeln der kontextfreien Grammatik zur (teilweisen) Beschreibung der Wissensstruktur des medizinischen Expertensystems ESDAT (Horn, Buchstaller und Trappl, 1982). Terminale sind durch "<terminal>" gekennzeichnet. Regeln, die nur Terminale auf der rechten Seite enthalten, sind mit "-t->" als "terminating" markiert. Eine "Plus"-Regel (DP --> DP-E +) gibt an, daß DP-E beliebig oft wiederholt werden kann. Plusregeln erlauben es den Ableitungbaum flach zu halten.

```
SN          --->  DP  M  ROLL  ATTR
DP          --->  DP-E  +
DP-E        --->  DP-NAME  DP-BESCHR  TEILPROZ  MÖGRES
DP-NAME     -t->  <identifier>
DP-BESCHR   -t->  <string>
TEILPROZ    -t->  <DP-identifier>  +
MÖGRES      -t->  <M-identifier>  +
M           --->  M-E  +
M-E         --->  M-NAME  M-BESCHR  UGOM  CHAR  INVMÖGRES
M-NAME      -t->  <identifier>
M-BESCHR    -t->  <string>
UGOM        -t->  <M-identifier>  +
CHAR        -t->  <ROLL-identifier>  +
INVMÖGRES   -t->  <DP-identifier>  +
ROLL        --->  ...
..
```

Bild 2: Syntaxregeln der kontextfreien Grammatik zur teilweisen Beschreibung der Wissenstruktur von ESDAT.

Fordert man etwa, daß die MÖGRES-Kante, die von DP-E auf M-E zeigt, automatisch invertiert wird, so definiert man die in Bild 3 dargestellten Attribute und erweitert die kontextfreie Grammtaik zu einer attributierten Grammatik. Sie stellt sicher, daß automatisch die INVMÖGRES-Kante eingetragen wird.

Attribute

Grammatik-Symbol	Name	Art
DP	mögrestab	synthesized
M	mögres	inherited
DP-E	mögrestab	synthesized
MÖGRES	tab	synthesized
<M-identifier>	identifier	synthesized
M-E	mögres	inherited
INVMÖGRES	mögres	inherited
<DP-identifier>	identifier	synthesized

Attributierte Grammatik

```
1) SN          ---> DP  M  ROLL  ATTR
     M.mögres = DP.mögrestab
2) DP          ---> DP-E  +
     DP.mögrestab = union(DP-E.mögrestab)
3) DP-E        ---> DP-NAME  DP-BESCHR  TEILPROZ  MÖGRES
     DP.mögrestab = (DP-NAME.identifier) x MÖGRES.tab
4) MÖGRES      -t-> <M-identifier>  +
     MÖGRES.tab = union(<M-identifier>.identifier)
5) M           ---> M-E  +
     M-E.mögres = M.mögres
6) M-E         ---> M-NAME  M-BESCHR  UGOM  CHAR  INVMÖGRES
     INVMÖGRES.mögres = M-E.mögres
7) INVMÖGRES -t-> <DP-identifier>  +
     check:
        for all elements x in INVMÖGRES.mögres do
           if not member(DP-NAME.identifier(x),
                             union(DP-identifier.identifier))
           then apply-rule(INVMÖGRES -t->
                             grammarsymbol(DP-NAME.identifier(x)))
```

Bild 3: Attribute und attributierte Grammatik zur automatischen Invertierung der MÖGRES-Kante.

Zusätzlich zur attributierten Grammatik ist es notwendig, bestimmte Spezifikationen der Benutzerschnittstelle festzulegen (z.B. Welche INSERT-Befehle gibt es, u.ä.) Mit diesen Eingabedaten generiert VIE-KATGEN den Struktureditor VIE-KAT.

Von nun an kann der Experte alleine weiterarbeiten. Die Eingabe der einzelnen Elemente der Wissensbasis erfolgt mit Hilfe des Struktureditors VIE-KAT. Dadurch wird die Einhaltung syntaktischer sowie anderer (mit Hilfe der Attribute definierter) Konsistenzbedingungen gewährleistet.

Erweist sich bei der Wisseneingabe die Struktur der Wissensbasis als veränderungswürdig - was im allgemeinen einigemale der Fall sein wird - so kann diese Änderung mit Hilfe des Knowledge Engineers durchgeführt werden: Die Grammatik wird angepaßt, ein neuer Struktureditor generiert und die Eingabe der Elemente der Wissensbasis kann fortgesetzt werden.

4. Systembeschreibung von VIE-KAT

Das Knowledge Acquisition Tool VIE-KAT, also der Struktureditor für eine Wissensbasis stellt dem Benutzer (d.h. dem Experten) folgende Informationen bzw. Möglichkeiten zur Verfügung:

Informationen über das bisher eingegebene Wissen: Erstens können Ausschnitte des aufgebauten Ableitungsbaumes in verschiedenen Formen in einem Teilfenster des Struktureditors ausgegeben werden. Zweitens kann die Information in den Endknoten des Ableitungsbaumes in Form einer zeilenorientierten Bildschirmmaske in einem anderen Teilfenster angezeigt und editiert werden.

Die Struktur des Ableitungsbaumes kann durch die Anwendung der in der Benutzerschnittstelle definierten Insert- und Select-Befehle verändert werden. Diese Befehle, sowie andere für Editoren typische Befehle (LOAD, SAVE, DELETE, EXIT u.ä.), werden in Menu-Form ständig am Bildschirm angezeigt und können mit Hilfe der Maus aktiviert werden.

Eine detaillierte Beschreibung ist in Tavolato und Horn (1986) zu finden.

5. Diskussion

Ein Prototyp des Werkzeugsystems wurde auf einer Lisp-Maschine Symbolics 3640 in Zetalisp implementiert. Einige Wissensbasen (Semantisches Netz, Frame) wurden mittels attributierter Grammatiken formal definiert, um das System zu testen. Dabei konnten folgende Erfahrungen gewonnen werden:

- Ein Struktureditor stellt eine große Hilfe beim Wissenserwerb dar. Insbesondere entsteht dadurch die Möglichkeit, bestimmte Teilaufgaben des Wissenserwerbsprozesses dem (den) Experten autonom zu übertragen.
- Besonders kritisch ist die Erstellung der Grammatik: Verschiedenartige Grammatiken für ein- und dieselbe Struktur führen oft zu unterschiedlichen Repräsentationen der Wissensbasis dem Benutzer gegenüber und können daher wesentlich die Verständlichkeit der Struktur beeinflussen.
- Weiters bestimmt die Form der Grammatik die Form des Ableitungsbaumes und damit auch die Form, in der die Wissensbasis schlußendlich vorliegt. Das beeinflußt natürlich auch ihre Brauchbarkeit im wissensbasierten System (Zugriffspfade, Zugriffszeiten, Speicherbedarf u.ä.).
- Noch weitgehend offen ist die Flexibilität bei der Benutzerschnittstelle des zu generierenden Struktureditors: Sie müßte gleich der Grammatik in Form einer formalen Definition vorliegen und bei der Generierung umgesetzt werden. Im Rahmen der hier beschriebenen Arbeit wurde dies in einigen Bereichen (Definition von Schablonen, Definition verschiedener Möglichkeiten für einfache und komplexe Insert-, Delete- und Select-Befehle) verwirklicht.
- Etwas problematisch ist die zentrale Stellung des Ableitungsbaumes in Struktureditoren: Sie begünstigt die Verwendung hierarchischer Strukturen sowohl bei der Repräsentation der Wissensbasis als auch bei der Benutzerschnittstelle. In ganz speziellen Anwendungsfällen kann das ein Nachteil sein (bei anderen Anwendungen jedoch ein Vorteil).
- Die Möglichkeiten, die sich durch die Attributierung der Grammatik ergeben, sind so zahlreich, daß sie noch nicht alle erprobt werden konnten (z.B. die Verwendung mehrerer voneinander unabhängiger Attributsätze).

Mit dem hier beschriebenen System von Werkzeugen kann eine wertvolle Unterstützung des Wissenserwerbsprozesses besonders in folgenden drei Punkten erzielt werden: die Entlastung des Knowledge Engineers von technisch-methodischen Routinetätigkeiten, die Möglichkeit für rasche Änderungen in der Struktur der Wissensbasis mit nachfolgender automatischer Generierung des neuen Struktureditors, sowie die Verbesserung der Motivationslage der Experten durch ihre verstärkte direkte Einbindung in den Prozeß des Aufbaus der Wissensbasis.

Literatur

- Buchanan B.G., et al.: Constructing an Expert System, in Hayes-Roth F., et al.(eds.), Building Expert Systems, Addison-Wesley, Reading, Mass., pp.127-167, 1982.
- Davis R., Lenat D.B.: Knowledge-Based Systems in Artificial Intelligence, McGraw-Hill, New York, 1982.
- Eshelman L., McDermott J.: MOLE: A Knowledge Acquisition Tool that Uses its Head, in Proceedings of the Fifth National Conference on Artificial Intelligence (AAAI-86), Morgan Kaufmann Publ., Los Altos, Calif., 1986
- Horn W., Buchstaller W., Trappl R.: The Structure of Manifestations in a Medical Consultation System, in Trappl R. (ed.), Cybernetics and Systems Research, North-Holland, Amsterdam, 1982.
- Kastens U.: Ordered Attribute Grammars, Acta Informatica, 13(3)229-256, 1980.
- Krall A.: PEG - Ein Programmierumgebungsgenerator, in Proc. GI/OCG/OeGI-Jahrestagung, Springer, Berlin, 1985.
- Medina-Mora R.: Syntax-Directed Editing: Towards Integrated Programming Environments, Ph.D.Thesis, Dept.Computer Science, Carnegie-Mellon University, Pittsburgh, PA, 1982.
- Politakis P.G.: Empirical Analysis for Expert Systems, Pitman, Boston, 1984.
- Raiha K.-J.: Bibliography on Attribute Grammars, SIGPLAN Notices, 15(3)35-44, 1980.
- Reps T.W.: Generating Language-Based Environments, MIT-Press, Cambridge, Mass., 1983.
- Tavolato P., Horn W.: Unterstützung des Aufbaus von Wissensstrukturen - Der Editorgenerator VIE-KATGEN, Berichte der Österreichischen Studiengesellschaft für Kybernetik, Wien, 1986.

Lst-1 - ein wissensbasiertes System zur Durchführung und Berechnung des Lohnsteuerjahresausgleichs

Hans-Peter Beiche
SFB 314: KI-Wissensbasierte Systeme
Fachbereich Informatik
Universität des Saarlandes
D-6600 Saarbrücken 11

Abstract

LST-1[1] *ist ein wissensbasiertes System auf dem Gebiet "Lohnsteuerrecht". Es soll den Benutzer bei der Durchführung seines Lohnsteuerjahresausgleichs unterstützen, indem es durch geeignete Konsistenzüberprüfungen ein falsches Ausfüllen der Formulare verhindert und ihn beim Geltendmachen von Absetzposten berät. LST-1 bietet dem Benutzer wahlweise eine freie Eingabe in das auf dem Bildschirm dargestellte Formular oder eine rechnergestützte Formularführung. Teilergebnisse können sofort berechnet werden, sobald die dafür benötigten Daten eingetragen wurden. Entwicklungs- und Ablaufumgebung des Systems ist BABYLON, eine von der GMD entwickelte Expertensystem-Shell. In den nun folgenden Kapiteln werden zunächst die für die Entwicklung von LST-1 relevanten Konzepte der XPS-Shell – sowie der dazu notwendigen Erweiterungen und Änderungen – beschrieben; darauf aufbauend folgt die detaillierte Darstellung des Systems.*

1. Motivation

Ziel dieser Arbeit ist die Entwicklung eines Expertensystems zur Unterstützung des Benutzers beim Ausfüllen von Lohn- und Einkommenssteuerformularen mit anschließender Berechnung der zu zahlenden oder zu erstattenden Lohnsteuer. Konventionelle Berechnungsprogramme gehen von korrekt und vollständig ausgefüllten Formularen aus. Im Unterschied dazu bietet **LST-1** folgende Leistungen:

a) Die Reihenfolge der Eintragungen ist beliebig (siehe Abschnitt 3.2.2).

b) Durch Interaktion mit dem System PLUG (Ripplinger, in Vorb.) kann die Aufmerksamkeit des Benutzers fokussiert werden.

c) Es erfolgt eine Eingabenüberprüfung in Form eines Typchecks, einer Plausibilitätsprüfung und eines Konsistenzvergleichs mit den anderen Eingabedaten (siehe Kapitel 3.1.1).

d) Berechnungen, die keine weiteren Angaben mehr erfordern, werden sofort durchgeführt und dem Benutzer auf dem Bildschirmformular angezeigt (optional).

e) Sobald das Formular zu einem gewissen Grad ausgefüllt ist (Minimal-Grad zur Berechnung), werden die eingetragenen Daten ausgewertet und der Benutzer auf fehlende Eingaben hingewiesen. Danach kann er auch auf mögliche weitere Absetzposten aufmerksam gemacht werden.

f) Der Benutzer kann vom System bei den meisten Formularfeldern Informationen verlangen.

Wie in Expertensystemen allgemein üblich wird in **LST-1** das benötigte Wissen vorwiegend in deklarativer Form explizit dargestellt. Neben dem Vorteil einer höheren Transparenz des dargestellten Wissens und einer damit verbundenen leichteren Erweiter- und Änderbarkeit der Wissensbasis spielt auch die Ankopplung an andere Systeme eine große Rolle (z.B. an natürlichsprachlicher Systeme, die auf deklarativ dargestelltes Wissen zugreifen, oder an Datenbanksysteme, deren konzeptuelles Schema im Expertensystem repräsentiert wird). Ohne diese deklarative Wissensrepräsentation wäre diese Ankopplung praktisch unmöglich. Die Untersuchung der Anschlußmöglichkeiten eines solchen natürlichsprachlichen Zugangssystems an **LST-1** stellt einen der Forschungsschwerpunkte im Teilprojekt *XTRA* des *SFB 314* der *Universität des Saarlandes* dar (XTRA 87).

[1] *Diese Arbeit entstand in Verbindung mit dem Teilprojekt XTRA, des von der Deutschen Forschungsgemeinschaft geförderten Sonderforschungsbereiches 314 (KI-Wissensbasierte Systeme). Für wertvolle Hinweise danke ich Wolfgang Wahlster, Alfred Kobsa, Jürgen Allgaier und Wilfrid Weber.*

2. Die Expertensystem-Shell BABYLON

Da **LST-1** in BABYLON entwickelt wurde, erfolgt in diesem Kapitel eine knappe Beschreibung dieser Expertensystem-Shell. Es wird dabei auf Version 6.1 Bezug genommen, die bei der Entwicklung von **LST-1** werwendet wurde.

2.1 Ein kurzer Überblick

BABYLON ist eine noch in der Beta-Testphase befindliche *hybride* Expertensystem-Shell (di Primio 85a,b 86), welche von der GMD[2] entwickelt wurde. Sie stellt Entwicklungs- und Ablaufumgebung für Expertensysteme dar und bietet dem System-Entwickler die Möglichkeit, drei Wissensrepräsentationsformalismen sowohl alternativ als auch integriert zum Aufbau von Wissensbasen zu nutzen.

Die vorhandenen Formalismen werden in BABYLON als *Prozessoren* realisiert. Dies sind:

- Frame-Prozessor: Frame-orientierte Konstrukte (Objekte)
- Rule-Prozessor: Regel-orientierte Konstrukte
- Prolog-Prozessor: Logik-orientierte Konstrukte

Diese 3 Basisformalismen werden in den nächsten Abschnitten getrennt beschrieben, in Abschnitt 2.5 wird näher auf ihre Interaktion eingegangen. Ein 4. Basisformalismus[3] (für *Constraint*-orientierte Konstrukte) existiert noch nicht als Prozessor, wohl aber in eingeschränktem Maße als Teilbereich des *Frame-Prozessors*.

Eine übergeordnete und koordinierende Funktion für die erwähnten Basis-Prozessoren bildet der *Meta-Prozessor*, über den jegliche Kommunikation in BABYLON läuft (mit Ausnahme des direkten Durchgriffs auf die LISP-Ebene).

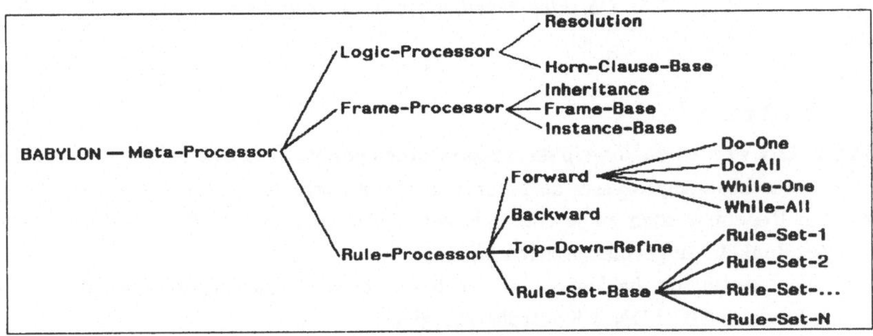

Figur 2.1: Grundstruktur des BABYLON-Systems

2.2 Objekte in BABYLON

Der Objektbereich spielt in BABYLON eine zentrale Rolle, da sowohl in Regeln als auch in Relationen (Horn-Klauseln) auf ihn referiert wird. Der Objektbereich gliedert sich in 3 Bereiche:

a) deskriptiver Bereich
b) prozeduraler Bereich
c) assertionaler Bereich

ad a) Unter dem *deskriptiven* Bereich von BABYLON sind die *FRAME*-Definitionen zu verstehen. Sie beinhalten neben den Spezifikationsmöglichkeiten von Eigenschaften [*Slots*] und den Aspekten dieser Eigenschaften [*Facets*] auch das Konzept der *Active-Values* (ähnlich wie in LOOPS). Vererbungshierarchien (einfache und multiple Vererbung), wie aus anderen *Frame*-Sprachen (FRL, KL-ONE etc.) bekannt, werden über das *Supers-Feature* (di Primio 85c) realisiert.

---

[2] *Gesellschaft für Mathematik und Datenverarbeitung, Forschungsgruppe Expertensysteme*

[3] *Ab BABYLON-Rel-1 wird ein externes Constraint-System (Güsgen 87a,b) als Zusatz-Modul mitgeliefert.*

ad b) Als *prozeduralen* Bereich bezeichnet man in BABYLON die Menge der zu einem Objekt definierten *Behaviors* (:after, :before, :primary), über die Konzepte der objekt-orientierten Programmierung (Methoden) zur Verfügung gestellt werden.
ad c) Der *assertionale* Bereich beinhaltet die Instantiierungen der im deskriptiven Bereich definierten Objekte, d.h. die tatsächlich referenzierbaren Objekte von BABYLON.

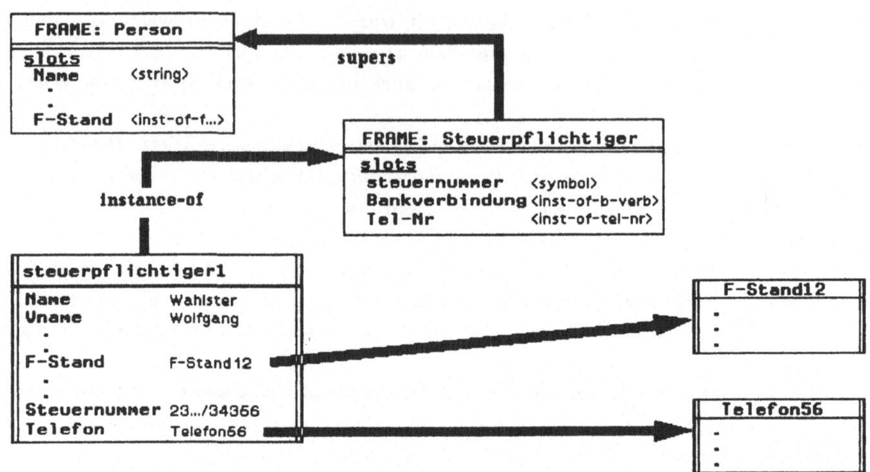

Figur 2.3: Objektbeschreibung und seine Instantiierung

2.3 Regeln in BABYLON

Regeln in BABYLON werden zu *Regelpaketen* zusammengefaßt. Dadurch soll eine effiziente Selektion der im Rahmen eines Lösungsprozesses zu feuernden Regeln erreicht werden. D.h., die für einen Teilbereich relevanten Regeln werden zu je einem Regelpaket zusammengefaßt, aus denen heraus jedoch wieder andere Regelpakete aufgerufen werden können.
Regelpakete können sowohl im *backward-* als auch im *forward-chaining* ausgewertet werden. Beim *forward-chaining* bietet BABYLON 4 Kontrollstrategien an:

- DO-ONE — feuert die erste ausführbare Regel
- DO-ALL — feuert alle ausführbaren Regeln
- WHILE-ONE — führt den Aufruf eines Regelpaketes mit DO-ONE solange aus, bis entweder keine Regel dieses Paketes mehr ausgeführt werden kann, oder eine angegebene Bedingung nicht mehr gilt.
- WHILE-ALL — analog zu WHILE-ONE, lediglich der Aufruf des Paketes erfolgt mit DO-ALL statt mit DO-ONE.

Wie schon erwähnt, kann in Regeln (sowohl im Prämissen- als auch im Aktionsteil) auf Instanzen referiert werden; Instanzzustände können jedoch nur im Aktionsteil verändert werden. In Regeln müssen allerdings voll instantiierte Objektreferenzen vorliegen, d.h. die Verwendung von Variablen und deren Bindung an dieser Stelle ist nicht möglich. Als Konsequenz ergibt sich, daß schon beim Laden einer Wissensbasis alle Instanzen namentlich bekannt sein müssen. Der Grund hierfür liegt darin, daß BABYLON nur von einer statisch beschreibbaren Diskurswelt ausgeht, in der alle Ausprägungen eines Objekts als bekannt vorausgesetzt werden.

2.4 BABYLON-PROLOG

Der Umfang von BABYLON-PROLOG entspricht im wesentlichen dem Standard von Clocksin/Mellish (Clocksin/Mellish 84). Eingebettet in diese PROLOG-Umgebung ist der Durchgriff auf die LISP-Ebene (siehe auch Kapitel 2.1; nur für Ausnahmefälle gedacht) und - analog zum Regelbereich - die Referenz auf Instanzen in BABYLON. Auch hier sind allerdings nur voll instantiierte Objektreferenzen möglich.

2.5 Die Interaktion der Basis-Prozessoren

Die Interaktion und Koordination aller Komponenten erfolgt über den sogenannten *Meta-Prozessor*, der eine Art Schlüsselstellung in BABYLON hat. So schaltet etwa der *Regel-Prozessor* zur Auswertung von Prämissen, die Objektreferenzen oder relationale Ausdrücke enthalten, den *Meta-Prozessor* ein, der den Typ der jeweiligen Prämisse bestimmt.

Handelt es sich dabei um eine Objektreferenz, ruft der *Meta-Prozessor* den *Frame-Prozessor* auf, der die Prämisse anschließend auswertet. Das Ergebnis wird über den *Meta-Prozessor* an den *Regel-Prozessor* zurückgegeben.

Handelt es sich bei der Prämisse um einen relationalen Ausdruck, so wird der *Prolog-Prozessor* aktiviert, welcher nun versucht, die Gültigkeit des Ausdrucks mit Hilfe seiner Horn-Klausel-Basis zu beweisen. Auch hier wird das Ergebnis wieder über den *Meta-Prozessor* an den *Regel-Prozessor* zurückgeliefert.

Der Aktionsteil einer Regel beinhaltet grundsätzlich modifizierende Zugriffe auf Objekte. Ursprünglich war bei solchen Zugriffen auf Objekte die Aktivierung eines eigenen *Constraint-Prozessors* vorgesehen; dieser sollte prüfen, ob durch die in den Constraints beschriebenen Auswirkungen und Rückwirkungen die gewünschte Zustandsänderung des Objekts durchgeführt werden kann, ohne Konflikte aufkommen zu lassen. Falls die *Constraint*-Auswertung zu einem positiven Ergebnis führte, so sollte der *Frame-Prozessor* - wieder über den *Meta-Prozessor* - dazu veranlaßt werden, den Zustand des Objektes zu ändern.

Da die Implementation eines *Constraint-Prozessors* (als Basisformalismus) noch nicht realisiert ist, hat man eine Standard-Facette [**:constraints**] in die *Slots* der *Frames* eingeführt, die ähnliche Aufgaben erfüllt. Solche *Constraint*-Definitionen beziehen sich allerdings nur auf *Slot*-Werte eines *Slots* innerhalb eines *Frames*, ohne Wirkung auf andere *Slots* oder andere *Frames*.

Kann die Prämisse einer Regel nicht analysiert werden, so wird dieser Ausdruck als *FREE-TEXT* in eine eigens dafür vorgesehene Datenbasis übernommen (?).

2.6 Kritik und eigene funktionale Erweiterungen

Schwierigkeiten bei der Systementwicklung bereitet dem Anwender die vollkommene Abkopplung der BABYLON-Oberfläche, da hierfür (BABYLON-Release 6.1) kein einfacherer Non-Standard Zugriff existiert. Als Lösung blieb lediglich der direkte Eingriff in den System-Code, was allerdings Probleme mit der Aufwärtskompatibilität bringen könnte.

Ein weiterer Kritikpunkt, der allerdings die Konzeption von BABYLON betrifft, ist die statische Sichtweise der zu bearbeitenden Diskurswelten. So bietet BABYLON keine Möglichkeiten, Instanzen von *Frames* zur Laufzeit zu generieren, diese in Regeln anzusprechen und bei Bedarf auch wieder aus der Wissensbasis zu entfernen. Durch eine einfache Modifikation des *Meta-Prozessors* sowie eine funktionale Erweiterung des *Frame-Prozessors* konnte dieses Problem bewältigt werden. Somit konnte eine für unsere Zwecke ausreichende Steigerung der Dynamik errreicht werden, weil nun auch Variablen - anstelle vollinstantiierter Objektreferenzen - in Regeln zu verwenden waren. Eine Lösung mithilfe des *Prolog-Prozessors* war nicht zu erreichen, da dieser lediglich wahrheitsfunktional auswertet und keinen Zugriff auf die Variablen zuläßt.

Fehlende Definitionsmöglichkeiten eigener Konfliktauflösungsstrategien sowie spezieller *Meta-Regeln* machen sich gerade bei der Entwicklung dynamischer Expertensysteme (z.B: Simulationen, Planung etc.) unangenehm bemerkbar; an diesen Punkten wird aber seitens der *GMD* rege gearbeitet.

Ein letzter Punkt ist das Sichern von Zwischenzuständen der Wissensbasis sowie das Aufsetzen an solchen BREAK-Punkten bei Wiederaufnahme eines Dialogs. Eine solche Option würde dem Benutzer auch ermöglichen, Lösungsalternativen in den Auswirkungen zu verfolgen ("Was wäre gewesen, wenn ich vorher ... eingetragen hätte?"). BABYLON bietet dem Systementwickler in dieser Hinsicht leider keinerlei Unterstützung. So wurde zwar durch eine weitere funktionale Erweiterung des Systems das Sichern eines Wissensbasis-Zwischenzustandes im Rahmen von **LST-1** gelöst, zum Problem des Wiederaufsetzens in der zugehörigen dynamischen Umgebung konnte jedoch bisher noch keine adäquate Lösung gefunden werden.

3. Die Systemarchitektur von LST-1

3.1 Systemaufbau

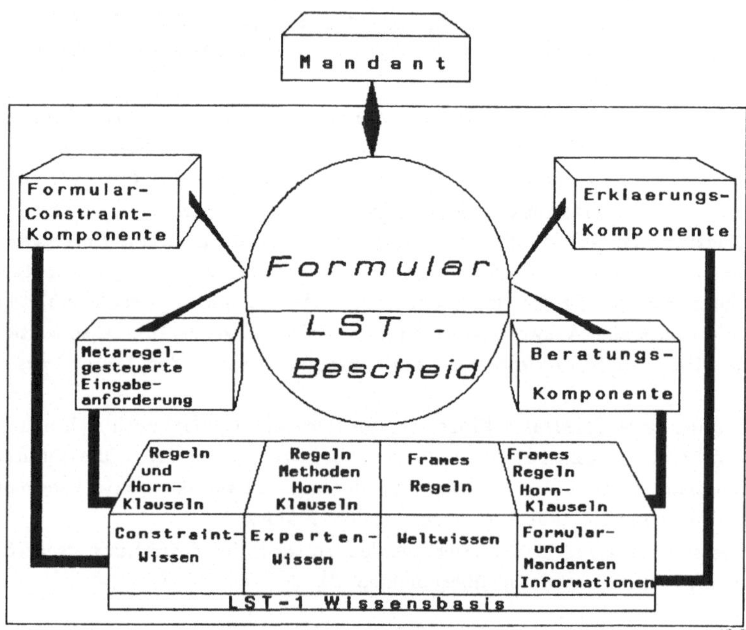

Figur 3.1: Systemaufbau von LST-1

Die Systemarchitektur von **Lst-1** beinhaltet neben einer 4-geteilten Wissensbasis, einer Erklärungs- und Beratungskomponente auch, wie in Figur 3.1 zu sehen ist, eine Formular-Constraint-Komponente und eine metaregelgesteuerte Eingabeanforderung. Auf die Formular-Constraint-Komponente wird im folgenden etwas ausführlicher eingegangen, da sie eine zentrale Rolle innerhalb von **Lst-1** spielt.

3.1.1 Formular-Constraint-Komponente

Diese Komponente beinhaltet eine ganze Reihe von Constraint-Bedingungen, die während der Eingabe-Phase ständig überprüft werden. Die Constraints verhindern falsche Eingaben des Benutzers beim freien Eintragen ins Formular bzw. bei später vorgenommenen Korrekturen. Grundlage der *Constraints* bilden die Richtlinien zur Durchführung der Lohn- und Einkommenssteuer sowie die Gesetze zur Einkommenssteuerveranlagung (C.H. Beck 84). Die Constraint-Bedingungen gliedern sich in 2 Gruppen:

1. semantische *Constraints*
2. syntaktische *Constraints*

ad 1) Die *semantischen Constraints* unterteilen sich wiederum in 2 Gruppen.

- formular-interne *Constraints*
- datenabhängige *Constraints*

Die formular-internen *Constraints* dienen als notwendige Grundlage zur rechnergestützten Benutzerführung (Planungskomponente). In ihnen wird lediglich geprüft, ob ein Formular-Feld belegt ist (nicht mit welchem Wert).

Bsp. 1

```
IF   (And (darf_belegt_werden region15)
          (nicht_belegt region15))
THEN
     (darf_nicht_belegt_werden region19)
          .
          .
          .
     (darf_nicht_belegt_werden region26)
```

Bsp. 2

```
IF   (And (OR (belegt region400)
              (belegt region401)
              (belegt region402)
              (belegt region403))
          (kinderanzahl > 0))
THEN   (darf_belegt_werden region900)
```

Zu den datenabhängigen *Constraints* zählen wir in diesem Zusammenhang steuerrechtliche Konsistenzbedingungen.

Bsp. 3 (informell dargestellt)

FALLS
- Steuerpflichtiger **alleinstehend** im Veranlagungszeitraum
- Steuerpflichtiger hat zu **berücksichtigende** Kinder (oder nur eines) und diese(s) sind (ist) **haushaltszugehörig** im Veranlagungszeitraum
- Kind (er) **nicht älter als 16 Jahre** im Veranlagungszeitraum
- zumutbare Eigenbelastung nicht höher als Summe der Aufwendungen
- **Schnittmenge aller relevanten Zeiträume** nicht leer

DANN
- Steuerpflichtiger kann **Kinderbetreuungskosten** geltend machen für den errechneten Zeitraum

Dies bedeutet konkret: Der Mandant darf in die zu Kinderbetreuungskosten korrespondierenden Felder nur dann etwas eintragen, wenn die dafür notwendigen Bedingungen (IF-Teil von Bsp. 3) aufgrund seiner vorher gemachten Angaben erfüllt sind; sollte er die dazu korrespondierenden Felder lediglich aufgrund einer anderen Reihenfolge des Eintragens noch nicht gemacht haben, so wird er vom System darauf hingewiesen.

ad 2) Unter *syntaktischen Constraints* wird hier lediglich das grobe Fehler-Handling verstanden. Es kann hier ohne Einfluß des Mandanten eine vom System selbständig durchgeführte Korrektur erfolgen. So werden beispielsweise falsche Zeit-Intervall-Angaben automatisch korrigiert, oder zu große Intervalle auf die vom System ermittelten korrekten Intervalle abgeändert. Diese selbständig durchgeführte Korrektur wird dem Benutzer explizit mitgeteilt.

3.1.2 Metaregelgesteuerte Eingabeanforderung

Diese Komponente tritt lediglich bei aktiver Benutzerführung durch das System (siehe 3.2.2) in Aktion. Als Grundlage dienen ihr weite Bereiche der oben erwähnten *semantischen Constraints* sowie Metaregeln, mit deren Hilfe ein optimaler Pfad durch das Formular bestimmt wird, sodaß gegebenenfalls sofort ausführbare Berechnungen erkannt werden können. So müssen beispielsweise vor dem Ausfüllen des Bereichs der Außergewöhnlichen Belastungen sämtliche Angaben zum Arbeitslohn (Anlage N) bereits vorliegen, da zur Berechnung einzelner Posten in diesem Bereich die *zumutbare Eigenbelastung* benötigt wird, die sich wiederum aus der Summe der *Einkünfte* errechnet. Diese und ähnliche Vorgaben seitens des Berechnungsschemas prägen den optimalen Weg.

3.1.3 Die Beratungskomponente

Diese Komponente soll den Mandanten nach Beendigung der Eingaben auf fehlende Einträge hinweisen bzw. ihm optionale Eintragmöglichkeiten - in Übereinstimmung mit den Vorgaben der *semantischen Constraints* - aufzeigen. Um diese Aufgabe lösen zu können, muß diese Komponente auf umfangreiches Weltwissen sowie auf Wissen über die Absetzbarkeit von Objekten in gewissen Bereichen der Lohn- und Einkommenssteuer zugreifen können.

3.1.4 Die Erklärungskomponente

Sie soll Fragen des Benutzers bezüglich angeforderter Informationen seitens des Systems beantworten, d.h. der Benutzer soll dem System Fragen folgender Art stellen können:

- Typ1 Wie bist du zu diesem Ergebnis gekommen?
- Typ2 Warum willst du diese Information?
- Typ3 Was kann ich in diesem Feld eintragen?
- Typ4 Was sind (z.B.) Werbungskosten?

Fragen des ersten und zweiten Typs werden zur Zeit lediglich über einen entsprechenden Ausschnitt (angepaßt an die Frage des Benutzers) des System-Traces beantwortet. Auf Fragen von Typ3 und Typ4 kann das System bisher noch nicht antworten, es sind aber leicht zu realisiernde Erweiterungen in dieser Richtung geplant.

3.1.5 Das Formular als Dialogschnittstelle

Dem Benutzer stehen als Dialogoberfläche originalgetreue Abbildungen der LST-Formulare zur Verfügung, über die er - unterstützt durch eine Vielzahl von Menüs - auf die oben beschriebenen Komponenten (Erklärungs- und Beratungskomponente) zugreifen kann. Durch die Möglichkeit des direkten Eintragens in die Formulare, die mit Absicht knapp gehaltene Zahl der Befehle (nur aufgrund der System-Konstellation mögliche Befehle sind sichtbar) und die umfangreiche System-Unterstützung wird eine gegenüber konventionellen Systemen stark optimierte Oberfläche erreicht (siehe Fig. 3.2).

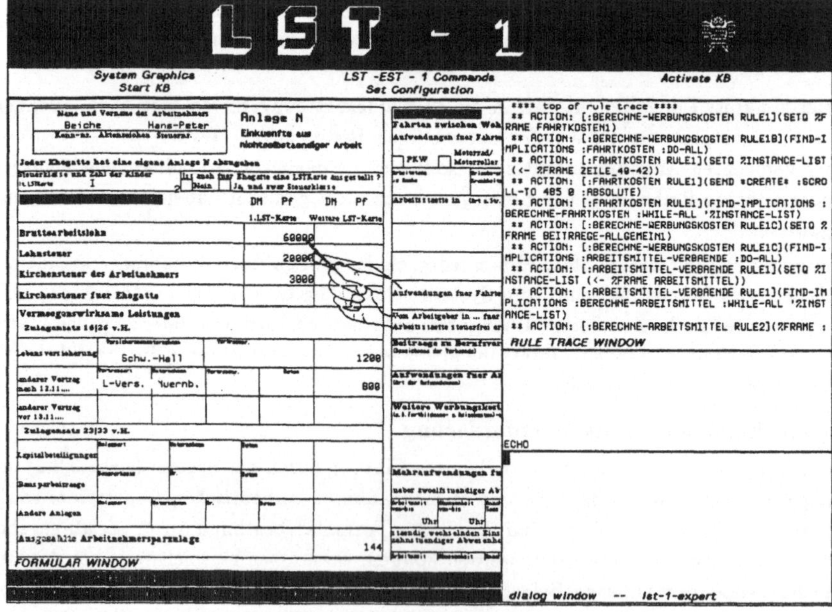

Figur 3.2: Bildschirm-Display (Dialog-Komponente)

3.1.6 Die Wissensbasis

Den Kern von **LST-1** stellt die Wissensbasis dar. Sie ist vielschichtig aufgebaut und beinhaltet unterschiedliche Wissenstypen (Weltwissen, Formularinformationen etc.).
Man kann über die 4 Komponenten (Constraint-, Planungs-, Beratungs- und Erklärungskomponente) auch direkt auf sie zugreifen, wobei gezielte Informationen bzgl. des Formularinhales nur über die Dialogschnittstelle abrufbar sind.

Der Aufbau der LST-1-Wissensbasis gliedert sich grob in drei große Bereiche:

1.) - Formularinformationen, Weltwissen
2.) - Expertenwissen
3.) - syntaktische und semantische Constraints

Diese drei Bereiche werden in **LST-1** entsprechend ihrer Struktur mithilfe der drei BABYLON-Basisformalismen (Frames, Regeln und Horn-Klauseln) repräsentiert. Der Zugriff auf die unterschiedlichen Wissensinhalte, sowie die semantischen Verbindungen innerhalb des dargestellten Wissens führten dazu, daß keine absolute Trennung der drei Bereiche möglich war. Vielmehr existiert eine enge Verzahnung aller Bereiche, die auch durch Schwerpunktvorgaben von BABYLON (Frame-Prozessor) bedingt wurde.

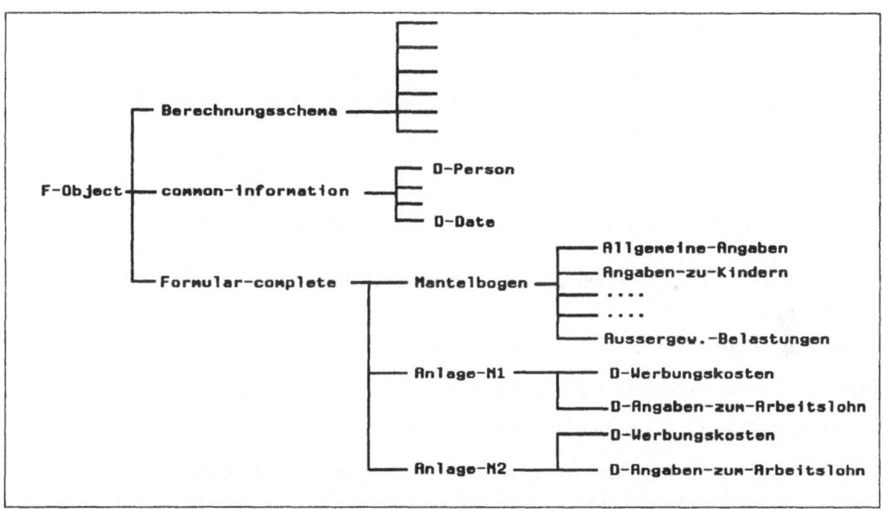

Figur 3.3: Ausschnitt aus dem FRAME-Netz von LST-1

3.1.6.1 Formularinformationen und Weltwissen

Das Weltwissen und die Formularinformationen, also die Beschreibung der Objekte, wird in **LST-1** durch ein *FRAME-Netz* realisiert (Fig. 3.3). Beim Aufbau der Netz-Hierarchie konnte die Formularstruktur fast vollkommen übernommen werden, wie in Fig. 3.3 deutlich zu erkennen ist.
Eine strikte Trennung in diese beiden Teilbereiche des Wissens wurde hier auch aus Redundanz-Gründen nicht durchgeführt, da viele Objektbeschreibungen (Fig. 3.4) sowohl zum Weltwissen als auch zu den Formularinformationen zu rechnen sind (Bsp.: Person, Adresse, Familie etc.). Lediglich der Teil *Berechnungsschema* ist als Frame-Struktur strikt vom Formular- und Weltwissen getrennt repräsentiert. Der Informationsaustausch unter den Objekten wird über *Behaviors* (Fig. 3.5) durchgeführt.

```
(defframe d-bausparvertrag
   (supers d-vermoegenswirksame-leistung
           d-steurlich-absetzbare-objekte)
   (slots (Anlageart - ;; Default-Wert
                     :possible-values :symbol)
          (Zulagensatz - ;; Default-Wert
                     :possible-values (:one-of 23 33))
          (Betrag 0 ;; Default-Wert
                  :possible-values :number)))
```

Figur 3.4: Objektbeschreibung

```
(defbehavior (d-vertraege-mit-23-33-zulage :summe-der-beitraege)
             (&optional mode)
  (let ((list1 (<- self Kapitalbeteiligung))
        (list2 (<- self Bausparvertraege))
        (list3 (<- self andere_Anlagen))
        (summe 0))
    (and (listp list1)
         (mapc #'(lambda (an-instance)
                   (setq summe
                         (+ summe
                            (<- an-instance ':information 'betrag))))
           list1))
       .
       .
       .
       .
       . )
```

Figur 3.5: Abbildung eines Behaviors

3.1.6.2 Expertenwissen

Unter Experten-Wissen werden in **LST-1** folgende Punkte verstanden:

- Wissen über die Absetzbarkeit von Objekten

Dieses beinhaltet Informationen darüber, was absetzbar ist (welche Objekte?), wo ein Posten im Formular als absetzbar eingetragen werden kann und darf, und wie dieser Posten dann ins Formular eingetragen wird (syntaktisch).

- Wissen über Bedingungen für die Absetzbarkeit von Objekten

Darüber hinaus enthält die LST-1-Wissensbasis Informationen darüber, wann ein Posten unter steuerrechtlichen Aspekten absetzbar ist. Ein einfaches Beispiel dazu ist in Abschnitt 3.1.1 (Bsp.3) aus dem Bereich Absetzbarkeit von Kinderbetreuungskosten dargestellt.

- Wissen über die Berechnungnungsvorschriften im Lst-Bereich

Zum Expertenwissen zählt auch die Berechnung des zu versteuernden Einkommens, der Freibeträge, der Höchstbeträge etc. unter Berücksichtigung sämtlicher steuerrechtlich zugelassener Ausnahmen. Die Repräsentation erfolgt sowohl prozedural (in Behaviors der entsprechenden Objekte) als auch deklarativ (in Regeln bzw. Prolog-Prädikaten). Prolog-Prädikate eigneten sich hier sehr gut zur Definition steuerrechtlicher Begriffe und Zusammenhänge, wie etwa in Bsp. 4.

Bsp. 4

```
((zusammenveranlagung _Steuerpflichtiger) <-
        (Steuerpflichtiger_hat_zusammenveranlagung_gewählt)
        (_status-des Steuerpflichtigen = verheiratet)
((steuerpflichtig _Person) <-
        .
        .
              ..)
```

3.1.6.3 Syntaktische und semantische Constraints

Die syntaktischen und semantischen Constraints beziehen sich größtenteils auf die Formularstruktur, d.h. sie definieren Beziehungen von Bereichen innerhalb des Formulars und beeinflussen somit den Kontrollfluß bei der rechnergesteuerten Eingabe. Mit syntaktischen Constraints sind rein formale Überprüfungen gemeint (ohne Prüfung der Semantik), die ein falsches Ausfüllen der Formularbereiche verhindern sollen (z.B. Wertebereichs-Restriktionen, Typ-Prüfung etc.).
Unter semantischen Constraints innerhalb des Formulars sind Restriktionen bzgl. des Zwangs (bzw. Verbotes), bestimmte Felder auszufüllen (Bsp. 1 und 2), zu verstehen.

3.2 Die 3 Phasen von LST-1

3.2.1 Phase 1: Freies Eintragen ins Formular

Zu Beginn der Interaktion mit **LST-1** kann der Benutzer Eintragungen in beliebige Felder des auf dem Bildschirm sichtbaren Formulars vornehmen. Das freie Eintragen eröffnet dem Mandanten die Möglichkeit, Informationen über gewünschte Formularbereiche auch dann zu erhalten, wenn er diese Bereiche aufgrund semantischer Constraints noch nicht oder gar nicht ausfüllen darf. So übernimmt in dieser Phase die *Constraint-Komponente* die Kontrolle über die Eingaben des Mandanten, da nur sie aufgrund ihrer globalen Bedingungen zu jedem Zeitpunkt prüfen kann, ob ein vom Benutzer fokussierter Bereich auch tatsächlich ausgefüllt werden darf. Die Planungskomponente bleibt hier völlig inaktiv, während Beratungs- und Erklärungskomponente in eingeschränktem Maße interaktiv angestoßen werden können, um den Mandanten zu unterstützen.
Wird versucht, Felder auszufüllen, die nicht ausgefüllt werden dürfen, so weist das System entweder darauf hin, daß dies aufgrund bisher gemacher Angaben nicht möglich ist, oder es macht auf dazu noch notwendig auszufüllende Bereiche im Formular aufmerksam.
Die direkte Berechnung bestimmter Teilbereiche (Werbungskosten, Außergewöhnliche Belastungen etc.) soll in dieser Phase lediglich menügesteuert erfolgen, d.h. im Normalfall erfolgt eine Berechnung erst am Ende einer *korrekten* Sitzung. Dabei ist unter einer *korrekten* Sitzung das minimale Ausfüllen der Formulare zu verstehen, sodaß eine Berechnung seitens des Systems durchgeführt werden kann.

3.2.2 Phase 2: Von LST-1 gesteuerte Eingabe

Alternativ zu Phase 1 kann der Benutzer eine systemgesteuerte Dialogführung wählen. Hierbei steuern Metaregeln, zu welchen Lohnsteuer-Teilbereichen vom Benutzer Eingaben verlangt werden. Ein Zurückspringen auf vorher ausgefüllte Felder zwecks Korrektur ist erst am Ende möglich, da die Implementation einer derart aufwendigen Komponente den Rahmen dieser Arbeit sprengen würde (bringt Probleme beim *Back-Tracking*).
Auch in dieser Phase soll dem Mandanten die Erklärungs- und Beratungskomponente zur Verfügung stehen, jedoch nur auf den gerade auszufüllenden Bereich bezogen; die entsprechenden Ein- und Ausgaben erfolgen wiederum menügesteuert. Die vom System durchgeführte Optimierung der Benutzerführung ermöglicht schon während des Ausfüllens, bestimmte Berechnungen – wie etwa im Bereich Aussergewöhnliche Belastungen oder Werbungskosten – direkt auszuführen, ohne damit bis zum Ende der Sitzung warten zu müssen.

3.2.3 Phase 3: Optionale Vervollständigung und Korrektur

Im Anschluß an sowohl Phase 1 als auch Phase 2 erfolgt vom System her der Hinweis auf eventuelle optionale Eintragemöglichkeiten. D.h., falls vom System festgestellt wird, daß der Mandant aufgrund seiner (eigentlich vollständigen) Eingaben noch Bereiche im Formular ausfüllen darf (**nicht muß**), erfolgt vom System der Hinweis auf die entsprechenden Felder (Bsp.: Werbungskosten nicht ausgefüllt; trotz angegebener Kinder und Status "ledig" keine Kinderbetreuungskosten geltend gemacht etc.).
Wurde zum Ausfüllen der Lst-Formulare Phase 2 gewählt, so erfolgt nun auch der Hinweis auf für das System wichtige eventuell noch nicht ausgefüllte Felder, ohne deren Vervollständigung keine abschließende Berechnung durchgeführt wird.
Auch hier stehen dem Mandanten wie schon in Phase 1 und 2 die Erklärungs- und Beratungs-Komponente zur Verfügung. Vor der Durchführung der endgültigen Berechnung wird dem Mandanten in dieser Phase die Möglichkeit geboten, falsche Angaben zu korrigieren (unterstützt von der Constraint-Komponente, die diese neuen Angaben ebenfalls wieder auf Konsistenz überprüft und den Benutzer auf falsches Eintragen hinweist).

Den Abschluß eines solchen Systemlaufs bildet die formatierte Ausgabe der wichtigsten Berechnungsergebnisse analog zu den vom Finanzamt ausgehändigten Lohnsteuerbescheiden.

4. Kritik und Ausblick

LST-1 ist bei genauerer Betrachtung in vielen Bereichen erweiterungs- und verbesserungswürdig. Allein schon die Erklärungskomponente wird in vielen Fällen den Anforderungen eines Laien auf dem Gebiet der Lohn- und Einkommenssteuer an dieses Systems nicht gerecht werden. Das dazu notwendige Wissen sowie die entsprechende Flexibilität in der Beantwortung der Fragen würden den Rahmen (Beiche, in Vorb.), innerhalb dessen **LST-1** entwickelt wurde (und noch wird), sicherlich sprengen. Die Untersuchung der Anschlußmöglichkeiten eines leistungsstarken natürlichsprachlichen Frage-Antwortsystems an Expertensysteme allgemein stellt – wie erwähnt – einen der Forschungsschwerpunkte im Teilprojekt *XTRA des SFB 314 der Universiät des Saarlandes* dar.
Des weiteren muß die Beratungskomponente sehr viel komplexer gestaltet werden, um die Vielfalt der möglichen Beratungsdialoge auch nur annähernd abdecken zu können. Eine vollständige Lösung wird auch aufgrund des Umfangs des dazu notwendigen Allgemein- und Expertenwissens und der sich sehr schnell ändernden Steuerrechtsgrundlagen nur schwer realisierbar sein.
Den Anspruch der Vollständigkeit will **LST-1** auch nicht erheben, vielmehr sollte mit dieser Arbeit untersucht werden, inwieweit der Einsatz wissenbasierter Systeme im Bereich Lohn- und Einkommenssteuer möglich und sinnvoll ist. Aufgrund der hier gemachten Erfahrungen könnte - bei geeigneter Ablaufumgebung - ein solches System durch einen allgemeineren Zugang - z.B. über BTX oder ähnliche Medien - einem breiteren Publikum zur Verfügung gestellt werden. Als Anwendung für einzelne Benutzer ist die Entwicklung dieses Systems (im ausgereiften Zustand) sicherlich zu teuer (SYMBOLICS-LISP-Maschine, BABYLON und der Zeitaufwand für Entwicklung und spätere Wartung (!)).
Mit **LST-1** sollte zudem die Anwendung der Expertensystem-Shell BABYLON im Bereich Lohn- und Einkommenssteuer getestet werden. Die Aufgabe der Entwicklung eines solchen Expertensystems mithilfe von BABYLON war zwar lösbar (was **LST-1** beweist), dennoch konnte BABYLON den Anforderungen dieser Domäne vielfach nur umständlich bzw. nur unter Zuhilfenahme eigener funktionaler Erweiterungen und Änderungen am System gerecht werden (zumindest mit Release 6.1).

5. Literatur

Bachem J., Brewka G., Groß E., Klar W., Müller B.S., Rome E. und Walter J. (1985): BABYLON Benutzerhandbuch V 0.0/0 (Vorabversion). Institut für angewandte Informationstechnik (F3) Expertensysteme, GMD. Selbstverlag GMD - St. Augustin

Beiche H.-P. (in Vorb.): Lst-1 - Ein wissensbasiertes System zur Durchführung und Berechnung des Lohnsteuerjahresausgleichs. Diplomarbeit, Fachbereich Informatik, Universität des Saarlandes Saarbrücken.

C.H. Beck: Handbuch zur Einkommenssteuerveranlagung 1984. Verlag des wissenschaftlichen Instituts der Steuerberater und Steuerbevollmächtigten G.m.b.H. Bonn, Verlag C.H. Beck München.

Clocksin W.F., Mellish C.S. (1984): Programming in PROLOG. Springer, Berlin, 2. Auflage

di Primio F., Brewka G. (1985a): Kernel System of an Integrated Environment for Expert System Development and Operation. In: Proc. Of The 5th International Workshop on Expert Systems and their Applications, Avignon, S. 573-583

di Primio F., Bungers D., Christaller T. (1985b): BABYLON als Werkzeug zum Aufbau von Expertensystemen. In: Brauer W., Rodig B. (eds.): Wissensbasierte Systeme Informatik-Fachberichte Bd. 112, GI-Kongreß 1985, Springer Verlag

di Primio Fr., Brewka G., Groß E. (1985c): BABYLON Referenzhandbuch V 0.0/0 (Vorabversion). Institut für angewandte Informationstechnik (F3) Expertensysteme, GMD. Selbstverlag GMD - St. Augustin

Güsgen H.W. (1987a): CONSAT - Foundations of a System for Constraint Satisfaction (Draft). Expert Systems Research Group, GMD, St. Augustin

Güsgen H.W., Lopatta R. (1987b): CONSAT - PRIMER. Forschungsgruppe Expertensysteme, Gesellschaft für Mathematik und Datenverarbeitung mbH, Postfach 1240, 5202 St. Augustin.

Hayes-Roth F., Waterman D., Lenat D. (eds.)(1983): Building Expert Systems. Reading Mass.: Addison Wesley

Mertens P., Allgeier K., Däs H. (1986): Betriebliche Expertensysteme in deutschsprachigen Ländern. Arbeitspapier, Informatik-Forschungsgruppe III der Friedrich-Alexander-Universität Erlangen-Nürnberg

Nilsson N. J. (1980): Principles of Artificial Intelligence. Tioga Publ., Palo Alto, CA.

Ripplinger B. (in Vorb.): PLUG - Plan Controlled User Guide. Diplomarbeit, Fachbereich Informatik, Universität des Saarlandes Saarbrücken

Wahlster W., (1983): Künstliche Intelligenz I Vorlesungsskript SS83, Fachbereich Informatik, Universität des Saarlandes Saarbrücken

Wahlster W. (1985): Expertensysteme Vorlesungsskript SS85, Fachbereich Informatik Universität des Saarlandes Saarbrücken

Waterman D. A. (1986): A Guide to Expert Systems. Addisson-Wesley, Reading, Mass.

XTRA (1987): XTRA-Projektbericht 1985-87. Fachbereich Informatik, Universität des Saarlandes Saarbrücken.

Wissensbasierte Fehlererkennung und Fehlerbehebung mit Hilfe eines objektorientierten Modells in ARTEX

Gerhard Friedrich *
Wolfgang Nejdl *
Johannes Retti +

* Technische Universität Wien
Institut für Angewandte Informatik und Systemanalyse
Abteilung für Verteilte Datenbanken und Expertensysteme
A-1040 Wien, Paniglg.16

+ Siemens AG Österreich
Entwicklung Kommunikationstechnik
A-1031 Wien, Göllnerg.15

Abstract

Effiziente wissensbasierte Fehlererkennung und Fehlerbehebung erfordert unterschiedliche Repräsentationsmethoden zur Darstellung von diagnose- und modellbezogenem Systemwissen. In ARTEX wird diagnoseorientiertes Systemwissen in Regelbasen, modular gegliedert nach konzeptuellen Gesichtspunkten (Informations-, Kontroll- und Stromversorgungsfluß) und nach Systembestandteilen, dargestellt.

Die Verknüpfung des in den Regelbasen festgelegten Wissens zur systematischen Fehlersuche mit einem generischen technischen Aufbaukonzept und der individuellen Realisierung eines Vermittlungssystems erfolgt mit Hilfe eines Anlagenmodells, das objektorientiert aufgebaut ist.

Wir beschreiben den Anwendungsbereich und die Forderungen an das Prototyp-Diagnosesystem ARTEX. Davon ausgehend zeigen wir das Design, die Probleme und Grenzen von Expertensystem-Shells nach dem MYCIN-Paradigma. Erweiterte Möglichkeiten für den Einsatz solcher Systeme können aber durch die Einführung einer abstrahierten funktionalen Sicht der Anlage im regelorientierten Diagnosewissen, gekoppelt mit einem detaillierten Anlagenmodell, erzielt werden. Dadurch wird eine Entflechtung der Regelbasis bezüglich der Konfigurationsmöglichkeiten erreicht.

Überblick

Der Einsatz von Systemen, deren Fehlfunktion bzw. Nicht-Verfügbarkeit mit hohen Folgekosten verbunden ist, initiierte eine Reihe von wissensbasierten technischen Diagnosesystemen, wie z.B. [Mil85], [Per84], [Pre85], [Scr85] und [Str85], in die auch ARTEX, ein Diagnosesystem für Signalvermittlungssysteme, einzuordnen ist.

Dabei wurden in der Vergangenheit verschiedenste Methoden der Wissensrepräsentation und Fehlerdiagnose eingesetzt, die aber wegen ihrer Ablaufumgebungen und Zielsetzungen nicht unseren Randbedingungen entsprachen. Beim Design unseres Prototyps fielen die Multi-Paradigma-Entwicklungswerkzeuge (wie z.B. KEE, ART, LOOPS und KnowledgeCraft) aufgrund der Systembeschränkungen (Ablauf des Endsystems auf einem PC/AT-kompatiblen System und relativ rasche Umsetzung von Prototyp- auf Endsystem) von Anfang an aus.

Wir entschieden uns für eine auf einem PC realisierte Expertensystem-Shell, die der MYCIN-Familie [Buc84] angehört und im wesentlichen auf einem Regelinterpreter mit Rückwärtsverkettung beruht. Mit Hilfe dieses Systems wurde die diagnoseorientierte Komponente des Prototyps - basierend auf drei verschiedenen funktionalen Modellen der Anlage (Informations-, Kontroll- und Stromversorgungsfluß) - dargestellt.

Daten können in derartigen ES-Shells nur beschränkt in Parametern und Variablen abgespeichert werden. Eine strukturierte Darstellung, wie sie beim objektorientierten Modellierungsansatz geboten wird, war bei Projektbeginn nicht verfügbar. Aufgrund der Anforderungen an das Diagnosesystem (siehe auch nächstes Kapitel) war es notwendig, diesen regelbasierten Ansatz durch Möglichkeiten zur Modellierung des generischen Aufbaukonzepts der Anlage bzw. des aktuellen Zustands des zu diagnostizierenden Systems zu erweitern.

Ziel des Zusammenspiels dieser beiden Komponenten war die Steigerung der Flexibilität und der Strukturierung des Gesamtsystems ARTEX.

Wir beschreiben in den folgenden Kapiteln zuerst den Anwendungsbereich und die Randbedingungen des Diagnosesystems ARTEX. Danach gehen wir auf die wichtigsten Design-Entscheidungen im regel- und objektorientierten Teil des Systems sowie auf die Aufgaben und Art des Zusammenwirkens der beiden Komponenten ein. Im Schlußkapitel folgt eine Zusammenfassung der bei der Entwicklung von ARTEX gemachten Erfahrungen.

Anwendungsbereich

Das zu diagnostizierende System hat die prinzipielle Aufgabe, Signal-Eingänge und Signal-Ausgänge (Signalquellen und Signalsenken) zu verbinden, wobei ein Ausgang immer nur mit einem Eingang, aber ein Eingang mit mehreren Ausgängen verbunden werden kann. Ein solches Vermittlungssystem wird aus verschiedenen Bausteintypen (Verstärker-, Schaltmatrix-Baugruppen, etc.) zusammengesetzt und kann aus einigen 100 bis über 1000 Bausteinen bestehen, wobei die Anzahl der verschiedenen Konfigurationen sehr hoch ist.

Ausfälle oder Störungen der Signalübertragung sind mit hohen Folgekosten behaftet, die von ARTEX durch eine Steigerung der Verfügbarkeit gesenkt werden sollen.

Randbedingungen für das Expertensystem

Ausgehend von den Anforderungen und Nebenbedingungen beim Einsatz von ARTEX können folgende Gruppen von Randbedingungen unterschieden werden:

Grundsätzliche Bedingungen

- Aus dem Anwendungsbereich ergibt sich die Notwendigkeit, einerseits Betriebsstörungen des Vermittlungssystems durch vorbeugende Wartung möglichst zu vermeiden und im Fall einer Fehlfunktion die Aufnahme eines Notbetriebs zu unterstützen und andererseits die Reparaturzeit durch schnelle Fehlerlokalisation und entsprechende Vorschläge zur Fehlerbehebung zu minimieren.
- Das Expertensystem darf den laufenden Betrieb, wenn überhaupt, nur mit Zustimmung des Benutzers stören.
- Die Anwendbarkeit bestimmter Tests ist vom Betriebszustand abhängig.

Diese Randbedingungen schlagen sich vor allem im Design des Diagnosesystems und seiner Schnittstelle mit dem Signalvermittlungssystem nieder.

Forderungen an Systemaufbau und Architektur

- Die Schlußfolgerungen des Expertensystems müssen den Wartungstechnikern plausibel begründet werden können.
- Die Informationsinhalte, die dem Expertensystem vom Vermittlungssystem zur Verfügung gestellt werden, sind unsicher.
- Das Expertensystem muß an die Vielfalt der möglichen Konfigurationen leicht anpaßbar sein.

Die Diagnosekomponente muß daher unsicheres Wissen verarbeiten können und es in einer übersichtlichen und leicht erklärbaren Form darstellen. Diese Charakteristika werden von regelbasierten Expertensystem-Shells unterstützt. Außerdem sollte das Diagnosewissen möglichst allgemein für alle Konfigurationsvarianten erstellt und erst durch Interaktion mit dem aktuellen Anlagenzustand spezialisiert werden.

Forderungen an Entwicklung und Ablaufumgebung

- Für die Ablaufumgebung des Expertensystems ist ein PC/AT-kompatibler Rechner vorgesehen.
- Während der Entwicklungsphase sollen möglichst bald lauffähige Zwischenergebnisse zur Systemevaluierung vorhanden sein.

Aus diesen Gründen sowie aus Kostenüberlegungen bei der Entwicklung des Prototyps war die Wahl einer möglichst mächtigen, am PC/AT ablauffähigen Expertensystem-Shell vorteilhaft.

Wissensdarstellung

Nach Prüfung der im Mai 1986 auf dem Markt erhältlichen Systeme entschieden wir uns aufgrund der in den vorigen Kapiteln angeführten Randbedingungen für die Expertensystem-Shell PCPlus von Texas Instruments. Diese Shell gehört der MYCIN-Familie an und ermöglichte es uns, in relativ kurzer Zeit einen Prototyp zu entwickeln. Wie die meisten anderen kommerziell verfügbaren Expertensystem-Shells basiert PCPlus im wesentlichen auf einem Regelinterpreter, der die Regeln mittels Rückwärtsverkettung abarbeitet. Die Shell kann mit unsicherem Wissen operieren und besitzt eine im Produktionsbetrieb für den ungeübten Benutzer leicht verständliche und bedienbare Erklärungskomponente.

Falls keine Mechanismen für eine strukturierte Modellierung vorhanden sind und solche Fakten direkt in die Regeln eingebaut werden müssen, leidet zwangsläufig die Flexibilität und Modularität des Systems, da Seiteneffekte durch Änderungen der Regelbasen schwer überschaubar sind. Bei allen zu Projektbeginn verfügbaren Systemen war jedoch die Darstellung der Fakten, wie etwa ein generisches Aufbaukonzept oder eine aktuelle Anlagenkonfiguration, problematisch. Erst jetzt kommen PC-basierte Expertensysteme auf den Markt, die eine Form der objektorientierten Modellierung ermöglichen.

Das Ziel war daher, ein Regelsystem zur Fehlererkennung zu konstruieren, das allgemein genug ist, um alle möglichen Konfigurationen und Zustände der Anlage abdecken zu können. Dieses Regelsystem muß dann für den jeweiligen Diagnosefall mit Hilfe eines aktuellen, detaillierten Anlagenmodells spezialisiert werden. Änderungen in der Konfiguration der Anlage entsprechen dann nur Änderungen in den Beziehungen zwischen den Modellbaugruppen im Anlagenmodell.

Als Darstellungsform des Anlagenmodells wurde ein objektorientierter Ansatz gewählt. Er bietet mit den Konzepten der Klassenhierarchie, der Vererbung, der instance-of Relation und den Methoden als prozedurale Elemente eine gute Grundlage zur Generierung eines Modells des Vermittlungssystems. Mit Hilfe dieses objektorientierten Systems können die generische Anlagenkonfiguration und deren Nebenbedingungen sowie der aktuelle Anlagenzustand abgespeichert werden.

Regelbasiertes Diagnosewissen

Regelbasierte Systeme, die eine Darstellung von unsicherem Wissen zulassen, eignen sich gut zur Darstellung der kausalen Ketten zwischen Symptomen und Fehlern, zur Berücksichtigung von unsicheren Fakten, sowie zur Erklärung der Schlußfolgerungen. Metaregeln erlauben die Einbringung von Strategien zur Regelanwendung.

Das Diagnosewissen von ARTEX wurde mit Hilfe eines solchen regelbasierten Systems modelliert. Dabei wurde nicht von einfachen Symptom-Ursache-Schlüssen, sondern von drei verschiedenen funktionalen Modellen der zu diagnostizierenden Anlage ausgegangen.

Diese Modelle stellen eine Abstraktion der Funktionalität der Gesamtanlage dar. Sie basieren auf

- dem Signal-Fluß der Anlage, d.h. der Ausbreitung eines Signals über die einzelnen Komponenten der Anlage,

- dem Kontroll- (Kommando/Rückmeldungs-) Fluß, d.h. der Ausbreitung von Steuerinformationen durch das System, und

- dem Versorgungs-Fluß, d.h. der Ausbreitung und Verwendung der verschiedenen Stromspannungen.

Damit wird erreicht, daß die Regelbasen nur bezüglich der unterschiedlichen Konfigurationsmöglichkeiten entlang der Flüsse flexibel gehalten werden müssen. Im Fall des Signalflußmodells etwa führt der Signalfluß im wesentlichen über Eingangsverstärker, Schaltknoten, Ausgangsverstärker und optionale Steckfelder. Die Diagnose kann sich somit auf eine Überprüfung dieser am Signalfluß beteiligten Baugruppen konzentrieren.

Zusätzlich werden die Regeln nach verschiedenen Bauteilgruppen gegliedert, um das Diagnosewissen um die verschiedenen Bauteile gruppieren zu können. Änderungen in der Spezifikation der Bauteile können daher leichter auf die Regeln übertragen werden. Die so erhaltenen Diagnoseregeln beinhalten das Wissen des Experten über die systembezogenen physikalischen Grundlagen, gegliedert nach Gesichtspunkten, die von den Experten selbst intuitiv verwendet werden. Daraus resultieren einsichtig formulierte Regeln, die eine Steigerung der Erklärungsfähigkeit bewirken.

Diese Regelbasen werden bei der Anwendung durch Informationen aus dem objektorientierten Modell (wie z.B. aktuelle Konfiguration, Systemzustand und vorhandene Testmöglichkeiten) zur Laufzeit spezialisiert.

Das Wissen des Experten über eine systematische und möglichst schnelle Fehlererkennung wird in Metaregeln repräsentiert, die eine Kontrolle der Regelanwendung und damit der Hypothesenbildung ermöglichen.

Informationen über den Anlagenzustand, die in die Regelbasen einfließen, sind in Abhängigkeit von ihrer Herkunft (Benutzer oder Testgeräte) und ihrem Inhalt mit Wahrheitsgehalten behaftet. So erhalten die Ergebnisse der Tests, die vom Regelsystem angestoßen werden, abhängig von ihrem Resultat, Unsicherheitsfaktoren. Der Wert der Unsicherheitsfaktoren basiert einerseits auf heuristischen Überlegungen, andererseits auf Erfahrungswerten der Experten.

Schnittstelle Regelsystem-Anlagenmodell

Um das Regelsystem an den aktuellen Zustand anzupassen, werden Funktionen verwendet, die Messages an das Anlagenmodell abschicken. Dadurch kann der aktuelle Konfigurationszustand, wie das Vorhandensein verschiedener Testhilfen und Baugruppen (z.B. Konfiguration des Nutzsignalpfades, über den der zu diagnostizierende Signalfluß führt), aber auch die physischen Koordinaten der Baugruppen und der aktuelle Zustand (z.B. Schalterstellungen) des Systems berücksichtigt werden.

Diese Funktionen werden sowohl in den Prämissen (als Bedingung oder Teilbedingung) als auch zur Wertbestimmung von Parametern verwendet und nur im Bedarfsfall ausgewertet. Neben der Anpassung an die reale Konfiguration werden durch diese Funktionen auch Anfragen bezüglich des Zustandes bestimmter Baugruppen an das Anlagenmodell gestellt, das dann die entsprechenden Tests und Schalthandlungen durchführt.

Ausgehend von den im Expertensystem vorhandenen Abstraktionsstufen, ergibt sich folgendes Drei-Ebenen-Modell, in dem jede Ebene nur mit einer benachbarten Ebene kommuniziert:

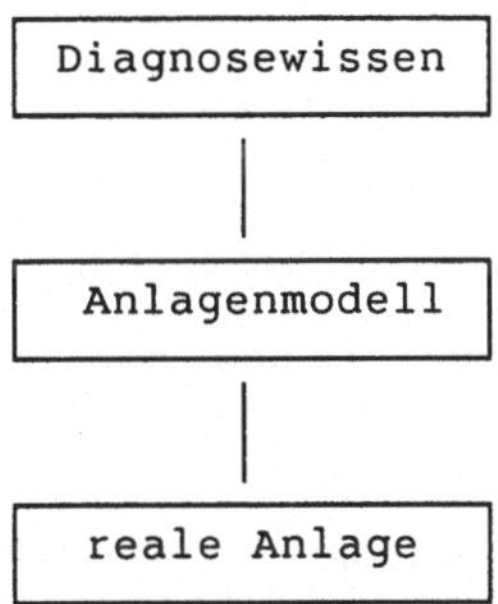

Das Anlagenmodell nimmt dabei eine Mittlerfunktion zwischen Regelbasis und der realen Anlage ein, wobei die Kommunikation zur realen Anlage durch Methoden des Anlagenmodells durchgeführt wird.

Objektorientiertes Anlagenwissen

Um generische Konfigurationsmöglichkeiten sowie aktuelle Konfiguration und Systemzustand der Anlage abzuspeichern, wurde der objektorientierte Ansatz (vgl. z.B. [Gol83]) verwendet, der durch seine Eigenschaften wie Klassendefinitionen, Vererbung, etc. und seine Flexibilität für diese Aufgabe am besten geeignet war. Dabei war es notwendig, die Anlage in einem relativ detaillierten Modell darzustellen, um einerseits alle erforderlichen Angaben für die Anpassung des Diagnosewissens bereitzustellen und andererseits im Fehlerfall hinreichend präzise Reparaturanleitungen liefern zu können.

Als Prototypen für Klassendefinitionen wurden die verschiedenen im System vorhandenen Bauteiltypen verwendet. Die Hierarchie dieser Bauteiltypen konnte dabei ohne große Schwierigkeiten in die Klassenhierarchie im objektorientierten Modell übernommen werden, wie z.B. die Generalisierung von Eingangs- und Ausgangsverstärker-Motherboard zu Motherboard. Eigenschaften können direkt modelliert werden, so hat jedes Motherboard einen Namen und einen Platz in einem Schrank. Durch die Spezialisierung zu Ausgangs- und Eingangsverstärker-Motherboard werden zusätzlich verschiedene Einsteckmöglichkeiten von Baugruppen definiert.

Tatsächliche Baugruppen werden als Instanzen dieser Typen dargestellt. Nicht ableitbare Beziehungen, in unserem Fall physische Verbindungen zwischen den Baugruppen (z.B. die binäre Relation Stecker-Kabel), werden mittels Objektreferenzen realisiert, wobei Objektreferenzen immer bidirektional aufgebaut werden, d.h. verweist eine Instanzvariable des Objektes A auf ein Objekt B, so enthält Objekt B eine Instanzvariable auf Objekt A. Diese Instanzvariablen können auch Listen von Referenzen enthalten, z.B. können von einem Flachbandkabel mehrere Stecker abzweigen.

Das Anlagenmodell setzt sich somit aus vernetzten Objekten zusammen, wobei verschiedene Eigenschaften, wie z.B. die Existenz einer Verbindung zwischen zwei bestimmten Verstärkern zum aktuellen Zeitpunkt, abgeleitet werden können.

So folgt aus

Verstärker "A" <-> Stecker <-> Kabel <-> Stecker
<-> Verstärker "B" ,

daß

Verstärker "A" mit Verstärker "B" verbunden ist,

wobei "<->" entsprechende Objektreferenzen darstellen.

Anfragen an das Anlagenmodell und die Ableitung von Eigenschaften werden mittels eines 'constrained message propagation path' - Konstruktes unterstützt.

Dabei wird eine Message durch das Objektnetzwerk geschickt, wobei der Pfad durch Instanzvariablen, die Referenzen auf Objekte enthalten, bestimmt wird. Verweist eine Instanzvariable auf eine Menge von Objekten, so wird der 'message propagation path' aufgefächert. Durch Prädikatfunktionen können die Objektmengen eingeschränkt werden, an die die Message weitergeschickt wird. Die Empfänger, die sich am Ende des Pfades befinden, führen schließlich die an sie gesandte Message durch und liefern die Ergebnisse als Endresultat an den Ausgangsknoten des Pfades zurück.

Beispiel:

```
(send* '(plug
         (plugged-in-at is-a-output-amplifier)
         get-name))
```

Dieser Ausdruck ist ein zweistufiges Message-passing-Konstrukt, wobei der Pfad durch die Instanzvariablen "plug" und "plugged-in-at" definiert wird. Das Ergebnis ist die Menge aller "output-amplifier", die mit einem bestimmten Kabel verbunden sind. Das Kabel wird durch das absendende Objekt festgelegt, das in diesem Fall ein Objekt der Klasse "Kabel" ist. "Plug" ist eine Instanzvariable eines Kabel-Objekts, die auf einen oder mehrere Stecker verweist. "Plugged-in-at" ist eine Instanzvariable der Stecker-Objekte und referenziert eine mit dem Kabel physisch verbundene Baugruppe. "Is-a-output-amplifier" ist eine Prädikatfunktion und liefert "true", wenn die Baugruppe der Klasse der "output-amplifier" angehört. Die Methode "get-name" wird in allen Empfänger-Objekten, die sich am Ende des Pfades befinden, ausgeführt. Die Resultate werden an den Ausgangspunkt der Message, das sendende Kabel-Objekt, geliefert.

Unter anderem werden die Methoden auch als prozedurales Element des objektorientierten Modellierungsansatzes zur Darstellung der Funktionalität der einzelnen Baugruppen verwendet. Ebenso wie reale Schaltmatrix-Baugruppen Schaltbefehle erhalten können, kann dies im Modell durch einen entsprechenden Methodenaufruf ausgelöst werden. Dadurch werden entsprechende Handlungen in der realen Anlage ausgelöst und Zustandsänderungen im Modell vermerkt. Methoden übernehmen hierbei die Bindung der Baugruppen im Modell an ihre reale Entsprechung (d.h. ein Schaltbefehl, ein Aufruf eines Selbsttests, etc. an eine Modell-Baugruppe wird an die entsprechende physische Baugruppe weitergeleitet).

Durch die Übernahme der Baugruppenstruktur der Gesamtanlage und der Funktionalität der einzelnen Bauteile kann dem Konfigurations-Techniker problemlos eine Sicht des Anlagenmodells vermittelt werden, die seiner Sicht der realen Anlage gleicht. Das Konfigurieren des Anlagenmodells entspricht daher größtenteils den realen Arbeitsvorgängen, wie dem Einschieben von Baugruppen oder Zusammenstecken von Kabeln.

Realisiert wurde der Konfigurationsvorgang des Anlagenmodells durch einen Objekt-Editor, der ein Objekt, ausgehend von seiner internen Beschreibung, dem Benutzer präsentiert, Aktivitäten, die ein Objekt betreffen, zur Verfügung stellt (z.B. Einschieben von Baugruppen) und die Navigation im Objektnetzwerk ermöglicht.

Sämtliche Aktionen werden dabei vollständig durch die in den Objekten vorhandenen Beschreibungen gesteuert, sodaß bei Erweiterung von Objekten sowie beim Hinzufügen von neuen Objekten keine Änderungen im Objekt-Editor erforderlich sind.

Implementierung

Wie oben erwähnt, wurde eine kommerziell verfügbare Expertensystem-Shell, PCPlus von Texas Instrumensts, zur Realisierung des Regelsystems verwendet. Die Shell ist in Scheme [TI85] implementiert, einem am MIT entwickelten LISP-Dialekt mit "lexical scoping". Alle Grundelemente des Systems (Daten, Prozeduren, Environments, etc.) sind als "First Class Objects" modelliert und daher in einer einfachen und einheitlichen Weise verwendbar.

Zur Implementierung der objektorientierten Komponente wurde das ebenfalls in Scheme geschriebene SCOOPS verwendet, das alle wesentlichen Bestandteile des objektorientierten Paradigmas zur Verfügung stellt.

Zusammenfassung

Beim Entwurf und der Implementierung von ARTEX traten sehr deutlich Stärken und Schwächen einer PC-basierten Expertensystem-Shell der MYCIN-Familie zutage.

Als Stärken können sicher die komfortable Oberfläche im Entwicklungs- und Produktionsbetrieb, die rasche Erstellung eines Prototyps sowie die preiswerte Entwicklungsumgebung angeführt werden. Bei der Erstellung des Diagnosemodells führte die Abstraktion durch drei funktionale Modelle der Anlage zu einem fundierteren Diagnoseprozeß, als dies durch einfache Symptom-Ursache-Schlüsse möglich gewesen wäre. Durch diese Abstraktion wird eine Konstruktion eines Regelsystems möglich, das alle Konfigurationsvarianten abdeckt, ohne daß Veränderungen von Regeln nötig sind.

Das System mußte aber vor allem im Datenrepräsentationsteil erweitert werden, um mit einer zusätzlichen objektorientierten Komponente das notwendige Wissen modellieren zu können. Die Darstellung der physischen Beziehungen führte zu einem Objektnetzwerk, wobei ein Mechanismus zur Unterstützung des Message-passing im Netzwerk definiert wurde. Die Modellierung der Anlage bis auf Stecker und Baugruppenebene ermöglichten ein sowohl einfaches als auch für den Benutzer leicht verständliches Konfigurationssystem, da die physische Struktur der Anlage übernommen wurde.

Ein zusätzliches Handikap der Regelkomponente bei vielen ES-Shells ist die Inflexibilität der Anwendung von Regeln, ihrer Parameter und Formate. Gegenwärtig ist keine hinreichende Parametrisierung für verschiedene Kontexte gegeben. Trotz Konstrukten wie "rule frames" [TI86] und "focus control blocks" [IBM86] ist eine Anwendung von Regelgruppen auf verschiedene Kontexte zu beliebigen Zeitpunkten nicht möglich. Auch das Fehlen von Quantoren macht sich negativ bemerkbar.

Für 1987 wurden Expertensystem-Shells für den PC angekündigt, die die Integration mehrerer Wissensrepräsentations-Paradigmen versprechen. Ein Vergleich dieser Werkzeuge mit den von uns gemachten Erfahrungen wäre sicherlich interessant.

Ein interessanter Nebeneffekt, der sich bei der Spezifikation des Diagnose- und Anlagenwissens zeigte, war die Tatsache, daß sich durch die Formalisierung dieses Wissens zusätzliche Anregungen für die Fach-Experten zur Weiterentwicklung des Vermittlungssystems ergaben.

Danksagung

Wir danken Markus Stumptner für wertvolle Anregungen, die das Design von ARTEX positiv beeinflußten. Außerdem danken wir den Fach-Experten von Siemens (Franz Hrauda, Franz Safar, Alexander Weiss und Rudolf Winkler) für die gute Zusammenarbeit bei der Formalisierung des für ARTEX notwendigen Wissens.

Literaturangaben

[Buc84] ... B. G. Buchanan, E. H. Shortliffe: RULE-BASED EXPERT SYSTEMS - THE MYCIN EXPERIMENTS ..., Addison Wesley, 1984

[Gol83] ... A. Goldberg, D. Robson: SMALLTALK-80 - THE LANGUAGE AND ITS IMPLEMENTATION, Addison Wesley, 1983

[IBM86]... P. Hirsch, W. Katke, M. Meier, S. Snyder, R. Stillman, INTERFACES FOR KNOWLEDEGE-BASE BUILDERS' CONTROL KNOWLEDGE AND APPLICATION-SPECIFIC PROCEDURES, IBM-Journal of Research and Development, Vol. 30, Num. 1, 1986

[Mil85] ... R. Milne: FUNCTIONAL REASONING FOR FAULT DIAGNOSIS EXPERT SYSTEMS, Proc. of Applications of Artificial Intelligence II, 1985

[Per84] ... W. A. Perkins, T. J. Laffey, and T. A. Nguyen: REASONING ABOUT FAULT DIAGNOSIS WITH LES, Proc. of the First Conference on Artificial Intelligence Applications, Denver, CO., Dec. 5-7, 1984

[Pre85] ... M. P. Prevost and T. J. Laffey: KNOWLEDGE-BASED DIAGNOSIS OF ELECTRICAL INSTRUMENTATION, Proc. of the Second Conference on Artificial Intelligence Applications, Miami Beach, FL., Dec. 11-13, 1985

[Scr85] ... E. A. Scral, J. R. Jamieson and C. I. Delaune: A FAULT DETECTION AND ISOLATING METHOD APPLIED TO LIQUID OXYGEN LOADING FOR THE SPACE SHUTTLE, Proc. of the Ninth International Joint Conference on AI, L.A., CA., Aug. 18-23, 1985

[Str85] ... C. Strandberg, I. Abramovich, D. Mitchell and K. Prill: PAGE-1: A TROUBLESHOOTING AID FOR NONIMPACT PAGE PRINTING SYSTEMS, Proc. of the Second Conference on Artificial Intelligence Applications, Miami Beach, FL., Dec. 11-13, 1985

[TI85] ... PC SCHEME - REFERENCE MANUAL, Texas Instruments, 1985

[TI86] ... PERSONAL CONSULTANT PLUS - REFERENCE MANUAL, Texas Instruments, 1986

Caching and Consistency, a Solution in RLL-1

Hans Chalupsky

Austrian Research Institute
for Artificial Intelligence
Schottengasse 3, A-1010 Vienna

1. Introduction

Caching is a term adopted from hardware technology. In the virtual memory hierarchy of a conventional computer the cache memory is a small, very fast memory located near the CPU, which is almost as fast as the CPU's registers. This architecture assumes that a high percentage of memory accesses can be directly satisfied by the cache, and that this in total saves more time than is lost due to paging between cache and main memory.

Software caching means storing the results of expensive computations for later use, instead of recomputing them each time they are needed. Examples of this technique are the simple use of auxiliary variables, storage of compiled programs, providing fast access paths in databases, copying inherited information into the nodes of a semantic net and so on. All these examples have one thing in common: they trade space for time. This makes sense only if the frequency of use of cached results is in reasonable relation to the frequency of recomputation requirements.

A severe problem with caching is the redundancy it induces. Keeping different representations of the same thing consistent (e.g. an algorithm and its cached results) causes problems in many domains. For instance, some programmers who try to keep programs and their documentation consistent are so discouraged by this problem that they avoid inconsistency by avoiding documentation.

This paper deals with caching and consistency management in RLL-1. RLL-1 is an acronym for Representation Language Language (the -1 should be read as "negative one"), it is a frame based [6] object oriented knowledge representation system which was developed by Greiner and Lenat [3,4] at Stanford University. At the Austrian Research Institute for Artificial Intelligence in Vienna, we implemented an RLL-1 system to get deeper insights into its main ideas, advantages and drawbacks. During development of the High Level Definition mechanism - a main feature of RLL-1 - consistency management turned out to be a nontrivial problem. Unfortunately, the literature is not very specific about this issue. Greiner and Lenat claim that their system solves this problem, but (maybe due to lack of space) they don't tell how this is really done by RLL-1.

In this paper I will show some principles and details of our solution, which may be useful for other knowledge representation systems, too.

2. Principles of RLL-1

This chapter should give readers who are not familiar with RLL-1 a short introduction into its key ideas and mechanisms. For a more detailed description of RLL-1 the reader is referred to [2,3,4].

The central idea of RLL-1 is that its knowledge representation mechanisms are not hardwired in a set of functions. Rather, they are represented like "ordinary" domain knowledge. Hence the user is able to access this knowledge representation knowledge, edit it, extend it, or delete it with the same tools he uses for domain knowledge, and by this can create a new knowledge representation language which perfectly fits his needs.

RLL-1 is a frame based [6], object oriented knowledge representation language, its basic building blocks are units [8] and it organizes knowledge in unit/slot/value triples. Units may be viewed as nodes of a semantic net which are linked by directed, named arcs called slots. But slots may not only contain pointers to other units, they can hold arbitrary values.

Take for example a small knowledge base containing persons and their family relationships. Figure 1 shows a small fraction of it.

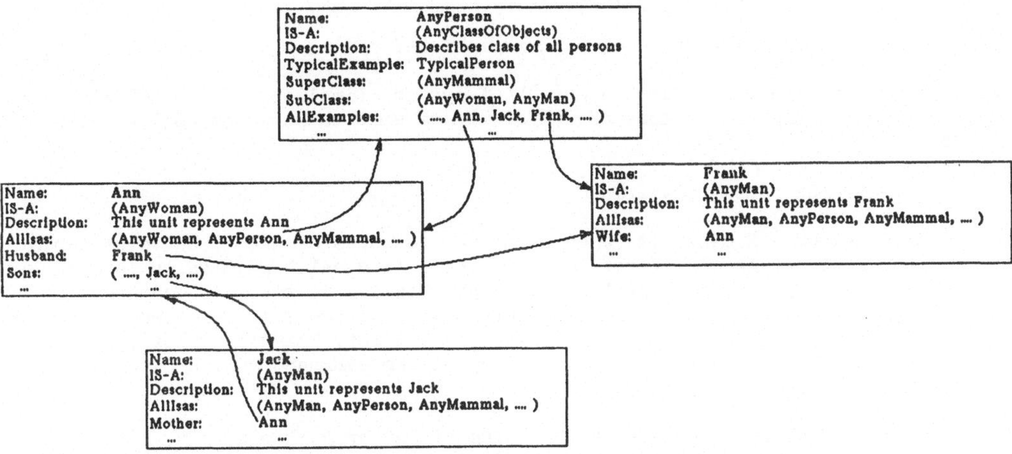

Figure 1: A Small Knowledge Base

Now we would like to weaken the matriarchal character of this knowledge base by defining a *Father* slot (*Italics* will be used to refer to specific RLL-1 units). The father of some person should be defined as the husband of the mother of this person. To do this we create a new unit named *Father* as an instance of the class *AnyComputableSlot* which from now on should describe the *Father* type of slot. According to the central principle of RLL-1, "Give Each Idea a Unit", slots - an important concept in RLL-1 - are represented by units, and so are other concepts like formats, datatypes, functions, slot combiners... Figure 2 shows the position of *Father* in the slot hierarchy of RLL-1. Note that the contents shown in the *Father* unit is all the user has to type manually to make this definition.

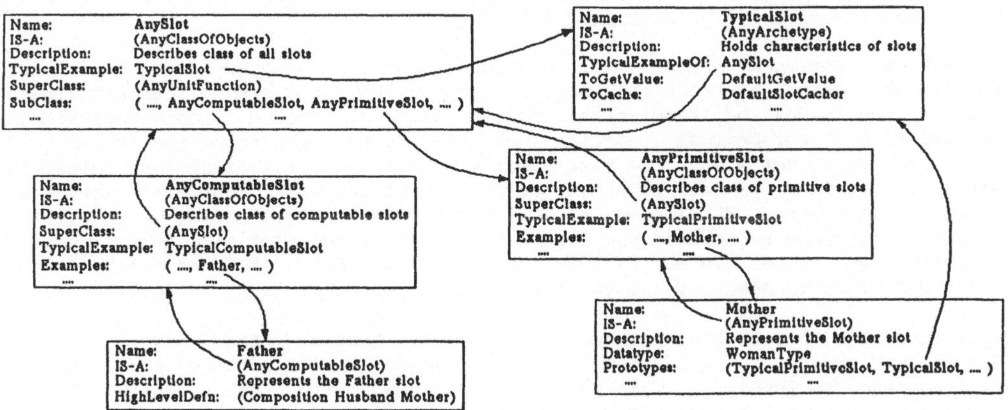

Figure 2: The Father Slot

Slots may be viewed as functions which map some unit onto a value. To emphasize this point of view I sometimes use the notation S(U), which is equivalent to the notation U:S, a shorthand for (GetValue U S). That is, the expressions *Mother*(*Jack*), *Jack:Mother* and (GetValue '*Jack* '*Mother*) all refer to the same thing, *Ann*. According to this functional interpretation it may be meaningful to define a new function (a new slot) as the composition of already existing functions (slots). In our example we define

Father(U) := *Husband*(*Mother*(U))

which is expressed by the value of *Father:HighLevelDefn*.

GetValue is a toplevel function in our RLL-1 system (implemented in COMMON-Lisp) used for retrieving slot values of units. If we want to know who *Jack*'s father is we type

(GetValue '*Jack* '*Father*)

to our LISP system. Hiding all fancy retrieval features of RLL-1, GetValue employs the following algorithm: it first looks if there is a value physically stored in *Jack:Father*. Because this test fails (compare Fig.1), it tries to compute a value using the function in *Father:ToCompute*. Unfortunately, there is no such function available (compare Fig.2), thus, as a second attempt, GetValue tries to generate such a function by use of the function HighLevelExpand which resides in *ToCompute:ToCompute*.

To solve this, HighLevelExpand uses the value of *Father:HighLevelDefn*, i.e.,

(*Composition Husband Mother*)

The first element of this list is the slot combiner *Composition*, a unit which "knows" how to compose functions. Slot combiners are functionals (remember slots may be viewed as functions) which map existing slots in a specific way onto a new slot, they "combine" slots. In our example, *Composition* was able to generate the function

(λ(x)(GetValue (GetValue x '*Mother*) '*Husband*))

which will be returned as the result of HighLevelExpand. Now GetValue caches (physically stores) this generated function in *Father:ToCompute*, and then applies it to *Jack* which gives *Frank* as result, *Jack*'s Father! Before GetValue returns this value, it caches it in *Jack:Father*.

The next call for *Jack*'s father will be much cheaper, because due to caching GetValue will find a value in *Jack:Father* in the first step of its algorithm. Computing the *Father* of some other person will be cheaper too, because an appropriate *Father:ToCompute* function has already been generated and cached. Of course caching is not always the best idea, e.g., if the lifetime of some value is very short, if there is lack of space, or if consistency management costs more than recomputation. Hence RLL-1 gives each slot the competence to decide whether it is worthwhile to cache a computed value or not by calling the slot's *ToCache* function to cache some value. In our example the function in *Father:ToCache* has been used (which defaulted to some default caching function) to cache *Frank* in *Jack:Father*.

Lenat describes this caching mechanism as part of a general idea which he calls "Cognitive Economy". In [5] Lenat et al. present a little theory about caching and the tradeoffs involved. This paper is concerned with the solution of the consistency problem induced by caching.

3. The Problem

As mentioned in the introduction, the main problem with caching is caused by the redundancy it induces. In the previous example there exist three representations of *Jack*'s father: (1) the high level definition (from now on abbreviated with HLD) in *Father:HighLevelDefn*, (2) the function in *Father:ToCompute* derived from that HLD and (3) the cached value *Frank* in *Jack:Father*.

Now suppose *Ann* marries some other man (i.e. the value of *Ann:Husband* changes). Then for *Jack* and all other children of *Ann* due to our unrealistic definition the value of the *Father* slot has become invalid. A similar problem arises if we change the definition of the *Composition* slot combiner, then all *ToCompute* functions defined by it or using it may have become invalid, and if so, all values computed by them become invalid too.

More generally, there are two problems to solve:

Problem 1: Each time a slot gets a new HLD we must inform all slots and slot combiners used in this HLD about their usage in the definition of that slot. This provides for a simple solution of the problem with the redefinition of some slot combiner. Solving problem 1 is a prerequisite for the solution of

Problem 2: Each time the value of the slot cs (for changed slot) of some unit cu (for changed unit) changes, we must determine the set of cached values in whose computation cu:cs has been used. That is, for each virtual slot vs (a slot defined by a HLD) dependent on cs we must calculate the set of units

AU := {u| cu:cs has been used to compute u:vs}

and invalidate these cached values to keep the knowledge base consistent. AU is an acronym for affected units, these units are affected by the change of cu:cs. If we are not able to compute AU exactly, we should try to calculate a minimal superset of it (which in the worst case is the set of all units).

4. The Solution

Problem 1 is rather easy to solve by a demon, i.e., each time the value of some slot:*HighLevelDefn* changes, an after demon triggered by the change has to inform all slots and slot combiners involved. In RLL-1 the function in slot:*UpdatesAfterPut* is called per default if the value of some slot has changed, in this specific case the function in *HighLevelDefn:UpdatesAfterPut* has to do all the necessary work. Because this function does not know what is meant by "involved" for some HLD, it uses special functions of the slot combiner which defines the HLD to compute the set of slots and slot combiners this HLD depends on. This information is then stored in appropriate places, e.g., *Composition:DefinitionUsedBy* contains the list of all slots which use *Composition* in their HLD. If the definition of *Composition* changes (a rather rare event), a demon can use this list to invalidate the *ToCompute* functions of these slots and the cached values computed by them.

Problem 2 is somewhat more difficult to solve, e.g., if *Ann:Husband* changes only the *Father* values of *Ann*'s children become invalid but the *Father* values of *Lucy*'s children (assume there exists a unit *Lucy* in the knowledge base) remain valid. That sounds trivial for this special case, but consider the HLD

```
FancySlot := (Composition TypicalExample
                          (Unioning SubClass (Starring SuperClass))
                          Isa)
```

and for some unit the value of *SuperClass* should be changed. For which units has unit:*FancySlot* become invalid? The simple solution to invalidate all *FancySlot* values in the knowledge base will always work but may also neutralize all advantages of caching.

The next chapter describes how this problem is solved for HLDs defined by *Composition*. It shows the basic mechanisms which are used by most of the slot combiners to tackle this problem.

4.1 How It is Solved for Composition

4.1.1 Notational Conventions

The notation u:s references the value of the s slot of some unit u, it is an abbreviation for (GetValue u s). Because slots may be viewed as functions which map a unit onto a value, the notation s(u) is equivalent to u:s. General slots will be abbreviated with s or indexed s_1, s_i, s_N, virtual slots as vs, changed slots as cs, units with u, and changed units as cu. Hence the notation cu:cs stresses the fact that the value of cu:cs is about to change or has been changed.

As syntactic sugar I will introduce the notation s{U} which should be read as: take the union of the values $s(u_i)$ for all u_i out of the set U (if U is an atom it should be treated like a singleton, i.e., a set with one element).

4.1.2 Definition

As mentioned above, slots may be viewed as functions, i.e., it is meaningful to say something like $s_i(s_j(u))$ or *Husband(Mother(Jack))* if the range of s_j lies in the domain of s_i. Hence we are able to define a new slot as the composition of already existing slots. The definition

vs(u) := (*Composition* s_1 s_2 ... s_N)

defines the virtual slot vs as

vs(u) := $s_1\{s_2\{ \ldots \{s_N(u)\} \ldots \}$.

Of course this definition makes sense only if the range of each slot s_i lies in the domain of the next slot s_{i-1} (e.g., look at *Husband(Hometown(Jack))*, which is nonsense even if hometowns are represented by units). The curly brackets are necessary because some $s_i(u)$ may have as value a set of units (see notational conventions).

4.1.3 How to Calculate the Set of Affected Units

Back to our problem: If the value of *Ann:Husband* changes then, for some units the value of the *Father* slot has become invalid. More formally: If the virtual slot vs defined by

vs := (*Composition* s_1 ... s_N)

uses cs in its definition, and the value of some cu:cs is about to change, we need the set of units for which cu:cs has been used in the calculation of u:vs. This set will be called AU which stands for affected units. In the following the meaning of "uses cs in its definition" will be defined more precisely.

4.1.3.1 The Simple Case

Let the virtual slot vs be defined as

vs := (*Composition* s_1 ... s_N), N>=2.

The value of cu:cs should be changed and the following conditions hold:

Premise 1: All slots s_i in the definition of vs are atomic (i.e., no embedded HLDs).

Premise 2: There exists exactly one slot s_i in the definition of vs with s_i=cs.

Premise 3: The remaining slots in the definition of vs are totally independent of cs (i.e., the value of some u:s_j should not be mysteriously influenced by cu:cs or be dependent on cu:cs).

In this simple case premise 2 defines the meaning of "uses cs in its definition". Under the given premises the following three cases define the "Simple Case Algorithm" for calculating AU:

Case 1: If s_N=cs then AU := {cu} .

Proof: vs(cu) := s_1{ ... {cs(cu)} ... }, i.e., cu:cs has been used to calculate cu:vs. For all other units u u:vs is defined as vs(u) := s_1{ ... {cs(u)} ... } with u $\neq$ cu, for that reason and because of premises 2 and 3 cu:cs has not been used in the computation of u:vs.

Before we can work out case 2, I must give the definition of the inverse of some slot.

Definition: s is t^{-1} if for all pairs of units u,v the following proposition holds: u is out of v:s iff v is out of u:t (if v:s and u:t are atoms, they should be treated like sets with one element).

Slots with an inverse are used to link units (frames, nodes in a semantic net) in both directions. Examples are the wellknown AKO/INSTANCE relations in FRL [7], or the *SuperClass/SubClass* hierarchy in RLL-1. Even if the inverse links are not explicitly stored, they can always be calculated by mapping over all units.

Case 2: If s_{N-1}=cs then AU := cu:s_N^{-1}

Proof: AU = cu:s_N^{-1} = {u|cu out of u:s_N} (definition of inverse), i.e., for all units u out of AU cu is out of u:s_N, hence cu:cs has been used in the computation of cs{s_N(u)}, therefore it has been used to calculate vs(u) := s_1{ ... {cs{s_N(u)} ... }. For all other units u which are not in AU, cu is not in s_N(u). Because of premises 2 and 3 for those units cu:cs has not been used to calculate u:vs.

Case 3: If s_i=cs (1<=i<N-1) then AU := cu:r_i^{-1} with r_i (for rest) defined as

r_i := (*Composition* s_{i+1} ... s_N) .

Proof: The definition

vs(u) := (*Composition* s_1 ... s_{i-1} cs s_{i+1} ... s_N)

is equivalent to (may be easily proved)

vs(u) := (*Composition* s_1 ... s_{i-1} cs (*Composition* s_{i+1} ... s_N))

which is equivalent to (see definition of r_i)

vs(u) := (*Composition* s_1 ... s_{i-1} cs r_i)

which is equivalent to case 2.

Here I have used the equivalence between embedded HLDs and slots defined by a HLD. This equivalence is established via the *ToCompute* function (see example) defined by a HLD, which is the same a real slot would get if it were defined by that HLD.

The inverse of r_i is defined as

r_i^{-1} := (*Composition* s_N^{-1} ... s_{i+1}^{-1})

which can be computed in a similar fashion to other slots defined by *Composition*.

4.1.3.2 The Slightly More Difficult Case

In the previously discussed simple case premise 1 did not allow embedded HLDs. But now we give up this restriction because (1) embedded HLDs make the HLD language much more expressive and (2) we must be able to deal with them to solve the transitive dependencies problem (will be explained later). For instance, the *AllIsas* slot of RLL-1 is defined as

(Composition SuperClass IS-A)*

which looks like

(Composition (Starring SuperClass) IS-A)

after substituting the HLD of the virtual slot *SuperClass** for *SuperClass** (Note: "starring" is an artificial word which denotes the star operation; the *Starring* slot combiner defines the transitive closure of some slot).

Now we try again to calculate the set of affected units AU. Let the virtual slot vs now be defined as

vs := (*Composition* s_1 ... (SC_x ... cs ...) ... s_N) N>=2

(cs need not appear in this specific way, it is only mentioned to emphasize its usage in the embedded HLD). The value of cu:cs should be changed and the following conditions hold:

Premise 4: The definition of vs contains exactly one embedded HLD which uses cs. All other slots s_i in the definition of vs are atomic and not equal to cs.

Premise 5: The atomic slots in the definition of vs are totally independent of cs.

Now the term "uses cs" is defined by the slot combiner SC_x (the unit which represents SC_x must contain a function which is able to compute the set of used slots for a HLD defined with SC_x). Before we can start to calculate AU we need some additional things. First of all, the embedded HLD defines a virtual slot vs_e (for embedded)

vs_e := (SC_x ... cs ...) .

In some sense vs_e is a "virtual" virtual slot because it does not really exist (is anonymous) in the knowledge base, but for easier understanding it may be viewed as existing and hence treated like a "real" virtual slot. Thus the definition of vs can be rewritten to

vs := (*Composition* s_1 ... vs_e ... s_N)

What do we know about vs_e? (1) It is defined by a HLD (2) it uses cs in its definition and (3) cu:cs is about to change. That is, due to the change of cu:cs for a set of units AU_e the value of the vs_e slot has become invalid. AU_e is characterized as:

AU_e := {u| cu:cs was used to compute u:vs_e} (1)

Here is an other explanation of AU_e: if we compute for each unit u in the knowledge base the value of u:vs_e by use of the *ToCompute* function defined by the HLD of vs_e, then change the value of some cu:cs, then perform the above computation the second time, some of the computed values will have changed, i.e., AU_e is the set of units which's vs_e values may change due to a change of cu:cs. If we are able to calculate AU_e, then we are able to calculate AU (the set of affected units for vs) with the following algorithm (referred to as algorithm 2):

1. For each unit u_i out of AU_e we compute AU_i using the simple case algorithm with u_i substituted for cu and vs_e substituted for cs. Hence each AU_i is defined as:

   AU_i := {u| u_i:vs_e was used to compute u:vs} .

   Because of (1) and because u_i is an element of AU_e, cu:cs has been used to calculate u_i:vs_e, hence for all units u out of an AU_i cu:cs has been used to calculate u:vs.
2. To get AU we have to take the union of all these calculated AU_i sets.

One problem remains: How shall we calculate AU_e? To solve this I introduce the following general

<u>Convention</u>: Given a HLD defined with slot combiner SC_x, a unit (cu) and a slot (cs), SC_x must be able to compute the set of units for which the value of u:vs (the virtual slot defined by the HLD) is affected by the value of cu:cs.

In our RLL-1 implementation each slot combiner (the unit which represents it) contains a function of two arguments HLD and cs (for changed slot) which is able to generate a new function of one argument cu (for changed unit) with which the set AU can be calculated for an arbitrary unit cu (according to the specific HLD and cs). This chapter describes the algorithm used by the *Composition* slot combiner to solve this problem for its HLDs.

4.1.3.3 The General Case

Consider this definition:

GreatGrandFathers := (Composition Father (Unioning Mother Father)
(Unioning Mother Father))

What shall we do if *Ann*'s father changes (of course only due to an error in knowledge acquisition)? To cope with this case we eliminate number 4 of our premise zoo and allow HLDs

vs := (*Composition* s_1 ... s_N)

where each s_i may be either an atomic slot or an embedded HLD, some s_i may be equal to cs and some embedded HLDs may use cs. Our current toolbox contains everything we need to solve even this somewhat difficult problem. The following algorithm computes AU for the general case (embedded HLDs which do not use cs may be treated like ordinary slots):

1. AU := {}
2. For each atomic slot s_i which is equal to cs we compute AU_i with the simple case algorithm and assign AU := $AU_i \cup$ AU.
3. For each embedded HLD_k which uses cs we compute AU_k with algorithm 2 and assign AU := $AU_k \cup$ AU.

That is, we treat each usage of cs as if it were the only one in the HLD and calculate a set of units which are affected by this specific usage. Because some units may be affected by more than one usage, we have to take the union of all these AU_i sets.

5. What Really Happens If a Slot Value Changes

Suppose we want to give *Ann* a new husband by typing

(PutValue '*Ann* '*Husband* '*John*)

to our LISP system. After some preliminary value verification tasks RLL-1 triggers a before-put demon contained in *Husband:UpdatesBeforePut*. This function should invalidate all cached values which depend on the old value of *Ann:Husband*.

Important: This must be done **before** the new value is actually written into the knowledge base, otherwise it will not be possible in all cases to calculate the correct set of affected units.

If there is no function available in *Husband:UpdatesBeforePut*, RLL-1 will try to generate such a function by use of *UpdatesBeforePut:ToCompute*. For each virtual slot vs which depends directly or transitively on *Husband*, *UpdatesBeforePut:ToCompute* does the following:

1. It fetches the HLD of vs and replaces all virtual slots used in this HLD by their HLD.
2. By employing the slot combiner used to define vs, it generates a function AUF which is able to calulate the set of units for which the value of u:vs has become invalid due to the change of cu:*Husband* (these AUFs have cu as their only parameter, see convention in the previous chapter).
3. Then it generates code which applies this AUF function to cu (*Ann* in our example), and stores the result in an intermediate variable. This is important because all other AUF functions need the unmodified knowledge base to be able to calculate the right sets of affected units. That is, we must not begin to invalidate the cached values of some virtual slot before the last AUF has finished.

Then *UpdatesBeforePut:ToCompute* generates code which maps over all the generated sets and invalidates the values of the corresponding virtual slots.

Step 1 of this algorithm needs some further explanation. Consider these two definitions:

SuperClass := (Starring SuperClass)*
AllIsas := (Composition SuperClass IS-A)*

Then *AllIsas* depends transitively on *SuperClass*, hence if *SuperClass* of some unit changes, some *AllIsas* values may have become invalid too. To handle this case *UpdatesBeforePut:ToCompute* replaces the virtual slot in the HLD of *AllIsas* in this way

AllIsas := (Composition (Starring SuperClass) IS-A)

and then computes the set of affected units for the expanded HLD.

The generated function will be cached in *Husband:UpdatesBeforePut* and then applied to *Ann* (as changed unit). Now the new value of *Ann:Husband* can be written into the knowledge base without violating consistency. Of course, if *Husband* is used later in the HLD of some new slot, the function in *Husband:UpdatesBeforePut* must be changed correspondingly.

6. An Inheritance Slot Combiner

The high level definition language of RLL-1, in conjunction with the consistency preserving mechanism presented so far, can be used to solve a common problem in knowledge representation systems. Many sytems which have some inheritance mechanism act in one of the following ways: (1) If a new frame (unit, node, schema) is created, all inherited information is copied into the new frame. This allows fast access to default information, but if the hierarchy or a default value changes, some sort of recompilation of the knowledge base is necessary (e.g. in the ART system [1]). (2) Each time a default value is needed, it will be computed from the current state of the knowledge base (e.g. in FRL). This always gives a correct default but does a lot of unnecessary computation if the same default value is needed very often.

In RLL-1 we can bring the advantages of both methods together by use of a slot combiner called *InheritAlong*. *InheritAlong* may be used to define a slot in this way

vs := (*InheritAlong* i-path i-slot)

which has the following semantics: To compute the value of u:vs *InheritAlong* first gets the value of u:i-path. This should give a list of prototypes of u. Then it maps along this list until the first prototype is found for which (GetValue prototype i-slot) returns a nonempty value. This value will be returned. That is, the order of the list in u:i-path is relevant. Now consider this definition:

EyeColor := (InheritAlong (Unioning Father Mother) EyeColor)

This definition is recursive, which may lead to a nonterminating loop if no unit in the knowledge base has a value for *EyeColor* (for computing some person's *EyeColor*, the parent's *EyeColor* slot will be accessed by GetValue, which will try to compute a value using the *ToCompute* function defined by the HLD of *EyeColor* ....). To circumvent this problem there exists another slot combiner which is able to "soften" the recursive character of a HLD. Thus we may rewrite our definition to

EyeColor := (InheritAlong (Unioning Father Mother) (Soften EyeColor))

Soften gets the value which is physically stored on the *EyeColor* slot of some unit, i.e., no computation is tried if no value is found.

The interesting feature of this inheritance mechanism is this: if the value of some u:i-slot changes, *InheritAlong* can compute the set of units which have inherited the old default value and invalidate eventually cached values. The same can be done if the inheritance hierarchy changes, i.e., some u:i-path gets a new value. This works not only for some special cases, but fits naturally into the consistency preserving mechanism.

One problem remains: Sometimes we want to have default overriders, i.e., values explicitly defined by the user. To prevent these values from being invalidated like ordinary cached values, we must give them a sign: "I am no cache". In RLL-1 this can be easily accomplished by using value formats (see [2,3,4] for detailed description of this concept).

7. Implementation Notes

The RLL-1 system is written in Common-LISP and runs on a SYMBOLICS 3640 Lisp-Machine. The consistency preserving mechanism has been implemented as part of RLL-1's high level definition feature and is fully operational. The core knowledge base which describes the basic functionality currently contains about 250 units, but this number is still increasing because some necessary features as management of multiple knowledge bases and more sophisticated caching strategies are still under development. This development involves a lot of knowledgebase modification and extension tasks where automatic consistency management has already proven as very useful.

8. Summary

Caching of results of expensive computations and inferences in a knowledge base can save a lot of CPU-time if the frequency of use of these results is notably higher than the frequency of change of values used to compute them. Because caching induces redundancy, it creates the problem to keep different representations of the same data consistent. In large knowledge bases this can't be done by the user, rather it has to be performed automatically. This paper presented a mechanism which allows caching of computed values in a knowledge base without sacrificing consistency. The mechanism is embedded in an RLL-1 system as part of its high level definition feature. An interesting application of this is the definition of an inheritance method which allows automatic invalidation of values that are dependent on no longer valid defaults or an old inheritance hierarchy. RLL-1 initially comes along with a lot of useful slot combiners, but, according to the key idea of RLL-1, this high level definition language with its consistency preserving mechanism has been designed to be open, so it can be easily extended by the user if he needs some new functionality, for instance, another inheritance method.

Acknowledgements

I wish to thank Dipl.Ing.Dr. Werner Horn and Dipl.Ing. Gerhard Widmer for helpful comments on early drafts of this paper. This project is supported by the Federal Ministry for Science and Research, Vienna.

References

1. Advanced Reasoning Tool, Inference Corp., Culver City, Calif., 1983.
2. Chalupsky H., "Implementierung eines Kernsystems fuer RLL-1, einer Representation Language Language", Diplomarbeit, Institut fuer Medizinische Kybernetik und Artificial Intelligence der Universitaet Wien, 1985
3. Greiner R., "RLL-1: A Representation Language Language", Report HPP-80-9, Computer Science Department, Stanford University, Calif., August 1980.
4. Greiner R., Lenat D., "Details of RLL-1", Report HPP-80-23, Computer Science Department, Stanford University, Calif., October 1980.
5. Lenat D. B., Hayes-Roth F. and Klahr P., "Cognitive Economy", Report HPP-79-15, Computer Science Department, Stanford University, Calif., June 1979.
6. Minsky M., "A Framework for Representing Knowledge", in The Psychology of Computer Vision, P. Winston (ed.), McGraw-Hill, New York, 1975.
7. Roberts R.B., Goldstein I.P.: The FRL Manual, AI Memo 409, MIT, Cambridge, Mass., 1977.
8. Stefik M. J., "An Examination of a Frame-Structured Representation System", Proc. 6th International Joint Conference on AI, Tokyo, August 1979.

VIP - eine integrierte Programmierumgebung für Prolog

Andreas Krall, Eva Kühn
Institut für Praktische Informatik
Abteilung für Programmiersprachen und Übersetzerbau
Technische Universität Wien
Argentinierstraße 8
A-1040 Wien

Kurzfassung

Dieser Beitrag beschreibt den Entwurf und die Implementierung von VIP (Vienna Integrated Prolog). VIP besteht aus drei Komponenten: Der Kern umfaßt einen Zwischencodeinterpreter, einen inkrementellen Compiler, einen Memory-Manager, einen Window-Manager und eine Betriebssystemschnittstelle. Zur Programmierumgebung gehören ein syntaxgesteuerter Prologeditor, ein intelligentes Debugging-System sowie diverse Testhilfen. Auf der Applikationsebene werden das logikorientierte Datenbanksystem VIP-DBS, eine Expertsystemshell, ein Maskengenerator, ein Spreadsheetprogramm, der Parsergenerator VIP-PAGE und ein natürlichsprachiges Interface für Deutsch zur Verfügung gestellt. VIP-Prolog ist eine Übermenge von DEC-10 Prolog. Die Erweiterungen enthalten ein Modulkonzept, die Unterstützung globaler Variablen und eine große Auswahl an Systemprädikaten.

Schlüsselworte: Prolog, Programmierumgebung

1. Einleitung

Seitdem Prolog erfunden wurde, ist sehr viel Forschung auf dem Gebiet der logischen Programmierung betrieben worden. Die Implementierung von Warren [10] zeigte, daß es möglich ist, effiziente Prologsysteme zu entwickeln. Weiters hat sich gezeigt, daß das Konzept der logischen Programmierung ein sehr wesentliches Paradigma in der Welt der Programmiersprachen darstellt. Neben der Idee der funktionalen Programmierung stellt das Konzept der logischen Programmierung einen neuen Weg dar, die Welt 'assertional' (= d.h. durch Zusicherungen) abzubilden. Die meisten Forschungsaktivitäten auf dem Gebiet der logischen Programmierung beschäftigen sich heute mit Parallelismus, erweiterten Sprachkonzepten und mehrwertiger Logik.

Wir vertreten die Meinung, daß es wichtig ist, sich auf die Methoden des Software Engineering zu konzentrieren, die beim logischen Programmieren verwendet werden können. Diese Idee ist vorerst unabhängig davon, welches Modell der Logik man betrachtet. Weiters gilt sogar, daß die Betrachtung passender Programmiermethoden umso wichtiger ist, je komplizierter das Modell ist.

Konkret wollen wir zeigen, was 'strukturierte Programmierung' im Sinne prozeduraler Sprachen für Prolog bedeutet. Weiters soll ein gutes Prologsystem einen neuen, guten Programmierstil für Prolog unterstützen. Unterstützung beim Testen, Debuggingwerkzeuge, ein gut entworfenes Benutzerinterface, ein Modulkonzept und wiederverwendbarer Programmcode sind Hauptvoraussetzungen für diese Forderung. Die unterstützte Sprache darf nicht eingeschränkt sein, sondern soll sogar durch die Unterstützung sogenannter 'add-on' Moduln erweiterbar und veränderbar sein. Um ernsthaft Programme entwickeln zu können, ist es wichtig, daß das Prologsystem effizient implementiert ist. Alle diese Begriffe sind wichtige Voraussetzungen, um die Programmentwicklung 'im großen' zu ermöglichen.

Wir werden im folgenden das Projekt VIP (Vienna Integrated Prolog) vorstellen, das versucht, die oben genannten Ziele zu verwirklichen. VIP ist ein Forschungsprojekt am Institut für Praktische Informatik, Abteilung für Programmiersprachen und Übersetzerbau. VIP wurde bisher von der Nationalbank und vom Bundesministerium für Forschung und Wissenschaft gefördert. Im zweiten Kapitel wird ein Überblick über die Architektur des VIP Systems gegeben. Im dritten Kapitel beschreiben wir die implementierte Sprache und im vierten Kapitel die Implementierung der abstrakten VIP Maschine.

2. Die Architektur von VIP

Die Architektur von VIP besteht aus drei Ebenen:

- dem Kernel
- der Programmierumgebung
- der Applikationsschicht

2.1. Der Kernel

Der VIP Kernel besteht aus einem Zwischencodeinterpreter mit inkrementellem Compiler und einem Memory Management. Die implementierte Sprache ist eine Obermenge von DEC-10 Prolog. Die nachfolgenden Kapitel werden sich mit Sprache und Kernimplementierung beschäftigen. Die Prologsprache weist ein Modulkonzept auf und ist mittels Bibliotheken beliebig erweiterbar. Gleichzeitig wir die Forderung nach einem 'high-speed' Prologinterpreter, der auf herkömmlichen Computerarchitekturen läuft, erfüllt.

2.2. Die Programmierumgebung

Von dieser Schicht des VIP Systems werden die Forderungen nach Debuggingwerkzeugen und nach einer gut entworfenen Benutzerschnittstelle erfüllt. Wir präsentieren hier nur einige Entwurfsüberlegungen:

- Der syntaxgesteuerte VIP Editor [7] unterstützt ein komfortables Benutzerinterface. Beim Editieren vom Prologprogrammen wird die Anzahl der Tastendrücke des Benutzers minimiert, da der Editor die Prologsyntax unterstützt. Der Benutzer einer 'fifth generation' Sprache sollte nicht mehr von Syntaxproblemen betroffen sein. Der Editor erkennt syntaktische Fehler und meldet in einem gewissen Rahmen auch semantische Fehler (z. B. nicht verwendete Prädikate, falsch geschriebene Namen).

- Das VIP Debugging System [3] wurde voll in Prolog implementiert. Unterstützt werden alle in Prolog üblichen Debuggingwerkzeuge, 'single step tracing' in beide Richtungen und die Möglichkeit, daß der Benutzer interaktiv in den Unifikationsprozeß eingreifen kann (Kontrollfluß ändern, Werte ändern). Zusätzlich können Programme graphisch dargestellt werden.

2.3. Die Applikationsschicht

Die Applikationsschicht besteht aus Programmen, die in VIP selber entwickelt wurden und schon die angebotenen Sofware Entwicklungswerkzeuge verwenden konnten. Hier gibt es bereits: VIP-DBS, das logikorientierte Datenbanksystem [4], eine Expertsystem Shell, PAGE, den Parsergenerator [2], ein Programm zu Übersetzung von Blindenschrift und ein natürlichsprachiges Interface für die deutsche Sprache.

3. Die Semantik der VIP Sprache

Der logischen Programmierung liegt ein Modell zugrunde, das 'sound and complete' ist. Aber die Welt, in der diese beiden Begriffe eine Rolle spielen, unterscheidet sich von der Welt der wirklichen Implementierungen. Diese Konzepte werden aber bei realen Implementierungen eingeschränkt. Bereits durch Ein/Ausgabe und Datenbankeigenschaften werden diese theoretischen Bedingungen verletzt. Weitere Einschränkungen und Ausnahmen sind durch Implementierunsprobleme begründbar. Eine Zusammenfassung dieser Problematik findet sich in [6], wo Prologsysteme wie Prolog-1, Prolog-2, M-Prolog, IF-Prolog und Turbo-Prolog untersucht wurden.

Die in VIP implementierte Sprache weist keine Einschränkungen auf und stellt eine Übermenge von Standardprolog [1], [8] dar. Die Erweiterung um ein Modulkonzept orientiert sich am 'hidden name information' Konzept [9]. Wie in herkömmlichen Programmiersprachen, dient auch in Prolog ein Modulkonzept dazu, Programme besser zu strukturieren, besser lesbar und wartbar zu machen. Weiters ist ein Modulkonzept Voraussetzung für Portabilitätsbetrachtungen.

Für einen guten Prologprogrammierstil sind noch weitere Punkte wichtig: Operatordefinitionen, 'multi-pupose' Argumente und dynamische Veränderung von Programmen.

- Operatoren dienen dazu, Programme besser lesbar zu machen. Sie sind in dem Sinn keine Spracherweiterung, sondern machen das Programmieren komfortabler. In VIP können benutzerdefinierte Operatoren beliebig verwendet werden. Die Semantik einer Operatordefinition verändert den Zustand des Systems. Eine neue Operatordefinition überschreibt die alte. Ab diesem Zeitpunkt werden alle Eingabezeilen unter Berücksichtigung der aktuellen Definitionen analysiert. Eine neue Operatordefinition beeinflußt aber nicht bereits gespeicherte Programme und Daten. Somit ist eine konsistente Interpretation für Operatordefinitionen getroffen worden.

- 'multi-purpose' Argumente sind Argumente, die als Eingabe- und/oder Ausgabeparameter verwendet werden können. In Prolog gibt es keine Typdefinition für Argumente. In VIP wird versucht einen sinnvollen Kompromiß zwischen Flexibilität und Benutzersicherheit zu ermöglichen. Wir schlagen vor, ein eigenes Prädikat zu unterstützen, das der Operatordefinition entspricht. Wenn dieses Prädikat ausgeführt wird, ändert es den Zustand des Systems und von nun an überprüft der Compiler Typen und 'flow patterns' der Argumente der neu eingegebenen Klausen. Prozeduren, für die keine Typüberprüfung explizit gewünscht wird, werden generell (d.h. multi purpose) behandelt.

- Einer der wesentlichsten Aspekte der Prologsprache ist, daß sie nicht zwischen Programm und Daten unterscheidet. Typische Anwendungen sind Metainterpreter, Expert System Shells und jede Form von Regelsystemen. In VIP werden folgende Prädikate uneingeschränkt unterstützt: univ, functor, call, assert und retract.

4. Die abstrakte VIP Maschine

4.1 Der inkrementelle Compiler

Eine Einführung in die Implementierung von Prolog kann in dem Artikel von Maurice Bruynooghe [0] gefunden werden. Die vorliegende Arbeit beschreibt nur spezielle Eigenschaften des VIP Interpreters. Der VIP Interpreter enthält einen inkrementellen Compiler, der 'direct threaded' Zwischencode erzeugt.

Der inkrementelle Compiler löst UND/ODER Strukturen auf und klassifiziert Variablen in 3 Klassen: void, temporäre und lokale Variablen. Eine Variable ist genau dann void, falls sie nur ein einziges Mal in einer Klause auftritt. Sie benötigt daher keinen Speicherplatz. Eine Variable ist temporär, falls sie nur in einem Subgoal einer Klause auftritt. Speicherplatz wird für diese Variable daher nur während des Unifizierens des einen Subgoals benötigt. Alle anderen Variablen sind lokal.

4.2 Der Zwischencode

Der Zwischencode besteht aus sechs Kontrollinstruktionen, aus fünf Variableninstruktionen und aus sechs Konstanteninstruktionen:

goal	m o	unifiziert ein Subgoal mit der Klause von Adresse o und der Modulnummer m
call		ruft ein Subgoal auf
lastcall		ruft das letze Subgoal einer Klause auf
nocall		Ende eines Faktums
cut		Builtin Prädikat CUT
builtin	i	ruft das Builtin Prädikat mit der Nummer i auf
void		void Variable
temp	n	temporäre Variable mit Index n
firsttemp	n	erstes Auftreten der temporären Variablen n
var	n	lokale Variable mit Index n
firstvar	n	erstes Auftreten der lokalen Variablen n
atom	a	Atom a
long	l	Integer mit Wert l
float	f	Gleitkommazahl mit Wert f
nil		leere Liste
list	args	Liste mit zwei Argumenten (head und tail)
struct	n a args	Struktur mit Funktor a und n Argumenten

Das folgende Beispiel zeigt die Übersetzung einer Klause in den Zwischencode:

```
member(X, [X|_]).
member(X, [H|T]) :- member(X, T).

firsttemp X         member(X,
list                [
temp X              X|
void                _]
nocall              ).

firstvar X          member(X,
list                [
void                H|
firstvar T          T]
goal member         ) :- member(
var X               X,
var T               T
lastcall            ).
```

4.3 Die Datenstrukturen

Da während der Laufzeit Variablen durch Backtracking unterschiedliche Werte annehmen können, muß die Größe aller Objekte gleich sein. Weiters muß die Art eines Objektes während der Laufzeit bestimmt werden können. Jedes Objekt enthält daher ein Schild ('tag field') und den eigentlichen Wert ('value field'). Um ein schnelles Dekodieren zu ermöglichen, verwendet der VIP Interpreter 8 Bit für das tag field und 24 Bit für das value field.

ref	Referenz auf eine andere Variable
atom	Index eines Atoms
long	ganze Zahl
float	Gleitkommazahl
nil	leere Liste
list	Referenz auf einen Block von zwei Worten
struct	Referenz auf einen Block von Worten, der die Anzahl der Argumente, ein Atom und die Argumente enthält

Drei Stacks werden für die Verwaltung von Variablen und Kontrollinformationen benötigt. Der 'environment stack' enthält die Variablen und die Kontrollinformation. Der 'copy stack' enthält die Werte von Listen und Strukturen. Der 'trail' enthält die Adressen der gebundenen Variablen. Unterhalb des 'environment stack' werden die temporären Variablen angelegt. Im Heap werden die im Zwischencode vorliegenden Klausen gespeichert. Diese Anordnung der Stacks ermöglicht ein rasches Überprüfen der Zeiger.

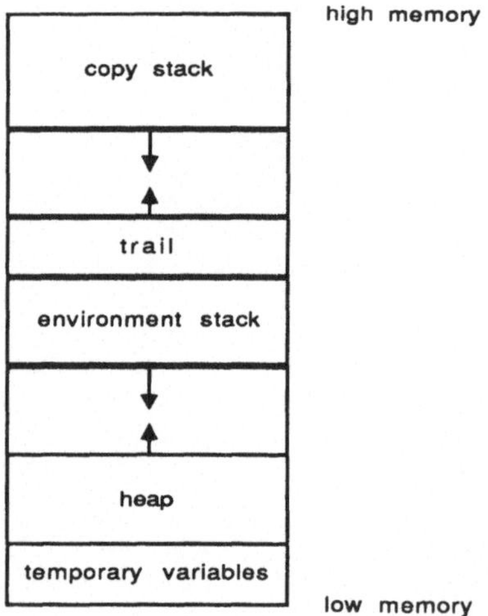

Für jeden Aufruf einer Klause wird ein Stackframe angelegt. Es enthält die lokalen Variablen dieser Klause, die Rücksprungadresse ('continuation goal') und einen Pointer auf das Stackframe der Klause, die das aufrufende Subgoal enthält ('continuation frame'). Falls die Klause indeterministisch ist, wird zusätzlich ein 'choice point' angelegt. Indeterministisch bedeutet, daß andere Klausen existieren, die mit diesem Subgoal zur Übereinstimmung gebracht werden können. Ein choice point enthält einen Zeiger auf den letzten choice point, einen Zeiger auf das aufrufende Goal, einen Zeiger auf das Stackframe des aufrufenden Goals, einen Zeiger auf die anderen übereinstimmenden Klausen, einen Zeiger auf den Anfang des trail und einen Zeiger auf den Anfang des copy stack.

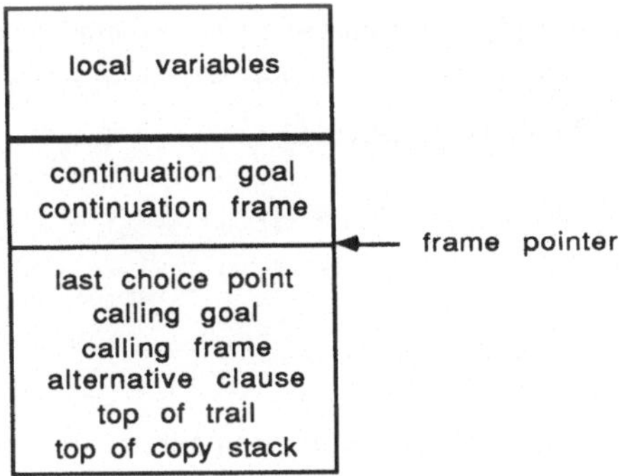

4.4 Optimierungen

Als Optimierungen wurden tail-end-recursion Optimierung und clause-indexing implementiert.

Tail-end-recursion Optimierung ist eine Speicherplatzoptimierung. Falls der Aufruf des letzen Subgoal einer Klause deterministisch ist (es existiert kein choice point zwischen dem Stackframe der aufrufenden Klause und dem Anfang des Stacks), so wird der Stackframe der aufrufenden Klause durch das Stackframe der aufgerufenen Klause ersetzt.

Clause-indexing ist eine Zeit und Speicher sparende Technik. Es wird versucht, die erste Klause, die mit dem aufrufenden Goal übereinstimmt, mit einem effizienten Verfahren zu finden. Der VIP Interpreter verwendet einen balancierten (AVL) Suchbaum, der die Werte des ersten Argumentes als Schlüssel verwendet.

Die Prototypimplementierung dieses Interpreters wurde in C implementiert. Der Interpreter verwaltet zwei Zeiger auf den Zwischencode. Der Goalpointer zeigt auf den Zwischecode des aufrufenden Subgoals, der Headpointer zeigt auf den Zwischencode der übereinstimmenden Klause. Der Unifizierer lädt die Befehle für Goal und Head und unifiziert die Werte oder Variablen in den entsprechenden Stackframes. Die Befehlsdekodierung erfolgt in einem einzigen Schritt. Der Zwischencode für das Goal unterscheidet sich vom Zwischencode für den Head. Beide Zwischencodedarstellungen werden addiert und die Dekodierung erfolgt über die resultierende Summe. In C wird die Dekodierung mittels eines 'switch' Statements durchgeführt. In der Assembler Version des Interpreters erfolgt die Dekodierung mittels 'direct threaded' code. Direct threaded Code verwendet als Zwischencode die Adresse des Unterprogramms, das diesen Zwischencodebefehl ausführt. Der Aufwand beim Interpretieren in Assembler besteht aus dem Laden des Zwischencodes für das Goal, dem Addieren des Zwischencodes für den Head und dem Ansprung des Unterprogramms, das auf der so berechneten Adresse steht.

Zusammenfassung

Die VIP Implementierung hat gezeigt, daß es möglich ist, auch auf herkömmlichen Microcomputer architekturen eine effiziente Prologprogrammierumgebung, die eine komplette und konsistente Sprache unterstützt, zu implementieren. Der VIP Compiler erlaubt Benutzerdefinierte Operatoren. Die Interpretertechnik ist der Technik von Compilern überlegen [5], wenn multi-purpose Argumente und dynamische Programmänderungen ermöglicht werden sollen. Die von VIP unterstützten Spracheigenschaften sind Voraussetzung für einen guten Prologprogrammierstil.

Literatur

[0] BRUYNOOGHE M., The Memory management of Prolog Implementations, in Logic Programming, Academic Press 1982

[1] CLOCKSIN, W.F./MELLISH, C.S., Programming in Prolog, Springer Verlag, 1981.

[2] FALKNER A., PAGE - Ein Parser-Generator-System für Prolog, DA 1802, Technische Universität Wien 1986.

[3] FALKNER, A., Ein Debugger für VIP, TR 1802/86/6, Technische Universität Wien 1986.

[4] FRÜHWIRTH T./KÜHN E., VIP-DBS ein logikorientiertes Datenbank Management System unter VIP-Prolog, in: SCHULZ A. (Hrsg.), Die Zukunft der Informationssysteme, Oldenbourg, 1986.

[5] KRALL A., Implementation of a High Speed PROLOG Interpreter, in: Proceedings of the Symposion on Interpreters and Interpretative Techniques, SIGPLAN 22, Nr. 7, 1987.

[6] KÜHN E., Design Principles for a Unified PROLOG Language, TR 1802/86/8, Technische Universität Wien 1986.

[7] ROSNER G., VIP Editor, TR 1902/86/9, Technische Universität Wien 1986.

[8] STERLING L./SHAPIRO E., The Art of Prolog, MIT Press, 1986.

[9] SZEREDI P., Module concepts for PROLOG, SZKI-Collection of Papers on Logic Programming, Budapest, 1984.

[10] WARREN D., Implementing Prolog - compiling predicate logic programs, University of Edinburgh, Department of AI, TR 39, TR 40, 1977

On The Integration of Equality, Sorts, and Logic Programming

Christoph Beierle and Udo Pletat
Projekt LILOG
IBM Deutschland GmbH
Postfach 80 08 80
7000 Stuttgart 80, W. Germany
(electronic mail on EARN/BITNET:
BEIERLE at DSøLILOG, PLETAT at DSøLILOG)

Abstract

Logic programming in its original form lacks at least two important features that are predominant in the area of algebraic specifications of abstract data types: equations and a type concept. In this paper we consider many-sorted logic programs with equality. Besides the model-theoretic semantics based on initial models we investigate the operational semantics based on resolution and unification modulo a set of conditional equations. We define a translation of logic programs LP_E with equality into logic programs $LP_\emptyset$ with empty equational part and thus offer a rapid and correct realization of equational Horn logic. Correctness is achieved in the sense that the original program LP_E satisfies a goal G iff $LP_\emptyset$ satisfies G.

1. Introduction

Logic programming in its original form lacks at least two important features that are predominant in the area of algebraic specifications of abstract data types: equations and a type concept. Recently, various efforts have been undertaken to integrate both concepts into the logic programming paradigm [DeGL 86]. In this paper we consider many-sorted logic programs with equality. Besides the model-theoretic semantics based on initial models we investigate the operational semantics based on resolution incorporating unification procedures modulo a set of conditional equations. Corresponding operational semantics have been suggested by some authors, e.g. [GM 86], [GR 86].

Whereas [AvE 82] defines SLD derivations and trees for ordinary logic programs, [GR 86] defines SLDE derivations for logic programs with equality. The underlying E-unification procedure takes into account all equations occuring in the heads of clauses. This requires the derivation process to treat the conditions of the equations in the resolution part by producing separate subgoals to be solved. The conditions may be again equations or arbitrary literals.

Here, we consider logic programs with equality where the clauses with equational heads have only equations as conditions in their body. It is possible to perform E-unification not only w.r.t. a set of unconditional but also w.r.t. sets of conditional equations, a respective proposal has been made in [Hu 85]. We exploit these results in order to shift the treatment of the conditions of conditional equations from the resolution part to the unification part of the evaluation for logic programs. This leads to a stricter and maybe more natural separation of these two standard tasks than the proposal made in [GR 86].

The operational semantics we define is based on so-called SLDE-derivations generalizing SLD-derivations to the case where E-unification w.r.t. to sets of conditional equations is used instead of Robinson unification. The standard results on correcteness and completeness can be established for our concept of SLDE-resolution, where proofs are organized as SLDE-trees.

An implementation of equational Horn logic can easily be obtained by translating a logic program LP_E with equality into a logic program LP_ϕ with empty equational part. In this way, any equational logic program LP_E induces an equivalent non-equational program LP_ϕ in the following sense: LP_E satisfies a goal G iff LP_ϕ satisfies G. This approach makes use of the fact that E-unification procedures can be realized by means of non-equational logic programs. Such a logic program could be the implementation of a special unification procedure or it could be obtained from a more universal method like unification based on narrowing, see [RKKL 85].

This paper is organized as follows: In Sections 2 and 3, we define the syntax and models of many-sorted logic programs with equality. In Section 4, the basic definitions of E-unification are given and extended to unification of literals in Section 5. Definition and properties of SLDE-derivations and SLDE-trees are given in Section 6, and how to realize E-unification procedures as logic programs is shown in Section 7. Section 8 contains the translation of logic programs with equality into logic programs without equations and the equivalence theorem. Section 9 presents an example, and in Section 10 the implementation of our approach in VM/Prolog is described and some conclusions are drawn.

2. Syntax of many-sorted logic programs with equality

A signature Σ = <S, OP, PR> is a triple consisting of a set S of sorts, an S*xS-indexed family of function symbols OP, and an S*-indexed family of predicate symbols PR. For op ε $OP_{w,s}$ (resp. pr ε PR_w) we write op: w -> s (resp. pr: w). For each sort s there is a distinguished binary predicate =: s s ε PR which is the equality symbol.

The family of well-formed terms over Σ and an S-indexed family of variables V is denoted by $T_\Sigma(V)$, and $T_\Sigma := T_\Sigma(\phi)$ is the family of ground terms over Σ. The sort of a term t is denoted by sort(t). For pr: $s_1 \ldots s_n$ ε PR and t_i ε $T_\Sigma(V)_{s_i}$ $pr(t_1, \ldots, t_n)$ is a literal, and for literals P_i a Horn clause is of the form

$$P_0 :- P_1, \ldots, P_n$$

Such a Horn clause is called

- equation, if P_0 is of the form s = t and there are no conditions, i.e. n = 0
- conditional equation, if P_0 is of the form s = t and all

conditions P_i are equations as well, i.e. for any $i \geq 0$, P_i is of the form $s_i = t_i$

A many-sorted logic program LP is a pair (Σ, C) where C is a set of Horn clauses over the signature Σ and some family of variables V. The **equational part** $E \subseteq C$ of LP contains all equations and conditional equations of C.

A Σ-goal G is a conjunction of literals over the alphabet Σ, written
$:- P_1,\ldots,P_n$

3. Models

3.1 Models of many-sorted logic programs with equality

Given a signature $\Sigma = <S, OP, PR>$ a Σ-model consists of an S-indexed family of sets A, a function $op_A: A_w \rightarrow A_s$ for every $op: w \rightarrow s \in OP$, and a relation $pr_A \subseteq A_w$ for every $pr: w \in PR$. The equality symbols $=: s\ s \in PR$ must be interpreted by the identity on the carrier sets A_s, i.e. $=_A$ is the relation $\{(a,a) \mid a \in A_s\}$.

Given two Σ-models A and A′, a Σ-model morphism $h: A \rightarrow A'$ is an S-indexed family of functions $h_s: A_s \rightarrow A'_s$ preserving both the operations and predicates, i.e. for $op: w \rightarrow s \in OP$ and $pr: w \in PR$ we have

$(a_1,\ldots,a_n) \in A_w$ implies $h_s(op_A(a_1,\ldots,a_n)) = op_{A'}(h_w(a_1,\ldots,a_n))$

and

$(a_1,\ldots,a_n) \in pr_A$ implies $h_w(a_1,\ldots,a_n) \in pr_{A'}$

Mod(Σ) denotes the class of all Σ-models together with all Σ-model morphisms. For instance, one particular Σ-model is the free term model $T_\Sigma(V)$ over a family of variables V. The carriers of $T_\Sigma(V)$ are the terms over Σ and V, the functions are the term generating operations, and the relations are all empty.

Let A be a Σ-model and $\alpha: V \rightarrow A$ be a sort respecting function assigning a carrier element $a \in A_s$ to each variable $v \in V_s$. The unique extension of α to a morphism from $T_\Sigma(V)$ to A is also denoted by α. We say that A **satisfies**

- a literal $P = p(t_1,\ldots,t_n)$ under the assignment $\alpha: V \rightarrow A$, written $A \models \alpha(P)$, iff $(\alpha(t_1),\ldots,\alpha(t_n)) \in p_A$.

- a Horn clause $P_0 :- P_1,\ldots,P_n$, written $A \models P_0 :- P_1,\ldots,P_n$, iff for every variable assignment $\alpha: V \rightarrow A$ (with V the variables occurring in $P_0,\ldots,P_n$), A satisfies $\alpha(P_0)$ if A satisfies every $\alpha(P_i)$, i.e.
  $A \models P_0 :- P_1,\ldots,P_n$ iff
  for each $\alpha: V \rightarrow A$ we have
  $A \models \alpha(P_i)$ for $1 \leq i \leq n$ implies $A \models \alpha(P_0)$

- a set C of clauses, written $A \models C$, iff it satisfies every clause in C; we then say that A is a C-model. Mod(Σ,C) denotes the class of all C-models together with all model morphisms between them.

- a goal $G = :- P_1,\ldots,P_n$, written $A \models G$, iff there exists a variable assignment $\alpha: V \rightarrow A$ (with V the variables occuring in $P_1,\ldots,P_n$) such that $A \models \alpha(P_i)$ for every i.

We say that a logic program LP satisfies a goal G, written LP $\models$ G, iff every A $\in$ Mod(Σ,C) satisfies G.

3.2 Initial models

The definitions above are all straightforward generalizations of the algebraic approach to the specification of abstract data types as given in e. g. [GTW 78] or [EM 85]. There, the set of predicates only contains the equality predicates. As in the case of purely equational specifications, every logic program LP = (Σ, C) with equality also denotes a (up to isomorphisms) unique model, which we denote by $T_{\Sigma,C}$. $T_{\Sigma,C}$ is the (isomorphism class of the) initial model in Mod(Σ,C), i.e. it is characterized by the property that for every C-model A there is a unique Σ-model morphism h: $T_{\Sigma,C}$ -> A. For instance, the term model $T_\Sigma(\emptyset)$ is an initial model in Mod(Σ).

The existence of $T_{\Sigma,C}$ follows from general results about logics that admit initial models (c.f. [MM 84]). It is also possible to give a definition of $T_{\Sigma,C}$ in analogy to the quotient term algebra construction of [GTW 78], using the provability relation $\vdash$ for many-sorted first order logic with equality (e.g. as in [GM 86]). The importance of initial models is based on the fact that a logic program LP satisfies a goal G iff the initial model of LP satisfies G.

4. Unification in equational theories

In this section we introduce the basic definitions needed for dealing with unification in equational theories; for a more complete survey we refer to [Si 84].

Let V be an infinite family of S-sorted variables and Σ a signature over S. A substitution is a sort-respecting function σ: V -> $T_\Sigma(V)$ which is the identity almost everywhere. Let Var(t) be the set of variables occuring in a term t. Dom(σ) = $\{x \in V \mid \sigma(x) \neq x\}$ is the domain of σ, Cod(σ) = σ(Dom(σ)) the codomain of σ, VCod(σ) = Var(Cod(σ)) the set of variables introduced by σ, and Var(σ) = Dom(σ) u VCod(σ) the set of variables of σ.

Given a set E of equations, we say that σ is an E-unifier of the terms s and t iff $\sigma(s) =_E \sigma(t)$ where $=_E$ is the least congruence relation on $T_\Sigma(V)$ generated by the equations in E. For a set of variables W and another substitution δ we say that σ and δ are E-equal in W, written $\sigma =_E \delta[W]$, iff $\sigma(x) =_E \delta(x)$ for every x $\in$ W. σ is more general than δ in W, written $\delta \leq_E \sigma[W]$, iff there is a substitution β such that $\delta =_E \beta \circ \sigma[W]$.

Definition:
Let E be a finite set of equations over Σ, s, t $\in T_\Sigma(W)$, and Subst a set of substitutions. Subst is a **complete set of E-unifiers** for s and t away from W iff

1. For all $\sigma \in$ Subst we have $\sigma(s) =_E \sigma(t)$ (correctness)

2. For every E-unifier δ of s and t there is some $\sigma \in$ Subst so that $\delta \leq_E \sigma[W]$ (completeness)

3. For all $\sigma \in$ Subst we have VCod(σ) $\cap$ W = $\emptyset$ (protection of W)

Additionally, Subst is called **minimal** iff

4. For all $\sigma_1, \sigma_2 \in$ Subst we have
$\sigma_1 \leq_E \sigma_2 [W]$ and $\sigma_2 \leq_E \sigma_1 [W]$ implies $\sigma_1 =_E \sigma_2 [W]$

If W is the family of all variables it will be ommitted in the notation introduced above; similarly we will omit the index E for $E = \phi$. Note that for Σ containing only one sort the given definitions correspond exactly to the unsorted case as treated in e.g. [Si 84]; if additionally E is empty we have the situation of classical Robinson unification of unsorted terms. Note that the definitions also apply to the case of conditional equations.

With the notation introduced above we can precisely state the problem of solving a goal :- s = t w.r.t. a logic program LP whose equational part is E: it is exactly the unification problem $s =_E t$.

5. Unification of literals

When defining a refutation method for logic programs we also need the notion of unification for literals $p(s_1, \ldots, s_n)$ and $q(t_1, \ldots, t_m)$ with p, q $\in$ PR. Such literals can be unifiable only if p = q, n = m and $sort(s_i) = sort(t_i)$.

Instead of generalizing the notion of a (minimal) complete set of unifiers for a single equation s = t to a set of equations $\{s_1 = t_1, \ldots, s_n = t_n\}$, we want to deal directly with the literals by viewing them as terms in an enlarged signature Σa. Σa contains a new sort atom and a new operation symbol p with target sort atom for every predicate p. For technical reasons we want to view ordinary Σ-terms also as Σa-terms of sort atom.

Definition:
Let Σ = (S, OP, PR) be a signature with OP $\cap$ PR = ϕ, and s-atom, atom, and unify symbols not occuring in Σ. Then
Σa = (S u {atom}, OP u OP´, PR u {unify: atom atom})
is Σ **with atomic terms** where
OP´ = {p: $s_1 \ldots s_n$ -> atom | p: $s_1 \ldots s_n \in$ PR} u
{s-atom: s -> atom | s $\in$ S}

Obviously, if E is a set of Σ-equations it is also a set of Σa-equations. Moreover, since there cannot be any equations for the new function symbols of Σa in E we have:

Fact:
For any t_1, $t_2 \in T_\Sigma(W)_s$ and any substitution σ, σ is an E-unifier of t_1 and t_2 over the signature Σ iff it is an E-unifier of s-atom(t_1) and s-atom(t_2) over Σa.

Thus, the transition from Σ to Σa does not change the set of unifiers of terms and atoms over Σ. The advantage of Σa is that we can treat the concept of E-unifiers for arbitrary literals uniformly in the framework of term unification.

Definition and Fact:
For any non-equational literals P, Q over Σ and any substitution σ, σ is an E-unifier of the Σ-literals P and Q iff σ is an E-unifier of the Σa-terms P, Q $\in T_{\Sigma a}(W)_{atom}$.

Now every E-unification problem involving function and predicate symbols from Σ corresponds exactly to solving an equation between terms of sort atom over Σa. Since the distinction between Σ and Σa is merely technical we may sometimes drop it in the following if no ambiguities arise.

6. SLDE derivations and trees

The evaluation of non-equational logic programs is based on SLD-derivations which are discussed in detail in [AvE 82]. In this section we extend the notion of SLD-derivations and SLD-trees to SLDE-derivation and SLDE-trees for many-sorted logic programs with equality.

Definition:
Let LP = (Σ, E u C) be a logic program with equational part E, and let G = :- $P_1,\ldots,P_n$ be a Σ-goal. An **SLDE-derivation** of LP and G is a sequence $N_0, N_1, \ldots$ of Σ-goals such that G = N_0 and the following holds for every $i \geq 0$:
Let N_i = :- $A_1,\ldots,A_k,\ldots,A_m$ with $m \geq 1$. N_{i+1} is obtained according to either of the following rules:

1. A_k is not an equation. Then there is some clause A :- $B_1,\ldots,B_n$ in C (possibly with some variables renamed so that it does not contain any variables that also occur in A_k) and some E-unifier σ_i of A and A_k so that
   $N_{i+1} = \sigma_i(:- A_1,\ldots,A_{k-1},B_1,\ldots,B_n,A_{k+1},\ldots,A_m)$
   where $\sigma_i(\ldots)$ stands for the list of literals with σ_i applied to every element in the list, or

2. A_k is an equation s = t. Then there is some E-unifier σ_i such that
   $N_{i+1} = \sigma_i(:- A_1,\ldots,A_{k-1},A_{k+1},\ldots,A_m)$

A SLDE-derivation is called an **SLDE-refutation** iff it contains the empty goal (which is then the last element of the derivation sequence).

In the situation where E = ϕ, SLDE-derivations are exactly the well-known SLD-derivations. Moreover, analogously to the SLD case we can prove both correctness and completeness of SLDE-refutations.

Theorem:
Let LP = (Σ, E u C) be a logic program with equational part E and G a Σ-goal. LP satisfies G if and only if there exists an SLDE-refutation for LP and G.
Proof:
The proof generalizes the one given in [AvE 82] to the case of E-unifiers (the details are given in [BP 87]).

Thus, in order to check the validity of a goal G a refutation for G has to be found, i.e. we have to construct a derivation which contains the empty goal.

The standard way of finding a refutation for G is to organize the derivations in a tree-like manner. The above definition of a derivation indicates that each derivation step is determined by making three choices in order to proceed to the next state of a proof:

1. choice of a selected atom A_k

2. choice of a program clause whose head A is E-unifiable with A_k

3. choice of an E-unifier σ_i of A_k and A

Apt and van Emden [AvE 82] discuss the influence of these three choices on constructing a proof based on SLD-resolutions. They show that it does not matter which atom is selected, so the choice in (1) is of "don´t care" style, whereas each clause the head of which unifies with the selected atom must be considered in (2) in order to achieve completeness. Their results carry over to our setting as far as the selection of an atom and a matching clause is concerned. Differences arise for the third choice to be made. Since SLD-refutations are based on unification in the absence of equations, it suffices to consider only the most general unifier σ of A and A_k. Therefore, we don´t have a proper choice of unifiers in (3) since there is at most one such σ. SLDE-derivations, however, are based on unification in the presence of equations. Here the concept of a most general unifier has to be generalized to that of complete sets of unifiers (c.f. Section 4) to which we can restrict the search space for (3). Since complete sets of unifiers are in general not singletons, SLDE-refutations do require a proper choice under (3) leading to an enlarged possibility for subsequent proof steps.

Definition:

Let U_E be a function taking every pair (A,B) of terms resp. atoms to a complete set of E-unifiers of A and B. An **SLDE-tree w.r.t. U_E** for G and LP is a tree T with root G. A non-empty node in T has one atom which is the selected atom. A node

$N = :- A_1, \ldots, A_k, \ldots, A_m$

with selected atom A_k has the following descendants:

1. If A_k is not an equation, then for every clause $A :- B_1, \ldots, B_n$ in C such that A and A_k are E-unifiable there is a descendant
   $\sigma(:- A_1, \ldots, A_{k-1}, B_1, \ldots, B_n, A_{k+1}, \ldots, A_m)$
   for every $\sigma \in U_E(A, A_k)$.

2. If A_k is an equation s = t, then there is a descendant
   $\sigma(:- A_1, \ldots, A_{k-1}, A_{k+1}, \ldots, A_m)$
   for every $\sigma \in U_E(s,t)$.

In both cases σ is the label of the edge from N to the new node. **ANS(T)** is the set of all answer substitutions that are the compositions of the edge labelling substitutions along a path from the root of T to an empty node.

We can show that searching any arbitrary SLDE-tree is correct and complete w.r.t. goal satisfaction.

Theorem:

Let LP = (Σ, E u C) be a logic program with equational part E and G a Σ-goal. Then for any SLDE-tree T w.r.t. U_E for G and LP we have

1. For every ground term substitution σ such that LP satisfies $\sigma(G)$ there exists $\alpha \in$ ANS(T) with $\sigma \leq_E \alpha$.

2. For every $\alpha \in$ ANS(T), LP satisfies $\alpha(G)$.

3. LP satisfies G if and only if ANS(T) $\neq \emptyset$.

7. Logic programs as E-unification procedures

We intend to compute E-unifiers by means of non-equational logic programs and are thus going to define what it means that a program serves for this purpose.

Starting from an equational logic program LP = (Σ, E u C) we move to the extended program LPa = (Σa, E u C) allowing us to view Σ-literals and Σ-terms uniformly as Σa-terms of the distinguished sort "atom" and to view any Σ-unification problem as a Σa-goal

:- unify(A, B).

Definition:

Let LP = (Σ, E u C) be any logic program with equational part E, Σa the extended signature as constructed in Section 5, and LP_{UNI} = (Σ_{UNI}, C_{UNI}) a non-equational logic program with Σa $\not\subseteq$ Σ_{UNI}. Let A and B be either two Σ-atoms or two Σa-terms of the form s-atom(t) where t is a Σ-term.

LP_{UNI} **computes [complete] sets of E-unifiers** iff for any SLD-tree T for unify(A, B) and LP_{UNI}, ANS(T) is a [complete] set of E-unifiers for A and B.

8. Translation of logic programs with equality

Let LP_E = (Σ, C u E) be a logic program with equational part E. We define a logic program LP_* = (Σ_{UNI}, TR(C) u C_{UNI}) with empty equational part so that LP_* is in some sense equivalent to LP_E (see below for a precise meaning of equivalent in this context). Firstly, we define a non-equational logic program (Σa, TR(C)) over the enlarged signature Σa with TR(C) resulting from C by forgetting any equational clause and translating every non-equational clause to a clause with explicit calls to the unification predicate as subgoals.

Definition:

Let LP_E and Σa be as above.

1. If A is the Σ-equation $t_1 =_s t_2$, the translation TR(A) is the Σa-literal
   unify(s-atom(t_1),s-atom(t_2))

2. If A is a non-equational Σ-literal, TR(A) is A again.

3. For a list $A_1,\dots,A_n$ of Σ-literals, TR($A_1,\dots,A_n$) is the list TR(A_1),...,TR(A_n).

4. If CL is the Σ-clause A :- $A_1,\dots,A_n$ with non-equational A, the translation TR(CL) is the Σa-clause
   A´ :- unify(A, A´), TR(A_1, ..., A_n)
   where for A = p($t_1,\dots,t_n$) we let A´ = p($x_1,\dots,x_n$) such that the variables x_i do not occur in the original clause and sort(x_i) = sort(t_i).

5. For the set C of Σ-clauses, TR(C) is the set {TR(CL) | CL ε C}.

We still need a logic program that defines the predicate unify. Thus, let LP_{UNI} = (Σ_{UNI}, C_{UNI}) be any logic program with empty equational part and with Σa $\subseteq$ Σ_{UNI} such that C_{UNI} does not contain any clauses

with predicates from Σ in their head (i.e. LP_{UNI} only defines the predicate unify and some auxiliary predicates in $\Sigma_{UNI} - \Sigma$).
The non-equational logic program $LP_{\bullet}$ resulting from LP_E is then the combination of TR(C) and C_{UNI}, i.e.

$LP_{\bullet} = (\Sigma_{UNI}, TR(C) \cup C_{UNI})$.

Theorem:
Let G_E be any Σ-goal and $G_{\bullet}$ be the Σ_{UNI}-goal $TR(G_E)$. If LP_{UNI} computes E-unifiers then:

1. There exists a SLDE-derivation for G_E and LP_E
   ==>
   there exists a SLD-derivation for $G_{\bullet}$ and $LP_{\bullet}$.

2. $LP_E \models G_E$ ==> $LP_{\bullet} \models G_{\bullet}$.

If LP_{UNI} computes complete sets of E-unifiers the implications in 1. and 2. also hold in the opposite direction.

9. Examples

In our example we use a notation where the signature and the clauses of a logic program are seperated by corresponding keywords. Let LP_E be the following logic program with equality which defines the natural numbers modulo 4 and two predicates:

```
sorts          nat4
functions      zero: -> nat4
               succ: nat4 -> nat4
predicates     even: nat4
               odd: nat4
clauses        succ(succ(succ(succ(N)))) = N.          (1)
               even(zero).                             (2)
               even(succ(succ(zero))).                 (3)
               odd(X) :- even(succ(X)).                (4)
```

We have $LP_E = (\Sigma, E \cup C)$ where Σ contains the sort set {nat4}, the function symbols {zero: -> nat4, succ: nat4 -> nat4}, and the predicate symbols {even: nat4, odd: nat4}. The equational part E contains the equation (1) and C contains the remaining clauses (2) - (4). The extended signature Σa is

```
sorts          nat4, atom
functions      zero: -> nat4
               succ: nat4 -> nat4
               nat4-atom: nat4 -> atom
               even: nat4 -> atom
               odd: nat4 -> atom
predicates     even: nat4
               odd: nat4
               unify: atom atom
```

The signature Σ_{UNI} may contain additional predicates used for the definition of the unify predicate. The derived logic program $LP_{\bullet}$ over the signature Σ_{UNI} contains the following clauses TR(C)

```
even(X1) :- unify(even(zero),even(X1))
even(X1) :- unify(even(succ(succ(zero))),even(X1))
odd(X1)  :- unify(odd(X1),odd(X)), even(succ(X))
```

and the part which defines the predicate unify (e.g. by using the narrowing technique). The Σ-goals

```
1.  :- even(succ(succ(succ(N)))

2.  :- odd(succ(succ(succ(M)))

3.  :- succ(succ(succ(succ(succ(K))))) = succ(K)

4.  :- succ(succ(L)) = succ(L)
```

give rise to the following Σ_{UNI}-goals with corresponding solution sets where the solution substitutions are in reduced form:

```
1.  :- even(succ(succ(succ(N)))
          N ---> succ(zero)
          N ---> succ(succ(succ(zero)))

2.  :- odd(succ(succ(succ(M)))
          M ---> zero
          M ---> succ(succ(zero))

3.  :- unify(nat4-atom(succ(succ(succ(succ(succ(K)))))),
              nat4-atom(succ(K)))
          K ---> Z

4.  :- unify(nat4-atom(succ(succ(L))),nat4-atom(succ(L)))
          fail
```

10. Implementation and conclusions

The approach presented above demonstrates how to reduce the operational semantics of Horn logic with equality to that of non-equational Horn logic. These theoretical considerations form the basis for a rapid implementation of a typed Prolog enhanced by equality in ordinary Prolog, which was VM/Prolog in our particular setting. This required only two things: A simple syntactic translation of LP_E and the implementation of an E-unification algorithm. For the latter we used the narrowing method , c.f. [RRKL 85].

The transition from an equational logic program LP_E to its non-equational counterpart LP_* is motivated by the idea of borrowing as much as possible from an exisiting (non-equational) Prolog system. Moreover we wanted to consider an exisiting interpreter as a blackbox. The disadvantage of this blackbox approach is that we need both the ordinary Robinson unification which is provided by the Prolog system, and as well an E-unification procedure. If an exisiting Prolog system is so modular that unification algorithms can be exchanged by plugging a given one out and plugging a new one in, we could save our translation by switching directly to E-unification. However, problems arise if the process of generating a complete set of E-unifiers does not halt. In this case a strategy that allows the alternation of resolution steps and computing steps for E-unification might be more appropriate; [Ya 87] addresses such a situation for the case of unconditional equations, and [BGM 87] also studies the correspondence between narrowing and SLD-resolution.

11. Bibliography

[AvE 82] Apt, K. R. and van Emden, M. H.
Contributions to The Theory of Logic Programming.
Journal of the ACM, Volume 29, Number 3, 1982.

[BGM 87] Bosco, P. G., Giovannetti, E. and Moiso, C.
Refined Strategies for Semantic Unification.
Proc. TAPSOFT-87, LNCS Vol 250 Springer Verlag, 1987.

[BP 87] Beierle, C. and Pletat, U.
Integrating Logic Programming and Equational Specification of Abstract Data Types.
LILOG-Report, IBM Germany, Stuttgart 1987, in preparation.

[CM 84] Clocksin, W. F. and Mellish, C. S.
Programming in Prolog.
Springer-Verlag, Berlin 1982.

[DeGL 86] De Groot, D. and Lindstrom, G. (eds)
Functional and Logic Programming,
Prentice Hall, 1986.

[vEK 76] van Emden, M. H. and Kowalski, R. A.
The Semantics of Predicate Logic as a Programming Language.
Journal of the ACM, Volume 23, Number 4, 1976.

[EM 85] Ehrig, H. and Mahr, B.
Foundations of Algebraic Specification 1.
Springer-Verlag, Berlin 1985.

[GM 86] Goguen, J. G. and Meseguer, J.
EQLOG: Equality, Types and Generic Modules for Logic Programming.
In [DeGL 86].

[GR 86] Gallier, J. H. and Raatz, S.
SLD-Resolution Methods for Horn Clauses with Equality Based on E-Unification.
In. Proc. 1986 Symposium on Logic Programming, Salt Lake City, IEEE Computer Society Press, 1986.

[GTW 78] Goguen, J. A. and Thatcher, J. W. and Wagner, E.
An Initial Algebra Approach to The Specification, Correctness and Implementation of Abstract Data Types.
In: Current Trends in Programming Methodology, R. T. Yeh, (ed), Prentice-Hall, 1978.

[Hu 85] Hussmann, H.
Unification in Conditional-Equational Theories.
Proc. EUROCAL 85, LNCS, Springer Verlag, 1985.

[Ll 84] Lloyd, J. W.
Foundations of Logic Programming.
Springer-Verlag, Berlin 1984.

[MM 84] Mahr, B. and Makowsky, J. A.
Characterizing Specification Languages which Admit Initial Semantics.
Theoretical Computer Science, Volume 31, North-Holland 1984.

[RKKL 85] Rety, P. and Kirchner, C. and Kirchner, H. and Lescanne, P.
NARROWER: a new algorithm for unification and its application to Logic Programming.
In: Proc. Term Rewriting Techniques and Applications, J. P. Jouannaud (ed), LNCS Vol. 202, Springer Verlag, Berlin 1985.

[Si 84] Siekmann, J.
Universal Unification.
Proc. 7th International Conference on Automated Deduction, R. E. Shostak (ed), LNCS Vol. 170, Springer Verlag, Berlin 1984.

[Ya 87] Yamamoto, A.
A Theoretical Combination of SLD-Resolution and Narrowing.
Proc. 4th Int. Conf. on Logic Programming, May 1987.

Taxonomical Reasoning in Logic Programming

I. Varsek
Sonderforschungsbereich 314
Institut für Logik, Komplexität und Deduktionssysteme
Universität Karlsruhe, D-7500 Karlsruhe 1

Abstract
An extension of the PROLOG language is described which supports taxonomical reasoning on the grounds of *order-sorted SLD-resolution* . Taxonomical information, expressed through *sorts* and *subsort relations*, is strictly distinguished from the program. Nonetheless, declarative semantics and related properties can be expressed within the framework of untyped definite clauses. Our Extended Prolog with Order-Sorted resolution (EPOS) supports data abstraction and inheritance mechanisms and offers an enhanced language expressiveness resulting in shorter programs. Compared to PROLOG, more efficient computations are obtained since taxonomical reasoning is effected during unification rather than by resolution. Examples and comparative performance figures are given.

1 Introduction

A successful method humans use in representing knowledge and in reasoning is to assume a structured universe of discourse. Instead of having a single universe like, e.g. the Herbrand universe of terms [Lloyd 84] in PROLOG [Clocksin,Mellish 84], we assume that the universe is divided into a certain number of subuniverses. When reasoning, say, about (the universe of) *vehicles*, we may distinguish the subuniverses *two-wheelers, four_wheelers, bikes, motor_bikes, cars,* etc., as illustrated by the following diagram:

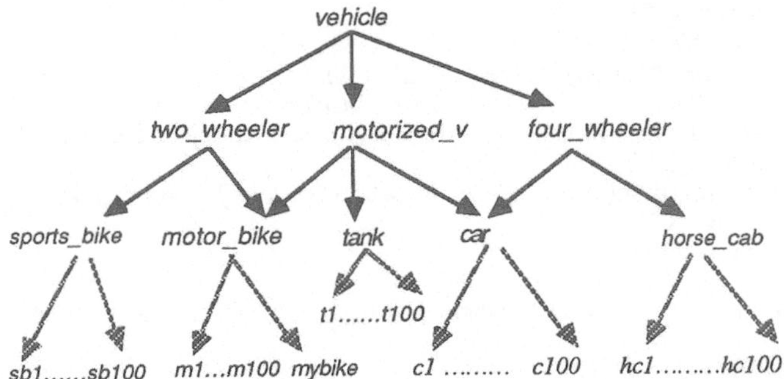

Relations between subuniverses (e.g. containment, overlapping, disjointness) form a special kind of information, sometimes called *taxonomic information,* which helps to avoid meaningless or wrong conclusions.

In the first-order predicate calculus, sorts are frequently used as an abbreviating notation, e.g. formulas like ($\forall$ X : bike(X) . vehicle(X)) or ($\exists$ X : vehicle . has(X, doors)) are treated *formally* as *abbreviations* for, respectively, ($\forall$X.vehicle(X)$\leftarrow$bike(X)) or ($\exists$X.vehicle(X) $\wedge$ has(X,doors)).

Thus we regard certain unary predicates like *bike* and *vehicle* as *sort symbols* that denote subuniverses called *sorts*. A sort, say *bike*, is the extension (i.e. the set of individuals) of its sort symbol, and implications between sort symbols correspond to inclusion relations on their sorts, i.e.
vehicle(X) $\leftarrow$ bike(X) iff vehicle $\geq$ bike. This defines a partial ordering on the sort symbols, hence the notion of *order-sorted* (or *many-sorted*) calculus.

Within the fields of knowledge representation (see e.g.[Brachman,Schmolze 85][Fikes,Kehler 85]) and automated theorem proving (ATP) the merits of taxonomical reasoning are widely recognized. In particular, several proposals for extending Robinson´s resolution calculus by *sorts* have been proposed in the literature, e.g. [Cohn 83][Irani,Shin 85][Walther 83]. Applications of a so-called *many-sorted* calculus to ATP challenge problems [Walther 85] give an impressive demonstration of search space reduction induced by sorts.

For programming languages, subsorts provide the concepts of subtypes and multiple inheritance. In particular, subtypes increase the expressivenes of specification languages, as was recognized by [Goguen 78]. [Goguen, Meseguer 84] were the first to propose an ambituous logic programming language, Eqlog, that incorporates subsorts. [Ait-Kaci, Nasr 86] propose a language called LOGIN, an elaboration of Prolog with subtyping and inheritance on record-like structures called psi terms. [Smolka, Ait-Kaci 87] give a reconstruction of LOGIN in order-sorted Horn logic [Smolka 86]. In their approach, inheritance hierarchies are built-up from so-called feature types, which are ordered by subtyping and whose elements are records. Feature types can be expressed as algebraic types in order-sorted equational logic where the signature distinguishes between constructors and defined operators [Smolka, Ait-Kaci 87].

In the following sections, we introduce EPOS, a logic programming language based on order-sorted SLD-resolution which was developed from the many-sorted resolution calculus with paramodulation originally introduced in [Walther 83]. Defining a language based on an extended resolution calculus has the advantage that well-developed implementation techniques for PROLOG like the Warren Abstract Machine (WAM) [Warren 83] ca be adapted accordingly to obtain a very efficient implementation. This is an important issue, since most of the additional language expressivenes comes through order-sorted unification. First proposals for adapting the WAM to order-sorted logic can be found in [Bürckert 85] and [Huber 85]. The abstract machine underlying our implementation of EPOS [Huber,Varsek 87] is an elaboration and extension of [Huber 85].

The following is a PROLOG program and its corresponding EPOS formulation. Read '<' as "is subsort of" and ':' as sort membership.

PROLOG:	EPOS:
vehicle(X) :- two_wheeler(X). vehicle(X) :- motorized_v(X). vehicle(X) :- four_wheeler(X).	*{ two_wheeler, four_wheeler, motorized_v } < vehicle.*
four_wheeler(X) :- horse_cab(X). four_wheeler(X) :- car(X).	*horse_cab < four_wheeler.* *car < four_wheeler.*
two_wheeler(X) :- sports_bike(X). two_wheeler(X) :- motor_bike(X).	*{ sports_bike, motor_bike} < two_wheeler .*
motorized_v(X) :- motor_bike(X). motorized_v(X) :- tank(X). motorized_v(X) :- car(X).	*{ motor_bike, tank, car } < motorized_v.*
sports_bike(sb1). : sports _bike(sb100).	*typeof { sb1, ... , sb100 } : sports _bike.*
motor_bike(mb1). : motor_bike(mb100). motor_bike(mybike).	*typeof { mb1, ... , mb100, mybike } : motor_bike.*
tank(t1). : tank(t100).	*typeof {t1,...,t100 }: tank.*
car(c1). : car(c100)	*typeof {c1, ... ,c100 }: car.*
horse_cab(hc1). : horse_cab(hc100)	*typeof { hc1, ... , hc100 }: horse_cab.* */* end of EPOS declarations */*
has(X, pedals) :- two_wheeler(X).	*has(X : two_wheeler, pedals).*

Our juxtaposition exhibits obvious differences in program size (number of clauses) and legability. The main advantage of using sorts becomes apparent if we compare the evaluation of the goal

?- has(mybike, pedals) .

In PROLOG a proof consists of 3 resolutions steps and backtracking occurs during computation whereas EPOS solves the query it in one step since there is only a single fact for the has predicate - the other predicates have been expressed by sort declarations. During unification, this *taxonomic information* is used to deduce that mybike is a motor_bike (more precisely: the sort of mybike is motor_bike), motor_bike is a subsort of two_wheeler and thus the predicate applies.

This example illustrates that subsort relations introduce the concept of *inheritance* : properties, like having pedals, can be attributed to *all* members of a subuniverse and may be *inherited* from the universes in which it is contained.

Occasionally sorts also affect the appearence of answer sustitutions. Consider the goal

?- has(X, pedals) .

PROLOG would enumerate, one by one, all individuals of sort two_wheeler, i.e.*b1,...,b100, mb1,...,mb100, mybike* The EPOS program answers *X:two_wheeler* which is the most general answer, since every two_wheeler has pedals according to our definition. Enumerating members of a given sort can easily be provided for EPOS too, so we can obtain the same behaviour as in the one-sorted case. But by using sorts we achieve a *data abstraction* that results in efficient "set-oriented" computations as opposed to the "element-oriented" style of PROLOG. To give another illustration, we extend our example programs by the following clauses:

needs(Y, gas):- motorized_v(Y).   *needs(Y: motorized_v, gas).*

In order to determine "which four_wheelers need gas ?" we ask, respectively,

?- four_wheeler(X), needs(X, gas).   *?- needs(X: four_wheeler, gas).*

Searching for solutions, PROLOG instantiaties X with an individual of sort *four_wheeler* (i.e. car, tank, car and horse_cab) and subsequently tests whether it needs gas. Hence a straightforward generate-and-test procedure is effected. Note that the order of program clauses and the order of literals in the query have only a gradual impact on the performance. Attempts to improve the search by "intelligent backtracking" are fruitless.

With EPOS, the answer is found in a single resolution step whereby a variable X of sort four_wheeler is unified with a variable Y of sort motorized_v. The variables X and Y represent the set of individuals of sort four_wheeler and motorized_v, respectively, and unification consists in finding the most general common subsort, which corresponds to the intersection of the associated sets. Observe that in contrast to PROLOG the intersection (or *natural join*, in database terminology) is not computed at the level of individuals, but more abstractly at the level of sets, which are denoted by sorts.

The remaining part of the paper is organized as follows. After recalling some basic notions on signatures and lattice theory, we extend in Chapter 2 the untyped first-order language of Horn clauses [Lloyd 84] to an order-sorted one, called EPOS. Chapter 3 defines the semantics of EPOS in terms of untyped Horn clauses. For this purpose, we adopt results from a many-sorted calculus as defined in [Walther 83,87]. To effect order-sorted deduction, SLD-resolution is adapted to sorts mainly by extending the unification procedure, as shown in chapter 4. To give an impression on the efficiency improvements, some simple benchmarks are presented in chapter 5.

2 The Language

We recall some basic notions of lattice theory (see e.g. [Grätzer 71]):

Let S be a nonempty set and $<$ a binary relation on S.
An element $s_0 \in S$ is called the *least element* of a subset $W \subseteq S$ iff $s_0 \in W$ and not $s < s_0$ for all $s \in W$. An element $s_0 \in S$ is called a *minimal element* of a subset $W \subseteq S$ iff $s_0 \in W$ and $s_0 \leq s$ for all $s \in W$.
An element $s_0 \in S$ is called a *maximal element* of a subset $W \subseteq S$ iff $s_0 \in W$ and $s \leq s_0$ for all $s \in W$.
An element $s_0 \in S$ is called a *lower bound* of W, iff $s_0 \leq s$ for all $s \in W$.
An element $s_0 \in S$ is called the *greatest lower bound* of W if s_0 is a lower bound of W and,

additionally, $s_1 \leq s_o$ for each lower bound s_1 of W.

$(S, \leq_S)$ is called a *meet-semilattice* iff each pair of sort symbols s_1 and s_2 has a greatest lower bound, denoted **glb**(s_1, s_2).

Given a (one-sorted) set of variables, a set of function symbols and predicate symbols, we define terms, atoms, goals and clauses as usual [Lloyd 1984]. Clauses are denoted A :- $B_1,...,B_n$, goals are written ?- $B_1,...,B_m$. A *logic program* is a nonempty finite set of clauses.

In an order-sorted first-order language, certain restrictions are imposed on the composition of compound objects. These restrictions are defined by an *S-sorted signature* $\Sigma=\Sigma(S)=(F,P,SUBS)$ which consists of finite sets F, P and $SUBS$ of function (type-) declarations, predicate (type-) declarations and subsort declarations over a set of sorts S. As usual we assume that the corresponding alphabets of function, predicate and sort symbols are pairwise disjoint. Multiple type declarations for a single function symbol (also called *overloading*) are not allowed.

A *sort structure* $(S,<)$ is defined by a finite, nonempty set S of *sort symbols* and a finite set $SUBS$ of *subsort declarations* $s_1 < s_2$ to be read as: sort s_1 is a *subsort of* s_2 (or s_2 is a *supersort* of s_1). The *subsort relation* $\leq_S$ (or simply $\leq$) is the least partial order on S such that $s_1 <_S s_2$ if $(s_1 < s_2) \in SUBS$. A *type declaration for an n-ary predicate* p is denoted **typeof** p : $s_1,...,s_n$ where $s_i \in S$, for $1 \leq i \leq n$. A *type declaration for an n-ary function symbol* f has the form **typeof** f: $s_1,...,s_n \rightarrow s$ where $s, s_i \in S$. Let V be an S-indexed family of sets of variables. X:s is a *type declaration for a variable* $X \in V_s$. Since the scope of a variable is limited to a single clause, a type declaration can only appear within a literal or a term. A *well-sorted term of type u* is either a variable $X \in V_s$ with $s \leq u$ or a term $f(t_1,...,t_n)$ for which there is a declaration **typeof** f: $s_1,...,s_n \rightarrow s$ with $s \leq u$ and every t_i is a term of type s_i.

Let $T_{\Sigma \cup V}$ denote the set of all well-sorted terms over $\Sigma \cup V$. We assume given a function **sort**:$T_{\Sigma \cup V} \rightarrow S$ which determines the sort of a given well-sorted term. An *atom* $p(t_1,...,t_n)$ is *well-sorted* if there is a declaration **typeof** p: $s_1,...,s_n$ and every t_i is a term of type s_i. A *well-sorted clause* or *goal* solely contains well-sorted atoms. A *well-sorted program* is a nonempty set of well-sorted clauses. Subsequently, we assume that

- [MIN] for each s that is *minimal* in $(S,\leq)$, there is at least one constant of sort s.
- [MAX] $(S,\leq)$ posesses a maximal element *term*, i.e. $s \leq$ *term* for every s in S .
- [GLB] every pair of sorts s,u in S has *at most* one greatest common subsort.
- [1-FTYP] there is exactly one type declaration for each function symbol.

The motivation and some possible relaxations for these restrictions will be explained later. For convenience we define $S_0 := S \cup \{\perp\}$, where $\perp \notin S$ denotes the least element (read: 'undefined' or 'empty sort') of S_o . Let $\leq$ be the corresponding extension of $\leq_S$ to S_o. Then condition [GLB] implies that $(S_o,\leq)$ is a *meet-semilattice* and **glb**(s_1, s_2) is defined for all s_1, s_2 in S_o..

For notational convenience, a sequence of sort declarations $s_1 < s.$ $s_2 < s.$ $s_3 < s.$ ... $s_k < s.$ can also be written as $\{ s_1, s_2, s_3, \ldots s_k \} < s.$
Similarly, a sequence of constant declarations **typeof** $c_1 : \rightarrow s, \ldots$, **typeof** $c_k : \rightarrow s$ can be abbreviated to **typeof** $\{ c_1, \ldots ,c_k\}: s$.

Additionally, any predicate and function symbol that is not subject to a type declaration is assumed to have a *default* type declaration over the greatest sort *term*. This is the main motivation for imposing condition [MAX]. In particular, a PROLOG program can be considered as sorted where S={*term*}, the set of sort declarations is empty, any function symbol f is declared **typeof** f: *term,...,term* $\rightarrow$ *term* and any predicate p has a declaration **typeof** p: *term,...,term* . In this case, *term* denotes the Herbrand universe (since it is the universal sort).

Finally, we admit multiple variable declarations for the same variable within a single clause, e.g. $p(X:s_1, X:s_2)$ where $s_1 \neq s_2$. This is to be regarded as a convenient notation for a declaration p(X:s,X:s) with s:= glb(s_1, s_2). If s is the empty sort, then $p(X:s_1, X:s_2)$ and thus p(X:s,X:s) is not well-sorted.

3 Semantics

The declarative semantics of order-sorted resolution can be captured by expressing sorted terms in the unsorted (i.e. one-sorted) calculus. By using sort symbols as unary predicate symbols, the relations between function and sort symbols as well as the subsort order can be represented by a set *SAX* (Σ) of unsorted (Horn) clauses, called *sort axioms* defined by

$s_2(X)$:- $s_1(X) \in$ SAX (Σ)	for every subsort declaration $s_1 < s_2$.
$s(f(X_1,\ldots X_n))$:- $s_1(X_1),\ldots,s_n(X_n) \in$ SAX (Σ)	for every declaration **typeof** f: $s_1,\ldots,s_n \rightarrow s$
$s(c) \in$ SAX (Σ)	for any constant c with minimal sort s in *S*.

For a well-sorted Horn clause

(C) H :- G its *relativization* (C^{Σ}) H:-G,$s_1(X_1),\ldots,s_n(X_n)$

is obtained by using the sort symbols s_i as unary predicates to express the sort of s_i-sorted variables X_i that occur in H:-G. We denote by P^{Σ} the relativization of a logic program P. Given the notions of sort axioms and relativizations, the relation between SLD-resolution and order-sorted SLD-resolution is an immediate consequence of a more general result, namely the *Sort Theorem* of [Walther 83]. In particular, for any well-sorted program P and any well-sorted goal G we have that

$$\text{SAX}(\Sigma) \cup P^{\Sigma} \cup G^{\Sigma} \vdash \otimes \quad \text{iff} \quad P \cup G \vdash_{\Sigma} \otimes,$$

i.e. there exists a refutation (proof of the empty clause $\otimes$) for $P \cup G$ with order-sorted SLD-resolution iff there exists a (one-sorted) SLD-refutation for the union of the sort axioms SAX(Σ) and the relativization $P^{\Sigma} \cup G^{\Sigma}$ of $P \cup G$.

4 Deduction

For SLD-resolution, the main difference between the order-sorted and untyped calculus is located in the unification procedure: order-sorted unification has to preserve well-sortedness. In the sequel, we introduce the notions of well-sorted substitution. Given the notion of well-sorted unifying substitution, the order-sorted SLD-resolution then can be defined as usual [Lloyd 84].

A *well-sorted substitution* $\sigma=\{X_1 \leftarrow t_1, \ldots, X_k \leftarrow t_k\}$ has the property that $\mathbf{sort}(t_i) \leq \mathbf{sort}(X_i)$ for all i. Let SUB_{Σ} be the set of all well-sorted substitutions. A *well-sorted unifier* of terms $t_1,t_2 \in T_{\Sigma \cup V}$ is a well-sorted substitution σ such that $\sigma(t_1) = \sigma(t_2)$.

A subset $\mu U(t_1,t_2)$ of SUB_{Σ} is called a *minimal complete set of unifiers* of t_1 and t_2 if has the following properties [Schmidt-Schauss 85b]:

(correctness) it contains well-sorted unifiers of t_1,t_2 and

(completeness) any unifier $\tau \in SUB_{\Sigma}$ of t_1,t_2 can be expressed as composition $\tau=\lambda\sigma$ of some $\lambda \in SUB_{\Sigma}$ and some $\sigma \in \mu U(t_1,t_2)$ and

(minimality) for any $\gamma,\delta \in \mu U(t_1,t_2)$ the existence of a $\lambda \in SUB_{\Sigma}$ with $\gamma=\lambda\delta$ implies $\gamma=\delta$.

In order to preserve the completeness of order-sorted resolution, we also need to unify variables X and Y in cases where **sort**(Y) and **sort**(X) are *not* comparable (i.e. neither $\mathbf{sort}(X) \leq \mathbf{sort}(Y)$ nor $\mathbf{sort}(Y) \leq \mathbf{sort}(X)$ holds), but do have a common subsort $s \in S$ such that $s \leq \mathbf{sort}(X)$ and $s \leq \mathbf{sort}(Y)$. This case is covered by a so-called *weakening substitution* $\omega=\{X \leftarrow Z, Y \leftarrow Z\}$ which replaces X and Y by a "new" variable Z of sort s and thus effects well-sorted unification [Walther 83]. Consequently, for any two variables X, Y with uncomparable sorts and k *maximal* common subsorts there exist k "most general" well-sorted unifiers, i.e. $|\mu U(X,Y)|=k$, which are uniquely determined up to well-sorted permutation:

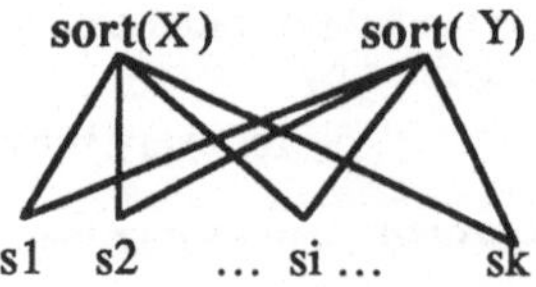

For reasons of efficiency, we are interested to obtain exactly *one* well-sorted unifier for any two unifiable terms. Therefore, we restrict our considerations, as indicated before, to sort structures with properties [GLB] and [MAX], i.e. lattices. It is well known how to embed a partial order relation into a lattice, see for instance [Grätzer 71][MacNeille 36]. Hence the user is not constrained to specify lattices as sort structures, but may charge a compiler to embed any (partial) subsort ordering into a lattice. For the diagram shown above, this could result in introducing an "intermediate" sort resulting in the following structure:

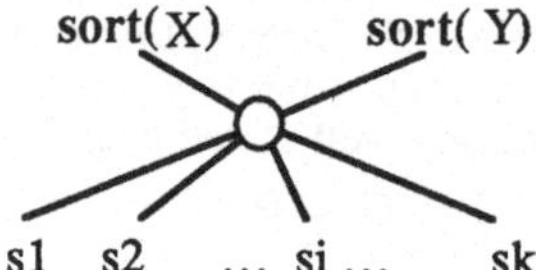

The restriction [1-FTYP] has also been established for reasons of efficiency, since, in the presence of multiple type declarations for function symbols (also called overloading), the most general unifier may not be uniquely determined [Walther 87].

Now we sketch an order-sorted unification procedure. At the heart of every unification algorithm a variable X is unified with a term t ($t \neq X$) resulting in an elementary unifier { $X \leftarrow t$ }. Apart from the so-called occurs-check [Lloyd 84], no restrictions are imposed on this elementary step. With order-sorted unification, however, the resulting substitution has to be well-sorted. This renders the basic unification step slightly more complicated, as illustrated by the following procedure:

basic_unify(X,t):

/* order-sorted unification (without occurs-check) of a variable $X \in \boldsymbol{V}$ and a well-sorted term t */

/* function **glb**: $\boldsymbol{S} \times \boldsymbol{S} \rightarrow \boldsymbol{S}_0$ computes the *greatest lower bound* of two given sort symbols in $\boldsymbol{S}$ */

(i) if $t \in \boldsymbol{V}$

and **glb**(**sort**(X),**sort**(t))=s, $s \neq \bot$,

then return({ $X \leftarrow Y, t \leftarrow Y$ }) with a "new" $Y \in \boldsymbol{V}_s$; /* weakening rule */

(ii) if $t \notin \boldsymbol{V}$ and **sort**(t) $\leq$ **sort**(X) then return({ $X \leftarrow t$ });
(iii) otherwise return(fail);
end.

In the general case, when unifying arbitrary well-sorted terms, basic unifiers are composed to yield a most general unifier. This can be treated uniformly in the order-sorted and one-sorted (untyped) case [Walther 87]. Consequently, SLD-resolution can be extended to order-sorted SLD-resolution if we replace the Robinson-unification by order-sorted unification (this presupposes a well-sorted program and query).

In our implementation [Huber, Varsek 87], both the function **glb** (cf. (i)) and the subsort relation (cf. (ii)) are uniformly represented by a sort-indexed " **glb**"-table. Hence both operations can be effected in constant time.

7 Relation to Feature Types

Augmenting logic programming languages by subsort and inheritance concepts has received much attention recently. [Smolka Ait-Kaci 87] propose to express inheritance hierarchies by so-called feature types, which are ordered by a subsort relation and whose elements are record-like structures. Every feature type comes with a set of features corresponding to the fields (i.e. selectors) of its records types.
We want to sketch how feature terms, given in their algebraic presentation, can straightforwardly be

expressed in EPOS. It turns out that feature types can be regarded as useful syntactic sugar for order-sorted Horn clauses for which EPOS is an efficient implementation. Thus feature types are related to EPOS in a similar way as definite clause grammars are related to PROLOG. Consider the inheritance hierachy shown below (borrowed from Fig. 1 in [Smolka, Ait-Kaci 87]) which introduces feature types (called *sorts* thereafter) *object, vehicle, machine, car, other_car, gas_car, electric_car, fueltype, gasoline* and *electricity*. Subsorts are given below their supersorts.

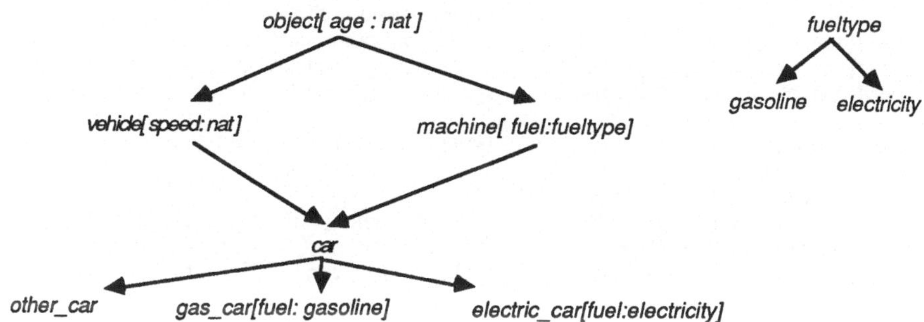

The sort *object* has the feature *age* of sort *nat* (assumed to be a built-in sort). Features are subject to inheritance, thus *vehicle* has two features: *nat* inherited from the supersort *object* and the feature *speed*:nat expicitely specified. The sort *car* has three features, *age:nat* inherited from *vehicle* and *machine*, *fuel:fueltype* inherited from *machine* and *speed:nat* inherited from *vehicle*. The sort *other_car* has the same features as *car*. The sort *gas_car* inherits the feature *fuel:fueltype* from *car*, but it is restricted to *fuel:gasoline*. Feature unification is described (and formally defined in [Smolka, Ait-Kaci 87]) as an operation that, given two feature terms, say vehicle[*speed => N:nat; age => N*] and machine[*age => 30*] computes a feature term, in our example car[*age => 30; speed => 30*], denoting the intersection of the denotations (extensions) of the given feature terms. If the intersection is empty, feature unification fails, as with order-sorted unification.

An algebraic semantics for feature types can be given by expressing them as algebraic types in order-sorted equational logic, see [Smolka, Ait-Kaci 87]. Features then turn out to be selectors for free algebraic types, that is, algebraic types that can be specified without equational axioms (also called constructor types, for example nat={ 0, s(0), s(s(0))...}). This equational specification can be expressed in EPOS as follows: translate the constructor definitions (constructors have the prefix con_) into function declarations and the selector equations (e.g. age(con_other_car(A,S,F))=A) into predicate declarations; type equations like *object := vehicle+machine* expressing that the sort *object* consists of subsorts *vehicle* and*machine* are translated into subsort declarations { vehicle, machine } < object. Below we give the algebraic specification for the example shown above and its corresponding definition in EPOS.

<u>Inheritance hierarchy with feature types</u> (example from [Smolka, Ait-Kaci 87])	<u>EPOS translation</u>
object:= vehicle+machine	{vehicle, machine} < object.
vehicle := car	car < vehicle.
machine := car	car < machine.
car := other_car+gas_car+electric_car	{ other_car, gas_car, electric_car } < car.
fueltype := gasoline + electricity	{ gasoline, electricity } < fueltype.
other_car := {con_other_car:nat#nat#fueltype}	**typeof** con_other_car : nat,nat,fueltype -> other_car.
gas_car := {con_ gas _car:nat#nat#gasoline}	**typeof** con_ gas _car : nat,nat,gasoline -> gas _car.
electric_car := {con_ electric _car:nat#nat#electricity}	**typeof** con_ electric _car : nat,nat,electricity -> electric _car.
gasoline := { con_gasoline }	**typeof** {con_gasoline} : gasoline.
electricity := {con_electricity }	**typeof** { con_electricity }: electricity.

variables A.nat, S:nat, F:fueltype, G:gasoline, E:electricity	
age: object -> nat age(con_other_car(A,S,F)) = A age(con_gas_car(A,S,G)) = A age(con_electric_car(A,S,E)) = A	**typeof** age:object, nat . age(con_other_car(A,S,F), A). age(con_gas_car(A,S,G), A). age(con_gas_car(A,S,E), A).
speed: vehicle -> nat speed(con_other_car(A,S,F)) = S speed(con_gas_car(A,S,G)) = S speed(con_electric_car(A,S,E)) = S	**typeof** speed: vehicle, nat. speed(con_other_car(A,S,F), S). speed(con_gas_car(A,S,G), S). speed(con_gas_car(A,S,E), S).
fuel : machine -> fueltype fuel : gas_car -> gasoline fuel : electric_car -> electricity	**typeof** fuel: machine, fueltype.
fuel(con_other_car(A,S,F)) = F fuel (con_gas_car(A,S,G)) = G fuel (con_electric_car(A,S,E)) = E	fuel (con_other_car(A,S,F:fueltype), F). fuel (con_gas_car(A,S,G:gasoline), G). fuel (con_gas_car(A,S,E:electricity), E).

An equation over feature terms like

V = M where V : vehicle[*speed => N:nat; age => N*] and M : machine[*age => 30*]

is "syntactic sugar" for the algebraic equation system (read ´,´as conjunction)

V=M, speed(V)=N, age(V)=N, age(M)=N, fuel(M)=G
where V:vehicle, M:machine, N:nat, G:gasoline.

Expressed in EPOS, we obtain the query

```
?- V:vehicle = M:machine, speed(V,N:nat), age(V,N), fuel(M,G:gasoline).
```

and the answer

```
V = con_other_car(30,30,con_gasoline)
M = con_other_car(30,30,con_gasoline)
N = 30
G = con_gasoline
```

which corresponds to a feature term car[*age => 30; speed => 30; fuel => con_gasoline*].

8 Efficiency Improvements

EPOS has been implemented using the technique of the Warren Abstract Machine [Warren 83] which has been extended to accomodate order-sorted deduction [Huber,Varsek 87]. To give an impression on the efficiency of EPOS, both in terms of code size and run-time, we compare the performance of a PROLOG and an EPOS formulation of a program whose relevant taxonomical structure is depicted below. The programs are listed in the appendix.

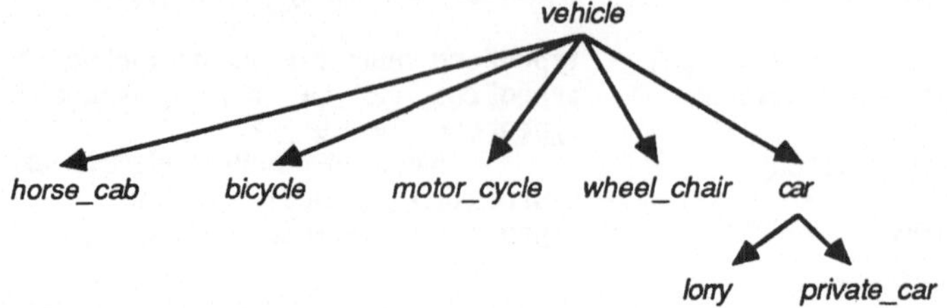

The following table shows the code size for programs with N=10 and N=20 elements per elementary sort (represented as leaves in the diagram above. In EPOS, the code size is significantly smaller. It does not depend on N because the sort individuals (constants) are stored outside the code area.

language	N (sort cardinality)	Instructions of extended Warren Abstract Machine Code
PROLOG	10	318
PROLOG	20	498
EPOS	arbitrary	124

By executing the goals query1 and query2 of the programs listed in the appendix we observed, as expected, that *this* EPOS program achieved an exponential speedup over PROLOG. This is, of course, highly problem-dependent and cannot be taken as a general measure for arbitrary programs. However, there is strong evidence that applications dealing with taxonomical information like database programs or knowledge-based programs perform favourably with EPOS.

The following table shows the number of executed inferences for query1 and query2.

language	query nr.	N	Inferences
PROLOG	1	20	4890
EPOS	1	arbitrary	35
PROLOG	2	arbitrary	54
EPOS	2	arbitrary	15

Noteworthy is the fact that EPOS queries and programs are rather insensitive w.r.t. atom (and also clause) ordering, in contrast to PROLOG. In this regard, order-sorted resolution brings PROLOG a step closer to logic programming.

Acknowledgements

This work was supported by the DFG Sonderforschungsbereich 314 (Artificial Intelligence) and has been done within a joint project "KAP" of the University of Karlsruhe and the Gesellschaft für Mathematik und Datenverarbeitung (GMD) Forschungsstelle at the University of Karlsruhe.

We are indepted to the members of the KArlsruhe Prolog (KAP) project for providing a stimulating environment. Special thanks to our colleague Alexander Bockmayr, who read and commented an earlier draft of this paper.

References

[Ait-Kaci , Nasr 86] Ait-Kaci, H.; Nasr, R.: Login, A Logic Programming Language with Built-in Inheritance. J. Logic Programming (1986)3, 185-215

[Brachman Schmolze 85] Brachman, R.J.; Schmolze, J.G.: An Overview of the KL-ONE Knowledge Representation System. Cognitive Science, Vol. 9, No. 2, April 1985

[Bürckert 85] Bürckert, H-J.: Extending the Warren Abstract Machine to Many-Sorted Prolog. Memo Seki-85-VII-KL, Universität Kaiserslautern, Fachbereich Informatik, 1985

[Clocksin, Mellish 84] Clocksin, W.F.; Mellish, C.S.: Programming in Prolog. Second Edition. Springer-Verlag (1984)

[Cohn 83] Cohn, A.G.: Improving the Expressiveness of many-sorted Logic. AAAI-83, Washington (1983)

[Fikes,Kehler 85] Fikes,R.E.; Kehler,T.P.: The Role of Frame-Based Representation in Reasoning. in Communications of the ACM special issue on Knowledge-Based Systems, Sept. 1985

[Frisch 85] Frisch, A.M.: An investigation into inference with restricted quantification and a taxonomic representation. SIGART Newsletter 91 (1985), 28-31

[Gallaire, Minker 78] Gallaire, H.; Minker,J. (eds.): Logic and Databases. Plenum Press, New York (1978)

[Goguen 78] Goguen, J.A.: Order-Sorted Algebra. Technical Report, UCLA Computer Science Department, Semantics and Theory of COmputation Report No. 14, 1978

[Goguen, Meseguer 84] Gogouen, J.A.; Meseguer, J.: Eqlog: Equality, Types and Generic Modules for Logic Programming. J. of Logic Programming1 (1984)2, 179-210

[Grätzer 71] Grätzer, G.: Lattice Theory. W.H. Freeman & Co., (1971), pp.34 ff

[Huber 85] Huber, M.: L-Maschine: Maschinenmodell mit Sorten. Arbeitsbericht, Universität Karlsruhe, Fakultät für Informatik, 1985 (in German)

[Huber, Varsek 1987] Huber, M., Varsek, I.: EPOS - Extended Prolog with Order-Sorted Resolution. Interner Bericht Nr. 5/87, Fakultät für Informatik, Universität Karlsruhe (1987)

[Irani,Shin 85] Irani, K.B.; Shin, D.G.: A Many-Sorted Resolution Based on an Extension of a First-Order Language. Proc. 9th IJCAI (1985) W. Kaufmann

[Lloyd 84] Lloyd, J.W. : Foundations of Logic Programming. (1984) Springer-Verlag

[Schmidt-Schauss 85a] Schmidt-Schauss, M.: Mechanical Generation of Sorts in Clause Sets. Memo-Seki-85-IV-KL, Fachbereich Informatik, Universität Kaiserslautern, 1985

[Schmidt-Schauss 85b] Schmidt-Schauss, M.: A Many-Sorted Calculus with Polymorphic Functions Based on Resolution and Paramodulation. Proc. 9th IJCAI (1985) W. Kaufmann

[Smolka 86] Smolka, G.: Order-Sorted Horn Logic: Semantics and Deduction. SEKI-Report SR-86-17, October 1986, Universität Kaiserslautern, Fachbereich Informatik, 1986

[Smolka Ait-Kaci 87] Smolka, G.; Ait-Kaci, H.: Inheritance Hierarchies: Semantics and Unification. MCC Technical Report AI-057-87, 1987

[Walther 83] Walther, C. : A Many-Sorted Calculus Based on Resolution and Paramodulation. Proc. of the 8th IJCAI, Karlsruhe (1983) W. Kaufman, 882 - 891

[Walther 85] Walther, C. : A mechanical solution of Schubert´s Steamroller by many-sorted resolution. J. of Artificial Intelligence 26, 2 (1985)

[Walther 87] Walther, C. : Many-Sorted Calculus based on Resolution and Paramodulation. Research Notes in Artificial Intelligence (1987) Pitman Publ., Ltd., London, and Morgan Kaufmann Publ., Inc., Los Altos (forthcoming)

[Warren 83] Warren, D.H.D.: An Abstract Prolog Instruction Set. SRI Technical Report 309, 1983

Appendix : PROLOG vs. EPOS programming example

1. PROLOG program ([Huber,Varsek 87]):

```
vehicle(X) :- bicycle(X).
vehicle(X) :- motor_cycle(X).
vehicle(X) :- wheel_chair(X).
vehicle(X) :- horse_cab(X).
vehicle(X) :- car(X).
car(X) :- lorry(X).
car(X) :- private_car(X).
bicycle( b1).
   :
bicycle( b9).
bicycle( mybike).
motor_cycle( m1 ).
   :
motor_cycle( m10 ).
wheel_chair( w1 ).
   :
wheel_chair( w10 ).
horse_cab( h1 ).
   :
horse_cab( h10 ).
lorry( l1 ).
   :
lorry( l10 ).
private_car( c1 ).
   :
private_car( c9 ).
private_car( mycar ).

has( X, wheels) :- vehicle( X ).
has( X, seats) :- vehicle( X ).
has( X, tires) :- wheel_chair( X ).
has( X, tires) :- has( X, headlight ).
has( X, headlight ) :- has( X, carrier ).
has( X, headlight ) :- has( X, motor ).
has( X, motor ) :- motor_cycle( X ).
has( X, motor ) :- car( X ).
has( X, doors ) :- horse_cab( X ).
has( X, doors ) :- car( X ).
has( X, carrier ) :- bicycle( X ).
has( X, carrier ) :- motor_cycle( X ).
has( X, shafts ) :- horse_cab( X ).
has( X, cargo_area ) :- lorry( X ).
has( X, boot ) :- private_car( X ).

owns( alan, mybike ).
owns( alan, mycar ).


query1 :-  has(X, wheels), has(X, seats), has(X, tires), has(X, headlights), has(X, motor),
           has(X,doors), has(X, boot), owns(alan, X).

query2 :- owns(alan, X), has(X, boot), has(X,doors) , has(X, motor), has(X, headlights),
          has(X, tires), has(X, seats), has(X, wheels).
```

2 EPOS program :

/* sort declarations */

```
horse_cab   < vehicle.
bicycle     < vehicle.
motor_cycle < vehicle.
wheel_chair < vehicle.
car         < vehicle.
lorry       < car.
private_car < car.
```

/* type declarations */

typeof $\{b_1,b_2,b_3,b_4,b_5,b_6,b_7,b_8,b_9,$ mybike$\}$: bicycle.

typeof $\{m_1,m_2,m_3,m_4,m_5,m_6,m_7,m_8,m_9,m_{10}\}$: motor_cycle.

typeof $\{w_1,w_2,w_3,w_4,w_5,w_6,w_7,w_8,w_9,w_{10}\}$: wheel_chair.

typeof $\{h_1,h_2,h_3,h_4,h_5,h_6,h_7,h_8,h_9,h_{10}\}$: horse_cab.

typeof $\{l_1,l_2,l_3,l_4,l_5,l_6,l_7,l_8,l_9,l_{10}\}$: lorry.

typeof $\{c_1,c_2,c_3,c_4,c_5,c_6,c_7,c_8,c_9,$ mycar$\}$: private_car.

typeof has : vehicle, term.

typeof owns : term, vehicle.

/* program clauses */

```
has( X, wheels).
has(X, seats).
has( X: wheel_chair, tires).
has(X, tires) :- has(X, headlight).
has(X, headlight) :- has(X, carrier).
has(X, headlight) :- has(X, motor).
has(X: motor_cycle, motor).
has(X: car, motor).
has(X:horse_cab, doors).
has(X:car, doors).
has(X:bicycle, carrier).
has(X:motor_cycle, carrier).
has(X:horse_cab, shafts).
has(X:lorry, cargo_area).
has(X: private_car , boot ).

owns( alan, mybike).
owns(alan, mycar).

query1(X) :-
        has(X, wheels), has(X, seats), has(X, tires), has(X, headlights), has(X, motor),
        has(X,doors), has(X, boot), owns(alan, X).

query2(X) :-
        owns(alan, X), has(X, boot), has(X,doors) , has(X, motor), has(X, headlights),
        has(X, tires), has(X, seats), has(X, wheels).
```

SYNTHESIS OF SPECIFICATIONS FROM PROGRAMS

N. TAREB, Y. KODRATOFF
Equipe Inférence & Apprentissage,
LRI, Bât 490, Université Paris-Sud,
UA 410 du CNRS, 91405 ORSAY Cedex, FRANCE

In this paper, we propose a method for developing a specification from a program.
We suppose that the program to transform is recursive and that it is given under the form of rewrite rules. Calls to sub-programs are allowed.
This method aims at the construction of the formal specification of the algorithm implemented by the program. The obtained specification expresses the relations between the inputs and outputs of the program.
In the PROLOG case, the program one starts from is a PROLOG program in which the inputs and outputs are singled out (i.e., a "functional" PROLOG program).
The specification one obtains is a PROLOG program in which the relations between variables are the only significant feature (i.e., a "pure" PROLOG program).
Our method uses the algebraic abstract data types [Bidoit, 1982], rewriting systems [Dershowitz, 1984] and Knuth-Bendix completion algorithm [Knuth & Bendix, 1969] and needs for a theorem prover.

1. INTRODUCTION

The automatic synthesis of program methods [Manna & Waldinger, 1980; Kodratoff & Picard, 1983; Franova, 1985], ..., etc, allow an automatic generation of programs from their specifications. As interesting as it is, this approach comes up against a usual problem : to define a good specification is very difficult in itself.
Thus the idea of finding methods and even automatic systems that allow to transform a program into a specification is quite interessant. The specification problem is tackled from the other direction.
Of course these methods are at least as difficult as those of programs synthesis since it is now a question of beginning from a program that calculates the outputs from inputs to attempt to find a formal definition of the problem.
At the same time, thanks to these methods, the correctness proofs of programs can also be facilitated since it is easier to prove the properties of a specification than those of a program. Moreover, these methods allow to make it easer to translate programs, through its specification.

2. DESCRIPTION OF THE PROBLEM

There will be two steps to transform into its specification, a program written in some programming langage.
Step 1 : transformation of the given program into an equivalent recursive program in rewrite rule form. Each rule represents a piece of program.
Step 2 : transformation of these rules into a specification.
In this paper we are only setting out the second step of the method. Nevertheless, in particular case of the PROLOG langage [Clocksin & Mellish, 1984], as the form of the programs written in this langage is very closely related to that of a program stemming from the above step 1, we will apply the method to both steps.

Our transformation method uses a set of knowledge which is made of :
1- a complete definition of the operators which are connected with the domain of interest of the program. This definition is given under the form of a rewriting system, which we will call **the rewriting system associated to the program,**
2- a set of properties of these operators.
Given a recursive program written under the form of rules. These rules are in the following form :

$$\sigma \,.\, \mathrm{PROG(I;\, O)} \rightarrow T_s \;\; [\&\; T_r] \qquad [\text{if Cond}] \tag{1}$$

which means that if we apply the substitution σ to a subset of the variables of PROG that belong to inputs I as well as to outputs O, this application gives the value "T_s [& T_r]" to PROG.
T_s is a term composed of **atoms** whose predicates are defined in the rewriting system associated to PROG.
T_r is a term composed of recursive calls to PROG.
Cond (when it exists) is also a term composed of atoms which we will call **conditional atoms** in order to distinguish them from the atoms of the term T_s . A conditional atom is composed of a predicate called **condition** and of arguments. The term Cond is a precondition of the corresponding rule 's validity and it must evaluate to TRUE or FALSE.
The program is composed of two kinds of rules :
- rules called direct rules. The right-hand part of these rules does not include any functional symbol that is in the left-hand part. Consequently, the term T_r does not exist in such rules. That's why it is between [ ].
- "absolutely" recursive rules. The term T_r necessarily appears in these rules.
Our problem is the obtainment of an equivalent formal specification written as a theorem that is given by a conjunction of atoms we have to bring to the fore.

$$\forall \mathrm{I}, \forall \mathrm{O} \qquad \mathrm{PROG(I;\, O)} \rightarrow P_1'(\ldots) \;\&\; \ldots \;\&\; P_m'(\ldots) \tag{2}$$

where "→" means "defined by".

Example : We have a set of rules that compute the minimum value of a list

$$[x \mid []].\, MIN(x;\, n) \quad \rightarrow \quad False$$
$$[x \mid Conc(n,\, z)].\, MIN(x;\, n) \quad \rightarrow \quad Infeg(n,\, z)$$
$$[x \mid Conc(k,\, z)].\, MIN(x;\, n) \quad \rightarrow \quad \leq(n,\, k) \;\&\; MIN(z;\, n) \qquad if \neq(n,\, k)$$

"Conc" is a constructor of the abstract type "List".
The first two rules represent direct rules. The last one is the recursive rule.
As an example we give the meaning of the first rule : if we apply the substitution "[x | []]" to the "MIN" program (i.e. to give the value "[]" (empty list) to the variable "x"), then the program takes the value False.

Thus, given the above program, our method try to obtain the following theorem :

$$\forall x,\; \forall n \qquad MIN(x;\, n) \rightarrow Memb(n,\, x) \;\&\; Infeg(n,\, x)$$

which means that for any list "x" and for any element-of-list "n", the minimum element of the list "x" is the element "n" (program "MIN"), where "x" is the input of "MIN" and "n" is the output, if "n" is a member of the list "x" (predicate "Memb") and if "n" is smaller than all the elements of the list "x" (predicate "Infeg").

Notice : If a program requires a sub-program, then we first have to find the specification that corresponds to this sub-program since it is defined, like any program, by a set of rules. Then, we replace every occurence of the predicate relative to the sub-program, in the program, by its specification, that is to say by the conjunction of atoms that make this specification.

3. PROLOG CASE

As we have already said before, we notice that the form of the recursive program we propose is very similar to the form of a PROLOG program. The only difference would be the negative clauses forbidden by PROLOG whereas the negative rules, that is to say any rule whose right-hand member is the "False" predicate, are allowed by the form of the program we propose.

As a consequence, transforming a program written in PROLOG under the proposed form comes down to transform the clauses into rules. In PROLOG the clauses must respect a defined order but this is not the case for the rules of a recursive program like the one we propose. The order is a piece of information in itself, thus we must include this information when transforming the clauses of a PROLOG program into rules. For this, we include some validity conditions that underline the order of clauses. The problem of PROLOG meta-predicates as, for instance, the "Cut" control operator, keeps beeing. More generally, we do not treat here the problem of transforming the meta-predicates into conditional clauses (see for example, [Billaud, 1985]).

Example : Let a "min" program written in PROLOG. We want to transform it to our program form that is described in section 2. in order to search its equivalent specification.

```
min([K | []],K).
min([K | X],N)    :- min(X,N) , ≤(N,K).
min([N | X],N)    :- infeg(N,X).
```

where "infeg" is defined in PROLOG as :

```
infeg(K,[]).
infeg(N,[K | X])    :- ≤(N, K), infeg(N, X).
```

First transformation : We define the set of variables for the program "min" and for each rule, we define the corresponding set of values to give to a sub-set of program variables.

[x | Conc(k, []), n | k]. min(x; n) → *True*
[x | Conc(k, z)]. min(x; n) → *min(z; n) & ≤(n, k)*
[x | Conc(n, z)]. min(x; n) → *infeg(n, z)*

Second tranformation : We define conditional rules.

[x | Conc(k, []), n | k]. min(x; n) → *True*
[x | Conc(k, z)]. min(x; n) → *min(z; n) & ≤(n, k)* *if ≠(n, k)*
[x | Conc(n, z)]. min(x; n) → *infeg(n, z)*

Now that the order does not matter, we can put the direct rules first followed by recursive rules with the only aim of making the synthesis easier.

From this last form, the synthesis can proceed and will find a specification like the one in section 2.1.

We transform this specification into PROLOG form :

```
min(X,N)    :- memb(N,X), infeg(N,X).
```

where "memb" can also written into PROLOG form as :

```
memb(N,[N | X]).
memb(N,[K | X])    :- ≠(N,K), memb(N,X).
```

The "min" PROLOG specification is equivalent to the "min" PROLOG program.

We can notice that the "min" PROLOG program is not defined for the particular value "x = []". In this case, the found equivalent specification from this program will be conditional, i.e. it will not be defined for the empty list.

4. METHOD OF SYNTHESIS OF SPECIFICATION

4.1. Principle of the method

Let PROG be a program and let $P_1'(...)$, ... and $P_m'(...)$ be the atoms of the searched PROG specification (2). Since we assume that a specification is equivalent to a program, it must verify for each program rule (1) :

$$\sigma \, . \, (P_1'(...) \, \& \, ... \, \& \, P_m'(...)) \;\rightarrow\; T_s \;\; [\, \& \;\, T_r \,] \qquad\qquad [\text{if Cond}\,]$$

But, the function "." is distributive in relation to the conjunction "&". Consequently, we have :

$$(\sigma \, . \, P_1'(...)) \, \& \, ... \, \& \, (\sigma \, . \, P_m'(...)) \;\rightarrow\; T_s \;\; [\, \& \;\, T_r \,] \qquad\qquad [\text{if Cond}\,]$$

Given the rewriting system associated to the program PROG, the aim of the method is :
1- to find from each atom $P(...)$ which compose the term T_s , the atom $P_j'(...)$ (j=1 to m) such that (σ . $P_j'(...)$) generates by rewriting the atom $P(...)$ in the term T_s .
2- to find from each conditional atom $C(...)$ which compose the term Cond (when it exists), the atom $P_k'(...)$ (k=1 to m) such that (σ . $P_k'(...)$) generates by rewriting the conditional atom $C(...)$ in the term Cond.

Definitions : We will call the atom P_j' (respectively $P_k'(...)$) which has generated $P(...)$ (respectively $C(...)$), the **origin** of $P(...)$ (respectively of $C(...)$) within the specification. In the beginning of the synthesis, we will find several possibilities which might be the origins of an atom. We will call them the **possible origins** of $P(...)$ (respectively of $C(...)$).

4.2. Domain of interest of the MIN program

We are going to give a small part of the knowledge base used by the specification synthesis from the program MIN. This will allow us to understand the different examples developed in this paper.

Operations :

Sort :	List	→	Bool
Infeg :	Elt-of-list * List	→	Bool
Memb :	Elt-of-list * List	→	Bool
≤ :	Elt-of-list * List	→	Bool
Retract :	Elt-of-list * List	→	List

Rewriting System :

R_1 :	$[L \mid []]$. Sort(L)	→	True	
R_2 :	$[L_1 \mid \text{Conc}(E, L_2)]$. Sort($L_1$)	→	Infeg(E, L_2) & Sort(L_2)	
R_3 :	$[L \mid []]$. Memb(E, L)	→	False	
R_4 :	$[L_1 \mid \text{Conc}(E, L_2)]$. Memb($E$, L_1)	→	True	
R_5 :	$[L_1 \mid \text{Conc}(E_2, L_2)]$. Memb($E_1$, L_1)	→	Memb(E_1, L_2)	if $\neq(E_1, E_2)$
R_6 :	$[L \mid []]$. Infeg(E, L)	→	True	
R_7 :	$[L_1 \mid \text{Conc}(E_2, L_2)]$. Infeg($E_1$, L_1)	→	$\leq(E_1, E_2)$ & Infeg(E_1, L_2)	

Operators Properties :

P_1 : Infeg(E_1, L) $\Rightarrow$ Infeg(E_1, Retract(E_2, L))
P_2 : Memb(E_2, L) & Infeg(E_1, L) $\Leftrightarrow$ Memb(E_2, L) & $\leq$(E_1, E_2) & Infeg(E_1, Retract(E_2, L))

4.3. Definitions and propositions

Definition 1 : A predicate P **comes from** a predicate P' if we can rewrite P' into P, that is to say there exists one rewrite rule of the following form

P'(...) → ... & P(...) & ... *[if ...]*

A predicate may come from one or several predicates at the same time, including itself.

Definition 2 : A predicate P **just comes from itself** when it does not come from another different predicate.

Definition 3 : A condition C **comes from** a predicate P'' if there exists one rule of the form

P''(...) → ..... *if ... & C(...) & ...*

A condition may come from one or several predicates at the same time.

Example : According to the rewriting system defined in section 4.2., we can say that the predicate "Infeg" comes from the predicate "Sort" since we find that it is on the right-hand member of one of the rules that define "Sort" (the rule R_2) and from itself since we find it again on the right-hand member of one of the rules that define it (the rule R_7). "Sort" is a predicate that just comes from itself. It appears only in the right-hand member of one of the rules that define itself (the rule R_2). The condition "≠" comes from the predicate "Memb" (the rule R_5).

Definition 4 : To each predicate and to each condition corresponds **a tree of derivation** that represents its **derivations.** The root of the tree will be the predicate in question. Its sons will be the predicates from which it comes. Afterwards, we repeat the method of derivation for each son predicate, apart from the predicates already studied or predicates that come from themselves.

Example : We want to build the tree of derivation of the predicate "Infeg". For this, we use the rewriting system described in section 4.2.

Infeg

Infeg *Sort*

Definition 5 : A variable of substitution is a variable that appears in a rule of program and that is neither an input variable nor an output variable of the program. It is introduced by the substitutions to apply to variables of program.

Example : Given the recursive rule of the program MIN, "x" and "n" are the input and output variables of MIN. The variable "k" is not a variable of the program MIN, then we say that "k" is a variable of substitution. It is introduced by "Conc(k, z)" which is the substitute to "x".

Proposition 1 :

If the arguments of an atom P(...) in a program rule include a variable of substitution of the corresponding program rule, then the origin of P(...) undoubtedly contains in its arguments, the variable on which is applied the substitute which introduce the variable of substitution.

Proposition 2 :
If the arguments of an atom $P(v_1, ..., v_n)$ does not include any variable of substitution and if no substitution is applied to the variables which are in the arguments of P then a possible origin of $P(v_1, ..., v_n)$ could already be $P(v_1, ..., v_n)$ itself.

4.4. Description of method steps

Given a recursive program PROG written under the form of rules, we present now the different steps that allow us to find the equivalent specification of the program.
Let the rule (3) be a more detailled form of program rule (1) :

$$\sigma . \text{PROG(I; O)} \rightarrow P_1(u_{11}, ...) \ \& \ ... \ \& \ P_n(u_{n1}, ...) \ [\& \ T_r] \quad [\text{if } C_1(v_{11}, ...) \ \& \ ... \ \& \ C_p(v_{p1}, ...)] \qquad (3)$$

Step 1 : Search of possible origins
This step consists in finding from each atom and each conditional atom which appear in the right-hand members of the program rules, all their possible origins within the specification. Thus,
- for each program rule (3),
- for each predicate P_i (i= 1 to n) and for each condition C_j (j= 1 to p) :
1-α) We constuct the tree of derivation of P_i (respectively C_j). The tree of derivation of a predicate P is useful since, from any son of this predicate, we can find in the tree, a way (thanks to the rewriting) to go back to the root P. Consequently, given a predicate P (respectively a condition C) in a program rule, its sons in the tree are all the predicates which can generate P (respectively C) by rewriting. These predicates are called **the predicates of possible origins** of P (respectively of C) within the specification.
1-β) We try to apply proposition 1 to the atom $P_i(u_{i1}, ...)$ in order to have more informations about the arguments of its origin.
1-γ) We must associate arguments to the predicates of possible origins found in 1-α in order to complete them. Thus,
 * each son P' of P_i in the tree must have its arguments arg_1, ..., such that :

$$\sigma' . P'(arg_1, ...) \rightarrow \ ... \ \& \ P_i(u_{i1}, ...) \ \& \ ... \qquad [\text{ if } C'] \qquad (4)$$

where the substitutions σ' of (4) and σ of (3) must verify : $\sigma' \subseteq \sigma$. This is due to the fact that $P_i(u_{i1}, ...)$ is an atom of the rule (3). In order to find the atom $P'(arg_1, ...)$ which has generated, by rewriting, $P_i(u_{i1}, ...)$ in the rule (3), we had to apply to P' all or a part of the substitution σ of the rule (3).

 * each son P'' of C_j in the tree must have its arguments arg_1', ..., such that :

$$\sigma'' . P''(arg_1', ...) \rightarrow \ \text{Term} \qquad [\text{ if } \ ... \ \& \ C_j(v_{j1}, ...) \ \& \ ... \ ] \qquad (5)$$

where the substitutions σ' of (5) and σ of (3) must verify : $\sigma'' \subseteq \sigma$.
1-δ) We try to apply proposition 2 to the atom $P_i(u_{i1}, ...)$. Thus we have all its possible origins.
1-ε) We associate to the atom $P_i(u_{i1}, ...)$ (respectively $C_j(v_{j1}, ...)$), a set POS of all predicates $P'(arg_1, ...)$ (respectively $P''(arg_1', ...)$) which verify (4) (respectively (5)) and all the possible origins engendered from the use of the proposition 2.

Example : Let the following rule be the second rule of the program MIN.

$[x \mid Conc(n, z)].\ MIN(x; n) \quad \rightarrow \ Infeg(n, z)$

We want to find the possible origins of the atom "Infeg(n, z)". We know from the example associated to **Definition 4** *that the predicate "Infeg" has in its tree of derivation, two sons : "Infeg" and "Sort". Consequently these last correspond to the predicates of the possible origins of "Infeg".*
Now we want to search the arguments of these predicates. For this, we search from the rewriting system associated to MIN, the instances of rewrite rules which define "Infeg" and "Sort" and which generate the instance "Infeg(n, z)" by rewriting. The following instances are respectively the instances of the rewrite rule (R_7) and (R_2) in the rewriting system associted to the program MIN (see section 4.2.).

$$[L_1 \mid Conc(E, z)].\ Infeg(n, L_1) \rightarrow \ \leq(n, E)\ \&\ Infeg(n, z) \qquad (a_1)$$
$$[L_2 \mid Conc(n, z)].\ Sort(L_2) \quad \rightarrow \ Infeg(n, z)\ \&\ Sort(z) \qquad (b_1)$$

Knowing only that "Infeg" must appear with the arguments "n" and "z", then the rules (a_1) and (b_1) are not entirely instantiated.
But, if "Infeg(n, L_1)" is the origin of "Infeg(n, z)" within the specification then we have certainly applied all or only a part of the substitution "[x | Conc(n, z)]" of the program rule.
Consequently, we must prove that : $[L_1 \mid Conc(E, z)] \subseteq [x \mid Conc(n, z)]$.
That is the same for "Sort(L_2)" of (b_1) , we must prove also that : $[L_2 \mid Conc(n, z)] \subseteq [x \mid Conc(n, z)]$.
These conditions can be verified only if "$L_1 = x$", "$E = n$" and "$L_2 = x$". Then, we replace in (a_1), "L_1" and "E" by their values. Thus, (a_1) becomes (a_2) :

$$[x \mid Conc(n, z)].\ Infeg(n, x) \ \rightarrow \ \leq(n, n)\ \&\ Infeg(n, z) \qquad (a_2)$$

The obtained term is not in normal form then we rewrite it :

$$[x \mid Conc(n, z)].\ Infeg(n, x) \ \rightarrow \ True\ \&\ Infeg(n, z) \qquad (a_3)$$
$$[x \mid Conc(n, z)].\ Infeg(n, x) \ \rightarrow \ Infeg(n, z) \qquad (a_4)$$

The transition from (a_3) to (a_4) is possible thanks to the property of the logical "&", i.e. "True & A" is equivalent to "A".
Now, we replace in the rule (b_1), "L_2" by its value "x". Thus, (b_1) becomes (b_2) such that :

$$[x \mid Conc(n, z)].\ Sort(x) \quad \rightarrow \ Infeg(n, z)\ \&\ Sort(z) \qquad (b_2)$$

The rewrite rules (a_4) and (b_2) define the atoms "Infeg(n, x)" and "Sort(x)" which are the possible origins of "Infeg(n, z)" of the second rule of the program MIN. Thus we have the set :

$$POS_2(Infeg(n, z)) = \{\ Infeg(n, x),\ Sort(x)\ \}$$

Step 2 : Validity of possible origins
A possible origin O(...) is supposed to be an atom which might belong to the PROG specification. If it is true then O(...) must verify the fact that a specification is equivalent to a program. The aim of **Step 2** is to verify in all program rules, the validity of each possible origin O(...) found at **Step 1.**

Definition : We say that a possible origin O(...) is valid in a program rule such that :

$$\sigma\ .\ \mathrm{PROG(I; O)} \quad \rightarrow \ T \qquad [\text{ if } C\ ] \qquad (6)$$

if the application of the substitution σ to O(...) generates by rewriting,

σ . O(...) $\rightarrow$ T_1 [if C_1]

where T_1 is a sub-term of T and C_1 is a sub-term of C (if C and C_1 exist). If these two conditions are not verified then we try to prove the following theorems :

$T \Rightarrow T_1$
and $C \Rightarrow C_1$ (if C and C_1 exist).

If O(...) is not valid in a program rule then it is given up.

We will exemplify the validity of possible origin in a direct rule. The one in a recursive rule is more complex, but similar (see [Tareb & Kodratoff, 1987]).

Example : Let "Infeg(n, x)" and "Sort(x)" be the possible origins of "Infeg(n, z)". We want to verify their validity in the second rule of the program MIN. Thus, from the rules (a_4) and (b_2), we know that :

[x | Conc(n, z)] . Infeg(n, x) → Infeg(n, z)
[x | Conc(n, z)] . Sort(x) → Infeg(n, z) & Sort(z)

The right-hand member "Infeg(n, z)" of (a_4) is the same as the right-hand member "Infeg(n, z)" of the second rule of the program MIN then we deduce that the possible origin "Infeg(n, x)" is valid for this rule. On the other hand, the right-hand member "Infeg(n, z) & Sort(z)" of (b_2) is not a sub-term of the right-hand member of the second rule of MIN and the theorem proof of "Infeg(n, z) => Infeg(n, z) & Sort(z)" fails. Thus we deduce that "Sort(x)" can not be the origin of "Infeg(n, z)" within the MIN specification.
Consequently, "Sort(x)" must given up. Thus, the set POS of possible origins of "Infeg(n, z)" becomes :

POS_2 (Infeg(n, z)) = { Infeg(n, x) }

Step 3 : Possible specifications
Until now, we have found all the possible atoms which might belong to the PROG specification. These atoms are the possible origins which are in the sets POS. Now we can form the possible specifications from these atoms.

Proposition 3 :
If the program to analyse contains rules under the following form :

σ . PROG(I; O) $\rightarrow$ False [if C]

then the searched specification must include at least one atom P'(...) such that :

σ . P'(...) $\rightarrow$ False [if C']

This proposition is due to the property of the logical "&", i.e. "False & A" is equivalent to "False" and to the equivalence of the program and its specification. This allows us to avoid to take some possible specifications into account.

Heuristic :
A possible origin which appears in several sets POS, will be selected first, in order to form the possible specifications.

3-α) To one predicate or to one condition can correspond one or several possible origins in its corresponding set POS. Thus, from each set POS found at **Step 1** and simplified at **Step 2**, we form the set SPEC of all the possible combinations of possible origins conjunctions. We form these conjunctions with taking one possible origin from each set POS and with using the above heuristic. These conjunctions are the possible PROG specifications.
3-β) We take into account the idempotence of the logical "&", i.e. "A & A" is equivalent to "A". Consequently, we do not have conjunction with two same possible origins.
3-γ) We take into account the commutativity of "&", for detecting the equivalent possible conjunctions.
3-δ) We try to apply proposition 3. If this is possible then the possible specifications which do not verify this proposition are given up.

Step 4 : Validity of possible specifications
Each atom that compose the possible specifications found at **Step 3**, has been proved in **Step 2**, valid for the program. Now we must verify the validity of the conjunctions of these atoms. The aim of **Step 4** is to verify, for all program rules, the validity of each possible specification *spec* found at **Step 3**.

Definition : We say that a possible specification *spec* is valid in a program rule (6) if the application of the substitution σ to *spec* generates by rewriting,

$$\sigma \, . \, spec \; \rightarrow \; T_2 \qquad\qquad [\text{ if } C_2 \,]$$

where the term T_2 and the term T of the rule (6) (respectively the terms C_2 and C when they exist) are equals in the theory defined by the operators properties in the knowledge base.
If *spec* is not valid in program rule then it is given up.

The possible specifications *spec* which are valid in all the program rules are the formal specifications of the program PROG.

5. SPECIFICATION SYNTHESIS TO GUIDE VERIFICATION

The standard approach of correctness proof is the approach which use a single loop invariant. This approach, originally introduced by [Floyd, 1969; Hoare, 1969], consists in developping a statement of what the body of a loop does. For this, assertions are passed over the body of the loop. Then a appropriate loop invariant is developed which will be used to verify the specifications of the loop. Unfortunately, the determination of an appropriate loop invariant is one of the most difficult steps in a proof of this form.
Our analysis method leads to a proof which is fundamentally different in form from the approach using a single loop invariant.
This method views a program as a set of pieces of program. This form can be used in a proof correctness by determining the parts of the searched specification (**Step 1** and **Step 2** of the method) and then verifying the specification found at **Step 4**.
On the other hand, suppose that the knowledge base is complete for the domain of interest of a program.
If in a program rule, the search of valid possible origin for one atom fails then the method try to find, thanks to the theory defined by the operators properties, a term which is equivalent to the right-hand member of the program rule where the failure appears. Of course, this new term must not contain the atom which has generated the failure. In this case, we replace in the program rule, the right-hand term by its equivalent and we start again the analysis from this new rule.
But, if the theorem prover fails then we are sure that the program is incorrect.

The verification program rule can be formalized like that :

Given a program rule such that :

$$\sigma \,.\, \mathrm{PROG}(I;\, O) \quad \rightarrow A \;\&\; P(v_1, \ldots, v_n) \;\&\; B \qquad [\text{ if C }] \tag{7}$$

A and B are terms.

The search of valid possible origins for the atom $P(v_1, \ldots, v_n)$ fails if there is no atom $P'(\ldots)$ which can generate the atom $P(\ldots)$ by rewriting such that :

$$\sigma \,.\, P'(\ldots) \quad \rightarrow A' \;\&\; P(v_1, \ldots, v_n) \;\&\; B' \qquad [\text{ if } C'] \tag{8}$$

where A' and B' are terms and the right-hand member of (8) is a sub-term of the right-hand member of (7).

In this case of failure, we try to find a term *Term* such that :

$$Term \quad \Leftrightarrow \quad (A \;\&\; P(v_1, \ldots, v_n) \;\&\; B \qquad [\text{ if C }])$$

where the atom $P(v_1, \ldots, v_n)$ do not appear in the term *Term* .

If this theorem prover fails then the program rule (7) is incorrect.

This form of verification is useful because it can be used for something other than giving a answer to the question of whether or not the program is correct.

As a matter of fact, when our analysis method fails, then the incorrectness can be localized exactly to the corresponding program rule where appears the failure.

6. CONCLUSION

Our approach illustrates what can be called an Artificial Intelligence approach to program construction verification. It is a part of a bigger AI system which is under construction and will be essentially improves the classical deductive approach to program synthesis [Manna & Waldinger, 1980]. Th other one, which is presented in this paper, goes the other way round by synthesizing formal specifications from recursive programs.

This method intends to find the conjunction of atoms that compose the specification that is equivalent to the program written under the form of rewrite rules. It exploit every piece of information that is in every rule of the program, one after the other.

This method needs for a set of knowledge connected to a program as complete as possible.

In the PROLOG case, we start from a PROLOG program considered as a logical and functional object. Thus we need :

1- to know what are the input and output variables.

2- " conditional clauses" to replace all the meta-predicates (as well as the implicit order of evaluation).

Our aim is to obtain a pure logical PROLOG program that is directly obtained from the formal specification that we synthesize.

We have implemented on MAC+ in PROLOG, a prototype which automatically analyses rule by rule, recursive programs and synthesizes the atoms which must compose the equivalent specification.

References :

Bidoit, M. (1982): Une Méthode de Présentation des Types Abstraits : Applications, Thèse 3eme cycle, Université de Paris-Sud, Orsay, France, 1982.

Billaud, M. (1985): Une Formalisation des Structures de Contrôle de PROLOG, Thèse de Docteur en Informatique, Université de Bordeaux I, Jan 1985.

Clocksin, W. F., Mellish, C. S. (1984): Programming in PROLOG, Springer-Verlag Berlin Heidelberg New York Tokyo, Second Edition 1984.

Dershowitz, N. (1984): Equations as programming Language, Proceedings Jerusalem Conference on Information Technology, May 1984, Jerusalem, Israel, pp. 114-124.

Floyd, R. W. (1967): Assigning Meaning to Programs, Proc. Symp. in Applied Mathematics, V 19, 1967, pp. 19-32.

Franova, M. (1985): CM-Strategy : A Methodology for Inductive Theorem Proving or Constructive Well-Generalized Proofs, in: Joshi, A. (ed.), Proceedings of the Ninth International Joint Conference on Artificial Intelligence, Los Angeles, August 1985, pp. 1214-1220.

Hoare, C. A. R. (1969): An Axiomatic Basis for Computer Programming, CACM V12, # 10, October 1969, pp. 576-583.

Knuth, D. E., Bendix P. B. (1969): Simple Word Problems in Universal Algebras, Computational Problems in Abstract Algebra, Ed. J. Leech, Pergamon Press, Oxford, pp. 263-297, 1969.

Kodratoff, Y., Picard, M. (1983): Complétion de Systèmes de Réécriture et Synthèse de programmes à partir de leurs spécifications, in: Actes des journées Bigre, France, Cap-d'Adge, October 1983, pp. 68-83.

Manna, Z., Waldinger, R. (1980): A Deductive Approach to Program Synthesis in: ACM TOPLAS, V 2, # 1, January 1980, pp. 90-121.

Tareb, N., Kodratoff, Y. (1987): Synthèse de Spécifications à partir de Programmes, Proc. of Séminaire sur la Programmation Logique, Lannion, 19-21 May 1987, pp. 265-283.

Reasoning about Theories with a Finite Model

Thomas Käufl
Institut für Informatik 1
Universität Karlsruhe
Kaiserstr. 12
7500 Karlsruhe 1
Western Germany

Abstract: Enumeration types of Pascal are theories with a finite model. This paper presents a general reduction and decision procedure for these theories. The procedure may be used when logical formualae with subformulae belonging to diverse theories must be simplified.

1. Introduction

The enumeration types of the programming language Pascal [JW] are theories with a finite model. This paper presents a decision and reduction procedure for formulae over enumeration types using the analytic tableaux of Smullyan [SMU]. The results and methods are presented such that they can be used for any theory having a finite model. The enumeration types act as an example only.

It is intended to use the reduction procedure in a simplifier belonging to the program verification system "Tatzelwurm". A sketch of the simplifier may be found in [KÄU]. Logical formulae with subformulae belonging to diverse theories are input for this simplifier. Hence, it is not sufficient to have a decision procedure for formulae over enumeration types only. If a formula turns out to be satisfiable but not valid, one must eliminate subsumed comparisons, (see section 7.1,) and deduce entailed equations between variables. The deduction of these equations is also necessary when one wishes to decide or to reduce combinations of theories by combining reduction and decision procedures for the theories. According to Nelson/Oppen [NO], these procedures must propagate equations between variables.

The formulae simplified by this reduction procedure need not be quantifierfree. Transformation into prenexform being sometimes awkward is avoided.

The proofs of the results presented in this paper is contained in [KÄU1].

2. Notations and Terminology

True denotes a valid proposition, False an unsatisfiable one. Let A and B be logical formulae and x a variable. $x \lessdot A$ means that there is a free occurence of x in A and $x \not\lessdot A$ that A does not contain a free occurence of x. $A \Longleftrightarrow B$ means that the logical formulae A and B are equivalent. (Whereas $A \leftrightarrow B$ is a logical formula.)

$[A]_{t'}^{t''}$ is the formula obtained by replacing t' by t''. For ease in presentation we also use the notation A|(t''/t').

3. Enumeration Types

In the axiomatic definition of Pascal [HW] the enumeration types are defined as theories over the basis $L = \{<, \leq, >, \geq, \neq, s, p\} \cup \mathbf{A}$ with $\mathbf{A} = \{a_1, \ldots, a_n\}$. The axioms are:

(E1)	$a_i \neq a_j \quad (1 \leq i \leq n, 1 \leq j \leq n, i \neq j)$	(E7)	$\forall x, y, z\,(x < y \wedge y < z \rightarrow x < z)$
(E2)	$\forall x\,(x = a_1 \vee x = a_2 \vee \ldots \vee x = a_n)$	(E8)	$\forall x, y\,(x > y \leftrightarrow y < x)$
(E3)	$s(a_i) = a_{i+1} \quad (1 \leq i \leq n-1)$	(E9)	$\forall x, y\,(x \leq y \leftrightarrow \neg x > y)$
(E4)	$a_i = p(a_{i+1}) \quad (1 \leq i \leq n-1)$	(E10)	$\forall x, y\,(x \geq y \leftrightarrow \neg x < y)$
(E5)	$\forall x\,(x \neq a_n \rightarrow x < s(x))$	(E11)	$\forall x, y\,(x \neq y \leftrightarrow \neg x = y)$
(E6)	$\forall x\, \neg x < x$		

The values of $p(a_1)$ and $s(a_n)$ are left undefined. Because of (E2) we have $p(a_1) \in \mathbf{A}$ and $s(a_n) \in \mathbf{A}$. Equations of the format $a_k = s(x)$ cannot be solved for x. Only $\forall x\,(a_k = s(x) \rightarrow x = p(a_k) \vee x = a_n)$ and $\forall x\,(a_k = p(x) \rightarrow x = s(a_k) \vee x = a_0)$ are valid.

The axioms (E1), ... , (E10) do not define a complete theory if $n \geq 2$. Neither $\forall x\, p(x) \leq x$ nor $\neg \forall x\, p(x) \leq x$ e.g. can be inferred from the axioms. $\forall x\, p(x) \leq x$ is valid, if $p(a_1) = a_1$ and $\neg \forall x\, p(x) \leq x$ is valid, if $p(a_1) = a_i \quad (2 \leq i \leq n)$.

4. Canonical Terms and Comparisons over Enumeration Types

Terms over enumeration types are as in Pascal. (See Jensen/Wirth [JW].) s is the successor, p the predecessor function. Additionally functional terms the outmost function symbol is not interpreted are considered.
Canonical terms over enumeration types are the variables, the $a_i \in A$ and each composite term where the occurences of s and p are removed by use of the axioms (E3) and (E4).

Definition 1:
1. $t_1 < t_2$ is a *canonical comparison* if t_1 and t_2 are canonical terms and if for all i, $1 \leq i \leq n-1$, $t_1 \neq a_i$ and for all j, $2 \leq j \leq n$, $t_2 \neq a_j$.
2. Let ϱ be one of the relation symbols $=$, $\neq$ or $\leq$. The comparison $t_1 \varrho t_2$ is *canonical*, if t_1 and t_2 canonical terms.

As $\forall y\, p(y) \leq y$ is not valid, comparisons like $f(a) < y$, $a \in \mathbf{A}$ (or $x < y$) cannot be replaced by $f(a)) \leq p(y)$ (or $x \leq p(y)$). As $\forall y\, y \leq s(y)$ is not valid too, $f(a) < y$ cannot be replaced by $s(f(a)) \leq y$. Hence for canonical comparisons both relation signs $<$ and $\leq$ are necessary. Equations like $a_k = p(x)$ are canonical. They cannot be replaced by $x = a_{k+1}$.

Negated canonical comparisons can always be replaced by unnegated ones. Thus we require a **system** of canonical comparisons to consist of not negated comparisons. Such a system is written as set or conjunction whatever notation is more appropiate.

5. A Decision Procedure for Quantifierfree Formulae of an Enumeration Type

In order to decide whether a formula is satisfiable we can confine ourselves to systems (conjunctions) of comparisons over enumeration types, since each formula can be transformed equivalently into disjunctive normal form. The decision procedure presented in this chapter has conjunctions of comparisons as arguments. Formulae containing quantifiers will be considered in setion 7.2.

5.1. Analytic Tableaux

The decision procedure uses the analytic tableaux of Smullyan [SMU]. Analytic tableaux are very closely related to Gentzen-type calculi without cut rule. Thus tableaux can be extended by rules for function symbols and for the equality symbol, (first order,) which are not treated by Smullyan. A suitable Gentzen-type calculus is contained in Richter [RIC] e.g., analytic tableaux extended by these rules may be found in Deussen [DEU]. An **analytic tableau** is a finitely generated tree having a root κ_1 and a mapping φ of the vertices to the set of logical formulae. In the following $\mathbf{K}$ is the set of vertices and κ, λ, μ will denote members of $\mathbf{K}$ and $\mathbf{E} \subset \mathbf{K} \times \mathbf{K}$ the set of edges. $\mathbf{E}$ is a not symmetric, transitive relation between vertices. If $(\kappa, \lambda) \in \mathbf{E}$, then κ is said to be a **direct predecessor** of λ and λ **direct successor** of κ. The **root**, always denoted by κ_1, does not have a predecessor.

A **path** in a tableau is a sequence of vertices $[\kappa_1, \ldots, \kappa_r]$, where κ_1 is the root and each κ_{i+1} is direct successor of κ_i. If κ_r has no direct successor then the path is said to be a **branch**. A tableau with $\varphi(\kappa_1) = A$ is said to be a **tableau for A**.

5.2. The Tableau Rules

A rule (see below) may be applied if a tableau contains a vertex mapped to A and if A fulfils the proviso. Fresh vertices mapped to the new formulae are added to the tableau. After application of a tableau rule the comparisons the new formulae consist of are replaced by equivalent canonical ones.

$$\frac{A}{A|(a_n/z) \;\Big|\; \ldots \;\Big|\; A|(a_1/z)} \quad (\beta), \text{ provided } z \in A$$

$$\frac{A}{\begin{array}{c|c|c} p(a_1) = a_1 & \ldots & p(a_1) = a_n \\ A|(a_1/p(a_1)) & \ldots & A|(a_n/p(a_1)) \end{array}} \quad (FP), \text{ provided } p(a_1) \in A$$

A		
$s(a_n) = a_1$	...	$s(a_n) = a_n$
$A|(a_1/s(a_n))$	...	$A|(a_n/s(a_n))$

(FS), provided $s(a_n) \not\in A$

Definition 2:

1. The comparisons $a_i = a_j$ with $i \neq j$, $a_i < a_j$ with $i \geq j$, $a_i \neq a_j$ with $i = j$, $a_i \leq a_j$ with $i > j$ are said to be *closing formulae*.
2. The path $[\kappa_1, \ldots, \kappa_r]$ is said to be *open*, if for each i $\varphi(\kappa_i)$ is a conjunction not containing a closing formula.

Definition 3: An open branch is said to be *complete*, if for each vertex κ one of the following conditions holds:

1. If $x \not\in \varphi(\kappa)$, then there is a successor λ of κ, an $a \in \mathbf{A}$ and x is replaced by a in $\varphi(\lambda)$.
2. If one of the F-rules is applicable to κ then there is a successor λ of κ, mapped to $a = p(a_1)$ resp. $a = s(a_n)$ and obtained by application of one of the F-rules.

5.3. The Systematic Procedure

Suppose A is a system of comparisons over an enumeration type with $\mathbf{A} = \{a_1, \ldots, a_n\}$. The systematic procedure starts with a tableau only consisting of κ_1 with $\varphi(\kappa_1) := A$. It applies the tableau rules in such a way that after termination each open branch occuring in the tableau is complete. A tableau generated by the systematic procedure with $\varphi(\kappa_1) = A$ is said to be a **systematic tableau for A**.

5.4. The Correctness and Completeness of the Systematic Procedure

The proof of the correctness and completeness of the systematic procedure is based on the following theorem.

Theorem 4: Suppose S is a set of formulae over an enumeration type and $A \in S$.

1. Suppose $z \not\in A$. S is satisfiable iff there is an $a \in \mathbf{A}$ such that $S \cup \{A|(a/z)\}$ is satisfiable.
2. Suppose $p(a_1) \not\in A$. S is satisfiable iff there is an $a \in \mathbf{A}$ such that $S \cup \{A|(a/p(a_1)), p(a_1) = a\}$ is satisfiable.
3. Suppose $s(a_n) \not\in A$. S is satisfiable iff there is an $a \in \mathbf{A}$ such that $S \cup \{A|(a/s(a_n)), s(a_n) = a\}$ is satisfiable.

5.5. The Complexity of the Systematic Procedure

Theorem 5: Let n be the number of elements of $\mathbf{A}$ and k the number of variables occuring in A.

1. Suppose A does not contain occurences of s or p. Then the systematic tableau for A consists of n^k branches.
2. Suppose A contains an occurence of s or p. Then the systematic tableau for A consists of at least n^k, but not more than n^{k+2} branches.

5.6. The Modified Decision Procedure

Theorem 5 tells that the complexity of the systematic procedure is exponential. Therefore in this section a modified procedure used for the systematic construction of tableaus is sketched.

Simplification of Single Comparisons
Comparisons are simplified by rules the most important are $a_n \leq t \Rightarrow a_n = t$, $t \leq a_1 \Rightarrow a_1 = t$, $a_1 \leq t \Rightarrow$ True and $t \leq a_n \Rightarrow$ True.

The Range Test
This procedure reduces systems of comparisons between an element of **A** and an arbitrary term. Its complexity is linear in the length of the system.

Examples: For ease in presentation the relation symbol $\geq$ is used too.
$x \leq a_i \wedge x \geq a_i \mapsto x = a_i$. $a_2 \leq x \wedge x \neq a_2 \mapsto a_3 \leq x$.
$x \leq a_3 \wedge x \leq a_4 \wedge a_2 \leq x \wedge x \neq a_3 \wedge x \neq a_2 \mapsto a_2 \leq x \wedge x \leq a_3 \wedge x \neq a_3 \wedge x \neq a_2$. Now the bounds for x are made to be stronger: $a_2 \leq x \wedge x \leq a_2 \wedge x \neq a_2$. The last formula is reduced to False.

The Modified Procedure
The modified procedure works like the systematic procedure, but it does not apply the tableau rules to vertices in branches containing a vertex mapped to a closing formula or to conjunctions containing $t < a_1$ or $a_n < t$, (t arbitrary term) or to True. After each application of a tableau rule the new formulae obtained are reduced by the rules presented above and by the range test.
Thus the costs of deciding frequently occuring formulae are reduced considerably.

6. Deduction of Entailed Equations

Definition 6: An equation $x = y$ between variables is said to be *entailed* by A, if $x = y$ does not occur in A, if $x, y \in A$ and if $A \rightarrow x \neq y$ is valid.

It is intended to use the procedure reducing formulae over enumeration types in a simplifier combining reduction procedures for several theories. (A sketch of this simplifier may be found in [KÄU2].) As pointed out by Nelson/Oppen [NO] a reduction procedure for a single theory must deduce entailed equations between variables.

Suppose A is a formula and G_1, G_2 are equations beween variables of a theory. If

$A \Vdash G_1 \vee G_2$ implies that $A \Vdash G_1$ and $A \Vdash G_2$ then, according to Nelson/Oppen [NO], the theory is said to be **convex**. Case-splitting is necessary when disjunctions of equations of nonconvex theories are propagated. The enumeration types with $\mathbf{A}$ having more than one element are nonconvex.

Complete branches of a tableau for a formula A define an assignment Σ and an interpretation of $s(a_n)$ and $p(a_1)$, provided these terms occur in the branch, such that $A|\Sigma$ is true. Each node of a tableau can be mapped to a set $\psi(\kappa)$ with $(c/x) \in \psi(\kappa)$ iff x is replaced by c in $\psi(\kappa)$. Systematic tableaus have the essential property: Assume we are given a satisfiable formula A then there is an assignment Σ such that $A|\Sigma$ is satisfiable. The systematic tableau for A contains a complete branch with κ as last vertex such that $A|\psi(\kappa)$ is true.

Theorem 7: Suppose A to be satisfiable and x_i, y_i, $1 \leq i \leq k$, to be variables occuring in A. The two conditions are equivalent:

1. To each open branch $[\kappa_1, \dots, \kappa_r]$ of the systematic tableau for A there are $c_1, \dots, c_k \in \mathbf{A}$ such that for all i, $1 \leq i \leq k$, (c_i/x_i) and (c_i/y_i) occur in $\psi(\kappa_r)$.
2. $A \Vdash (x_1 = y_1 \wedge \dots \wedge x_k = y_k)$

In the theorem below we specify a disjunction of conjunctions of equations between variables entailed by a satisfiable formula. It is the strongest one. (Theorem 9.)

Theorem 8: Suppose A is satisfiable and the systematic tableau for A contains the open branches $\mathbf{K}_1, \dots, \mathbf{K}_r$; with $\mathbf{K}_i = [\kappa_1, \kappa_{i,2}, \dots, \kappa_{i,m_i}]$.
Let $C_i = \{x = y$: there is an $a \in \mathbf{A}$ with (a/x), (a/y) in $\psi(\kappa_{i,m_i})\}$ be a system of equations between variables. Then $A \Vdash C_1 \vee \dots \vee C_r$.

Theorem 9: Suppose A is satisfiable and for each system B_j, $1 \leq j \leq q$, of equations between variables if $x \prec B_j$ then $x \prec A$ holds. Let $C_1 \vee \dots \vee C_r$ be the disjunction of conjunctions as in theorem 8. If $A \Vdash B_1 \vee \dots \vee B_q$, then $C_1 \vee \dots \vee C_r \Vdash B_1 \vee \dots \vee B_q$.

Theorem 10: Suppose A is satisfiable and $x \prec A$. The two conditions are equivalent:

1. Suppose $\mathbf{B} = \{c_1, \dots, c_k\} \subset \mathbf{A}$ and $c \in \mathbf{B}$ iff the systematic tableau for A contains an open branch $[\kappa_1, \dots, \kappa_r]$ such that (c/x) occurs in $\psi(\kappa_r)$.
2. $A \Vdash (x = c_1 \vee \dots \vee x = c_k)$ and $x = c_1 \vee \dots \vee x = c_k$ is the strongest entailed disjunction.

There are cases in which the modified procedure may be used in the theorems above.

7. The Reduction Procedure for Systems of Comparisons over Enumeration Types

Though comparisons over enumeration types occur in formulae also containing subformulae of different theories it is sufficient to consider systems of comparisons over enumeration types only. $\forall x\, A$ occuring as subformula is replaced by $\neg\exists x\, \neg A$. Then the bound formula of each quantification is transformed into disjunctive normalform. Finally the entire formula is transformed into disjunctive normalform. Each clause of the normalform is homogenized. (For homogenization cf. Nelson/Oppen [NO].)

7.1. Subsumed Comparisons

Assume we are given a satisfiable system $A_1 \wedge \dots \wedge A_k$ of comparisons. The comparison A_i is said to be **subsumed** if $A_1 \wedge \dots \wedge A_{i-1} \wedge A_{i+1} \wedge \dots \wedge A_k \Vdash A_i$.

7.2. Elimination of Quantifiers

If the formula to be simplified contains a subformula $\exists x\, A$, then A is assumed to be of the format $\exists x\, (L_1 \wedge \dots \wedge L_k)$, $k \geq 1$, where the L_i are canonical comparisons of an enumeration type. The reduction procedure is applied to $L_1 \wedge \dots \wedge L_k$. If the formula turns out to be satisfiable but not valid the entailed disjunction of equations between x and elements of **A** is determined. (See Theorem 10.) Suppose $x = c_1 \vee \dots \vee x = c_k$ is the entailed disjunction. Then $\exists x\, (L_1 \wedge \dots \wedge L_k)$ is replaced by the equivalent formula $(L_1 \wedge \dots \wedge L_k)|(c_1/x) \vee \dots \vee (L_1 \wedge \dots \wedge L_k)|(c_k/x)$.

7.4. The Reduction Procedure

Assume we are given a conjunction containing comparisons over enumeration types. The conjunction is homogenized and then split into subformulae consisting of comparisons belonging to one same enumeration type and one subformula consisting of the remaining literals. The reduction procedure sketched in this section is applied to each subformula being a system of comparisons over an enumeration type.

Reduce (A)
A: System of canonical comparisons.
If A is valid then True, if A is not satisfiable then False is returned. If A is not valid but satisfiable the entailed equations between variables are determined. These equations are used for simplification of the formula. Then the subsumed comparisons are deleted. Let B be the formula obtained after these steps. If A occurs as bound formula and if B contains the bound variable then the quantifier is eliminated. Otherwise B is returned.

References

[DEU] P. Deussen: Analytische Tableaux
Unpublished Lecture Notes, Karlsruhe: 1975

[HW] C.A.R. Hoare, N. Wirth: An Axiomatic Definition of the Programming Language PASCAL
Acta Informatica 2, pp. 335 - 355: 1973

[JW] K. Jensen, N. Wirth: Pascal: User Manual and Report
Berlin, Heidelberg, New York, Tokyo: 1983; Springer

[KÄU1] Th. Käufl: Reasoning about Theories with a Finite Model
Technical Report: forthcoming

[KÄU2] Th. Käufl: The Simplifier of the Program Verifier "Tatzelwurm"
Österreichische Artificial Intelligence-Tagung 1985
Informatik-Fachberichte; Berlin, Heidelberg, New York: 1985; Springer

[NO] C.G. Nelson, D.C. Oppen: Simplification by Cooperating Decision Procedures
ACM TOPLAS 1, pp. 245 - 257: 1979

[RIC] M.M. Richter: Logikkalküle
Stuttgart: 1978

[SMU] R.M. Smullyan: First-Order Logic
Berlin, Heidelberg, New York: 1968

AUTOMATISCHES BEWEISEN FÜR LOGIKSYSTEME, IN DENEN WIDERSPRÜCHE BEHANDELT WERDEN KÖNNEN

Matthias Baaz
Institut für Algebra und Diskrete Mathematik
TU Wien

Abstract: Hinreichend große Datenbanken enthalten mit großer Wahrscheinlichkeit widersprüchliche Informationen. Wendet man nun übliche Beweisverfahren an um Schlüsse zu ziehen, so kann aus einer einzigen widersprüchlichen Information jede Aussage gefolgert werden. Will man diese Wirkung von Widersprüchen verhindern kann man 1. den Beweisbegriff einschränken oder 2. die zugrundeliegende Logik verändern. Die erste Möglichkeit wird einem Gedanken Wittgensteins folgend entwickelt, die zweite führt zur Analyse nichtklassischer Logiken.

1. Einleitung

Seien "x ist katholischer Theologe", "x ist evangelischer Theologe" "x ist Feuerwehrmann" Prädikate in einer Datenbank, sei Ax: "kein evangelischer Theologe ist katholischer Theologe" zusätzliches Axiom.

In der klassischen Logik (d.h.in den üblichen automatischen Beweisverfahren) folgt jetzt

A ist katholischer Theologe
A ist evangelischer Theologe $\Big\} \Rightarrow$ B ist Feuerwehrmann
Ax

Selbst wenn der Widerspruch entdeckt wird, ist es nicht möglich z.B. von einem (vorher abgeleiteten) Satz "B ist Feuerwehrmann" zu entscheiden, ob der Satz aus (widerspruchsfreien) Informationen über Feuerwehrleute oder aus dem Widerspruch stammt.

Man wird deshalb fordern, daß von einer Menge an Sätzen nicht auf Sätze geschlossen werden kann, die mit der Menge kein Prädikat gemeinsam haben:

Definition. Sei Γ eine Satzmenge. Ein Beweisverfahren heißt Γ-stabil, wenn für alle $\Gamma' \cup \Gamma'' = \Gamma$ und A folgende Bedingung erfüllt ist:

Γ' und $\Gamma'' \cup \{A\}$ haben kein Prädikat gemeinsam, A folgt aus $\Gamma' \cup \Gamma''$

$$\Downarrow$$

A folgt aus Γ''

Satz 1. a) Alle Beweisverfahren der klassischen Logik sind Γ-stabil für widerspruchfreie Satzmengen Γ.

b) Kein Beweisverfahren der klassischen Logik ist Γ-stabil für widersprüchliche Satzmengen Γ.

Beweis. a) durch Interpolationslemma von Craig,
b) offensichtlich.

2. Lösungsansatz durch Einschränkung des Beweisbegriffes

Die zerstörende Wirkung eines Widerspruches in der klassischen Logik beruht auf der Gültigkeit von $(x \wedge \neg x) \rightarrow y$ und auf der Herleitung von $A \wedge \neg A$ für ein A. Die Idee Wittgensteins (historisch im Zusammenhang mit Hilberts Grundlagenprogramm) war es, jetzt Herleitungen von $A \wedge \neg A$ zu ignorieren.

(Genauer gesagt ersetzt man

A ist beweisbar aus Γ $\Leftrightarrow$ A ist Axiom oder in Γ oder A folgt durch Regelanwendung aus bereits bewiesenen Sätzen

durch

A ist beweisbar aus Γ $\Leftrightarrow$ $A \neq B \wedge \neg B$ ist Axiom oder $A \neq B \wedge \neg B$ ist in Γ oder $A \neq B \wedge \neg B$ folgt durch Regelanwendung aus bereits bewiesenen Sätzen.)

Derartige Ansätze können nicht unmittelbar auf automatische Beweise angewendet werden, da sie direkte Beweisverfahren voraussetzen. Sie können aber wie folgt abgewandelt werden

Definition. A folgt aus Γ durch Γ-beschränkte Resolutionsmethode genau dann wenn es eine Resolutionswiderlegung der Clausenformen der Sätze in $\Gamma \cup \{\neg A\}$ gibt, wobei zwei aus Γ stammende Clausen untereinander nicht resolviert werden dürfen.

Beispiel. $(\exists x)Q(x)$ folgt nicht aus $\{(\forall x)P(x), (\forall x)\neg P(x)\}$ durch $\{(\forall x)P(x), (\forall x)\neg P(x)\}$-beschränkte Resolution da $\{\neg Q(y)\}$ weder mit $\{P(u)\}$ noch mit $\{\neg P(v)\}$ resolviert.

Satz 2. Die Γ-beschränkte Resolutionsmethode ist Γ-stabil.

<u>Beweis.</u> Sei $\Gamma=\Gamma'\cup\Gamma''$, sodaß Γ' und $\Gamma''\cup\{A\}$ kein Prädikat gemeinsam haben, A folge aus $\Gamma'\cup\Gamma''$

$\Rightarrow$ die Clausenformen der Sätze in Γ' und $\Gamma''\cup\{\neg A\}$ haben kein Prädikat gemeinsam

$\Rightarrow$ die Clausenformen von $\neg A$ resolvieren nicht mit den von Γ' stammenden Clausen

$\Rightarrow$ A folgt aus Γ''

<u>Satz 3.</u> Die Γ-beschränkte Resolutionsmethode ist prädikatenlogisch vollständig im Sinne der klassischen Logik

$\Updownarrow$

Γ ist widerspruchsfrei

<u>Beweis.</u> $\Downarrow$ da auf keinen Fall alle Sätze aus Γ folgen,

$\Uparrow$ für widerspruchsfreie Γ entspricht die Anwendung der Γ-beschränkten Resolutionsmethode der sogenannten set-of-support-Strategie die als vollständig bekannt ist (vgl. [CL]).

Der <u>Hauptvorteil</u> der Γ-beschränkten Resolutionsmethode liegt im Umstand, daß sie den üblichen automatischen Beweisverfahren entspricht solange kein Widerspruch auftritt, dann aber zumindest noch stabil ist.

Der <u>Hauptnachteil</u> zeigt sich an der Tatsache, daß aus der Beweisbarkeit von A und $A\rightarrow B$ nicht immer ein Beweis von B folgt.

<u>Beispiel.</u> $P\wedge\neg P\rightarrow Q$, $P\wedge\neg P$ sind beweisbar mit $\{P,\neg P\}$-beschränkter Resolutionsmethode, nicht aber Q!

3. Lösungsansatz durch Änderung der zugrundeliegenden Logik

Will man den in Abschnitt 2 erwähnten Nachteil (Ungültigkeit von $\frac{A \quad A\rightarrow B}{B}$ bei Stabilität) umgehen, muß man die logischen Axiome für die Negation abschwächen. Im Folgenden wird zu einem in diesem Sinn geeigneten System (der prädikatenlogischen Erweiterung C^*_ω von DaCostas parakonsistenter Logik C_ω) exemplarisch ein Resolutionsverfahren konstruiert.

<u>Definition.</u> C^*_ω besteht aus folgenden Axiomen und Regeln:

(1) $A\rightarrow(B\rightarrow A)$

(2) $(A\to B)\to((A\to(B\to C))\to(A\to C))$

(3) $\frac{A \quad A\to B}{B}$

(4) $A\wedge B\to A$

(5) $A\wedge B\to B$

(6) $A\to(B\to A\wedge B)$

(7) $A\to A\vee B$

(8) $B\to A\vee B$

(9) $(A\to C)\to((B\to C)\to(A\vee B\to C))$

(10) $A\vee\neg A$

(11) $\neg\neg A\to A$

(12) $(\forall x)A(x)\to A(t)$

(13) $\frac{A\to B(x)}{A\to(\forall x)B(x)}$ x nicht in A

(14) $A(t)\to(\exists x)A(x)$

(15) $\frac{A(x)\to B}{(\exists x)A(x)\to B}$ x nicht in B

(vgl.DaCosta [DC], Arruda [AR]).

<u>Definition.</u> Ein C_ω^*-Kripke Modell ist ein Sextupel $\langle K,\leq,U,D,T,\Vdash\rangle$ wobei

1) $(W,\leq)$ ist eine nichtleere halbgeordnete Menge. (Die Elemente p,q,r,... bezeichnen mögliche Welten)

2) U ist eine nicht leere Menge (die Objekte des Modells).

3) D:K→Potenzmenge von U ist eine Funktion, sodaß $\bigcup_{p\in K} D(p)=U$, $D(p)\neq 0$, für alle $p,q\in K$ gilt: $p\leq q \Rightarrow D(p)\subseteq D(q)$.

4) T ist eine Funktion der Welten, die als Werte Mengen von negierten aussagenlogischen Formeln annimmt und monoton bezüglich der Inklusion ist.

   $\Vdash$ ist eine Relation, sodaß

   a. $\Vdash^p A$ ist definiert für alle $p\in W$ und alle Aussagenvariablen A

   b. $\Vdash^p A$ gdw. für alle q, sodaß $p\leq q$ $\Vdash^q A$ (soferne A Aussagenvariable)

   c. $\Vdash^p A\wedge B$ gdw. $\Vdash^p A$ und $\Vdash^p B$

   d. $\Vdash^p A\vee B$ gdw. $\Vdash^p A$ oder $\Vdash^p B$

e. $\Vdash^{p} A\to B$ gdw. für alle q, sodaß $p\leq q$ $\Vdash^{q} A$ $\Vdash^{q} B$ impliziert

f. sei $\neg^{0}A=A$, $\neg^{n+1}A=\neg(\neg^{n}A)$ für $A\neq\neg B$, $\Vdash^{p} \neg^{1}A$ gdw. $\neg^{1}A\in T(p)$ oder es gibt ein $q\leq p$ sodaß $\nVdash^{q} A$ $\Vdash^{p} \neg^{n+2}A$ gdw. $\neg^{n+2}A\in T(p)$ und $\Vdash^{p} \neg^{n}A$ oder es gibt ein $q\leq p$ sodaß $\nVdash^{q} \neg^{n+1}A$

g. $\Vdash^{p} (\exists x)A(x)$ gdw. $(\exists a\in D(p))\Vdash^{p} A(a)$

h. $\Vdash^{p} (\forall x)A(x)$ gdw. $(\forall q\geq p)(\forall a\in D(q))\Vdash^{q} A(a)$

5) $\Vdash A$ im Modell M gdw. $\Vdash^{p} A$ für alle Welten p

6) $\Vdash A$ (=A ist gültig) gdw. $\Vdash A$ für alle Modelle M

<u>Satz 4.</u> Jeder in der Semantik gültige Satz ist in C^{*}_{ω} beweisbar. Jeder in C^{*}_{ω} beweisbare Satz ist in der Semantik gültig.

<u>Beweisidee.</u> Man verwendet einen geeigneten Sequenzenkalkül um aus der Nichtexistenz eines Beweises von A direkt ein (unendliches) Modell von $\neg A$ zu konstruieren. Anschließend zeigt man die Äquivalenz dieses Sequenzenkalküls mit C^{*}_{ω} (vgl. [BA] für den aussagenlogischen Fall).

<u>Satz 5.</u> Für C^{*}_{ω} gilt das Interpolationslemma von Craig.

<u>Beweis.</u> Direkt aus der unmittelbaren Erweiterung von Raggios Formulierung von C_{ω} (erweitert um Quantorenregeln.)([RA])

<u>Korrolar.</u> C^{*}_{ω} ist Γ-stabil für jede Satzmenge Γ.

<u>Beweis.</u> Man wende das Interpolationslemma an, es gibt keinen Satz in C^{*}_{ω} aus dem jeder andere Satz hergeleitet werden kann. Als Interpolationsformel kommt daher nur ein Äquivalent von $A\to A$ in Frage, wenn die implizierenden Formeln kein gemeinsames Prädikat haben.

<u>Definition.</u> Resolutionsverfahren für C^{*}_{ω}. Ein vorgegebener zu beweisender Satz wird zuerst in eine Erweiterung der Sprache der Prädikatenlogik eingebettet: Prädikate sind dabei F(p,A) und T(p,A), wobei p für Welten und A für Formeln steht. Die Einbettung wird wie folgt konstruiert:

$F(p,A\wedge B)=F(p,A)\wedge F(p,B)$

$F(p,A\vee B)=F(p,A)\vee F(p,B)$

$F(p,A\to B)=(\forall q)(p\leq q\to F(q,A)\to F(q,B))$

$$F(p,\neg^{1}A)=T(p,\neg^{1}A)\vee(\exists q)(q\leq p\wedge\neg F(q,A))$$

$$F(p,\neg^{n+2}A)=(T(p,\neg^{n+2}A)\wedge F(p,\neg^{n}A))\vee(\exists q)(q\leq p\wedge\neg F(q,\neg^{n}A))$$

$$F(p,(\exists x)A(x))=(\exists x)(D(p,x)\wedge F(p,A(x)))$$

$$F(p,(\forall x)A(x))=(\forall q)(\forall x)((p\leq q\wedge D(q,x))\rightarrow F(q,A(x)))$$

H ordne jeden so entstandenen Ausdruck einem prädikatenlogischen Ausdruck zu, indem jedes der Prädikate $F(p,P(x_1\ldots x_n))$ durch $\bar{P}(p,x_1\ldots x_n)$, $T(p,\neg A)$ durch $\bar{T}_{\neg A}(p)$ ersetzt wird.

Satz 6. A ist in C_ω^* beweisbar gdw. die Skolemisierung von $\neg H((\forall p)F(p,A))$ durch Anwendung der Resolutionsregel und der Faktorisierungsregel widerlegbar ist unter zusätzlicher Voraussetzung der Clausen $\{x\leq x\}$, $\{\neg x\leq y,\neg y\leq z,x\leq z\}$, $\{\neg x\leq y,\neg\bar{P}(x,\bar{z}),\bar{P}(y,\bar{z})\}$, $\{\neg x\leq y,\neg D(x,z),D(y,z)\}$, wobei $\bar{P}$ ein durch H entstandenes Prädikat ist. (Die Zahl diser Prädikate ist endlich und von vorne herein durch die Formelkomplexität von A bestimmt!)

Beweis. Das Ergebnis der Übersetzung repräsentiert genau die Gültigkeit in der konstruierten Semantik. Die zusätzlichen Clausen repräsentieren die Bedingungen 1),2),3) und 4)b. Die Resolutionsmethode ist bezüglich prädikatenlogischer Formeln vollständig [CL, chapter 5.6].

LITERATUR

[AR] ARRUDA A.I., A survey of paraconsistent logic. In Mathematical Logic in Latin America pp 1-41, eds.A.I.Arruda, R.Chuaqui and N.C.A.Da Costa, North-Holland, Amsterdam, 1980.

[BA] BAAZ M., Kripke-Type Semantics for Da Costa's Paraconsistent Logik C_ω. Notre Dame Journal of Formal Logic, Vol.27,4, 1986.

[CL] CHANG C.L.,LEE R.C., Symbolic Logic and Mechanical Theory Proofing. New York, 1973.

[DC] DA COSTA N.C.A., Calculs propositionnels pour les systemes formels inconsistents. Comptes Rendues Academie des Sciences Paris, Vol.257, 1963.

[RA] RAGGIO A.R., Propositional sequence-calculi for inconsistent systems. Notre Dame Journal of Formal Logic, Vol.9,4, 1968.

[UL] ULLMAN J., Principles of Data Base Design, Stanford, 1980.

Informatik – Fachberichte

Band 111: Kommunikation in Verteilten Systemen II. GI/NTG-Fachtagung, Karlsruhe, März 1985. Herausgegeben von D. Heger, G. Krüger, O. Spaniol und W. Zorn. XII, 236 Seiten. 1985.

Band 112: Wissensbasierte Systeme. GI-Kongreß 1985. Herausgegeben von W. Brauer und B. Radig. XVI, 402 Seiten, 1985.

Band 113: Datenschutz und Datensicherung im Wandel der Informationstechnologien. 1. GI-Fachtagung, München, Oktober 1985. Proceedings, 1985. Herausgegeben von P. P. Spies. VIII, 257 Seiten. 1985.

Band 114: Sprachverarbeitung in Information und Dokumentation. Proceedings, 1985. Herausgegeben von B. Endres-Niggemeyer und J. Krause. VIII, 234 Seiten. 1985.

Band 115: A. Kobsa, Benutzermodellierung in Dialogsystemen. XV, 204 Seiten. 1985.

Band 116: Recent Trends in Data Type Specification. Edited by H.-J. Kreowski. VII, 253 pages. 1985.

Band 117: J. Röhrich, Parallele Systeme. XI, 152 Seiten. 1986.

Band 118: GWAI-85. 9th German Workshop on Artificial Intelligence. Dassel/Solling, September 1985. Edited by H. Stoyan. X, 471 pages. 1986.

Band 119: Graphik in Dokumenten. GI-Fachgespräch, Bremen, März 1986. Herausgegeben von F. Nake. X, 154 Seiten. 1986.

Band 120: Kognitive Aspekte der Mensch-Computer-Interaktion. Herausgegeben von G. Dirlich, C. Freksa, U. Schwatlo und K. Wimmer. VIII, 190 Seiten. 1986.

Band 121: K. Echtle, Fehlermaskierung durch verteilte Systeme. X, 232 Seiten. 1986.

Band 122: Ch. Habel, Prinzipien der Referentialität. Untersuchungen zur propositionalen Repräsentation von Wissen. X, 308 Seiten. 1986.

Band 123: Arbeit und Informationstechnik. GI-Fachtagung. Proceedings, 1986. Herausgegeben von K. T. Schröder. IX, 435 Seiten. 1986.

Band 124: GWAI-86 und 2. Österreichische Artificial-Intelligence-Tagung. Ottenstein/Niederösterreich, September 1986. Herausgegeben von C.-R. Rollinger und W. Horn. X, 360 Seiten. 1986.

Band 125: Mustererkennung 1986. 8. DAGM-Symposium, Paderborn, September/Oktober 1986. Herausgegeben von G. Hartmann. XII, 294 Seiten, 1986.

Band 126: GI-16. Jahrestagung. Informatik-Anwendungen – Trends und Perspektiven. Berlin, Oktober 1986. Herausgegeben von G. Hommel und S. Schindler. XVII, 703 Seiten. 1986.

Band 127: GI-17. Jahrestagung. Informatik-Anwendungen – Trends und Perspektiven. Berlin, Oktober 1986. Herausgegeben von G. Hommel und S. Schindler. XVII, 685 Seiten. 1986.

Band 128: W. Benn, Dynamische nicht-normalisierte Relationen und symbolische Bildbeschreibung. XIV, 153 Seiten. 1986.

Band 129: Informatik-Grundbildung in Schule und Beruf. GI-Fachtagung, Kaiserslautern, September/Oktober 1986. Herausgegeben von E. v. Puttkamer. XII, 486 Seiten. 1986.

Band 130: Kommunikation in Verteilten Systemen. GI/NTG-Fachtagung, Aachen, Februar 1987. Herausgegeben von N. Gerner und O. Spaniol. XII, 812 Seiten. 1987.

Band 131: W. Scherl, Bildanalyse allgemeiner Dokumente. XI, 205 Seiten. 1987.

Band 132: R. Studer, Konzepte für eine verteilte wissensbasierte Softwareproduktionsumgebung. XI, 272 Seiten. 1987.

Band 133: B. Freisleben, Mechanismen zur Synchronisation paralleler Prozesse. VIII, 357 Seiten. 1987.

Band 134: Organisation und Betrieb der verteilten Datenverarbeitung. 7. GI-Fachgespräch, München, März 1987. Herausgegeben von F. Peischl. VIII, 219 Seiten. 1987.

Band 135: A. Meier, Erweiterung relationaler Datenbanksysteme für technische Anwendungen. IV, 141 Seiten. 1987.

Band 136: Datenbanksysteme in Büro, Technik und Wissenschaft. GI-Fachtagung, Darmstadt, April 1987. Proceedings. Herausgegeben von H.-J. Schek und G. Schlageter. XII, 491 Seiten. 1987.

Band 137: D. Lienert, Die Konfigurierung modular aufgebauter Datenbanksysteme. IX, 214 Seiten. 1987.

Band 138: R. Männer, Entwurf und Realisierung eines Multiprozessors. Das System „Heidelberger POLYP". XI, 217 Seiten. 1987.

Band 139: M. Marhöfer, Fehlerdiagnose für Schaltnetze aus Modulen mit partiell injektiven Pfadfunktionen. XIII, 172 Seiten. 1987.

Band 140: H.-J. Wunderlich, Probabilistische Verfahren für den Test hochintegrierter Schaltungen. XII, 133 Seiten. 1987.

Band 141: E. G. Schukat-Talamazzini, Generierung von Worthypothesen in kontinuierlicher Sprache. XI, 142 Seiten. 1987.

Band 142: H.-J. Novak, Textgenerierung aus visuellen Daten: Beschreibungen von Straßenszenen. XII, 143 Seiten. 1987.

Band 143: R. R. Wagner, R. Traunmüller, H. C. Mayr (Hrsg.), Informationsbedarfsermittlung und -analyse für den Entwurf von Informationssystemen. Fachtagung EMISA, Linz, Juli 1987. VIII, 257 Seiten. 1987.

Band 144: H. Oberquelle, Sprachkonzepte für benutzergerechte Systeme. XI, 315 Seiten. 1987.

Band 145: K. Rothermel, Kommunikationskonzepte für verteilte transaktionsorientierte Systeme. XI, 224 Seiten. 1987.

Band 146: W. Damm, Entwurf und Verifikation mikroprogrammierter Rechnerarchitekturen. VIII, 327 Seiten. 1987.

Band 147: F. Belli, W. Görke (Hrsg.), Fehlertolerierende Rechensysteme / Fault-Tolerant Computing Systems. 3. Internationale GI/ITG/GMA-Fachtagung, Bremerhaven, September 1987. Proceedings. XI, 389 Seiten. 1987.

Band 148: F. Puppe, Diagnostisches Problemlösen mit Expertensystemen. IX, 257 Seiten. 1987.

Band 149: E. Paulus (Hrsg.), Mustererkennung 1987. 9. DAGM-Symposium, Braunschweig, Sept./Okt. 1987. Proceedings. XVII, 324 Seiten. 1987.

Band 150: J. Halin (Hrsg.), Simulationstechnik. 4. Symposium, Zürich, September 1987. Proceedings. XIV, 690 Seiten. 1987.

Band 151: E. Buchberger, J. Retti (Hrsg.), 3. Österreichische Artificial-Intelligence-Tagung. Wien, September 1987. Proceedings. VIII, 181 Seiten. 1987.

Band 152: K. Morik (Ed.), GWAI-87. 11th German Workshop on Artificial Intelligence. Geseke, Sept./Okt. 1987. Proceedings. XI, 405 Seiten. 1987.

Band 153: D. Meyer-Ebrecht (Hrsg.), ASST'87. 6. Aachener Symposium für Signaltheorie. Aachen, September 1987. Proceedings. XII, 390 Seiten. 1987.